上海大学(1922—1927)教材

施存统《社会运动史》《社会思想史》《社会问题》
邓中夏　李立三《劳动常识》
胡朴安《文字学ABC》

本书编委会　编

上海大学出版社
·上海·

图书在版编目(CIP)数据

上海大学(1922—1927)教材.施存统《社会运动史》《社会思想史》《社会问题》 邓中夏 李立三《劳动常识》 胡朴安《文字学ABC》/《上海大学(1922—1927)教材》编委会编.—上海：上海大学出版社，2021.6
("红色学府 百年传承"丛书)
ISBN 978-7-5671-4254-1

Ⅰ.①上… Ⅱ.①上… Ⅲ.①社会科学－高等学校－教材 Ⅳ.①C43

中国版本图书馆CIP数据核字(2021)第110311号

责任编辑 刘　强
封面设计 柯国富
技术编辑 金　鑫　钱宇坤

上海大学(1922—1927)教材

施存统《社会运动史》《社会思想史》《社会问题》
邓中夏　李立三《劳动常识》
胡朴安《文字学ABC》

本书编委会　编

上海大学出版社出版发行
(上海市上大路99号　邮政编码200444)
(http://www.shupress.cn　发行热线021-66135112)
出版人　戴骏豪

*

南京展望文化发展有限公司排版
上海颛辉印刷厂有限公司印刷　各地新华书店经销
开本710 mm×1000 mm　1/16　印张17　字数253千
2021年6月第1版　2021年6月第1次印刷
ISBN 978-7-5671-4254-1/C·133　定价　68.00元

版权所有　侵权必究
如发现本书有印装质量问题请与印刷厂质量科联系
联系电话：021-57602198

"红色学府 百年传承"丛书编委会

主　　　任　　成旦红　刘昌胜
常务副主任　　段　勇
副　主　任　　龚思怡　欧阳华　吴明红　聂　清
　　　　　　　汪小帆　苟燕楠　罗宏杰　忻　平
委　　　员　（按姓氏笔画为序）
　　　　　　　王远弟　刘长林　刘绍学　许华虎
　　　　　　　孙伟平　李　坚　李明斌　吴仲钢
　　　　　　　何小青　沈　艺　张元隆　张文宏
　　　　　　　张　洁　张勇安　陈志宏　竺　剑
　　　　　　　金　波　胡大伟　胡申生　秦凯丰
　　　　　　　徐有威　徐国明　陶飞亚　曹为民
　　　　　　　曾文彪　褚贵忠　潘守永　戴骏豪

总序：传承红色基因，办好一流大学

成旦红　刘昌胜

1922年10月23日，在风雨如晦的年代，一所由中国共产党与国民党合作创办的高等学府"上海大学"横空出世。而就在前一年，中国共产党宣告成立，揭开了中国历史的新篇章。如今我们回顾历史，上海大学留下的史迹与中国共产党的发展紧密相连。

《诗经·小雅》有云："鹤鸣于九皋，声闻于野。" 20世纪20年代的上海大学，发轫于闸北弄堂，迁播于租界僻巷，校舍简陋湫隘，办学经费拮据，又屡遭反动势力迫害，但在中国共产党和国民党左派以及进步人士的共同努力下，屡仆屡起，不屈不挠，上海大学声誉日隆，红色学府名声不胫而走，吸引四方热血青年奔赴求学。在艰难办学的五年时间里，为中国革命和建设培养出一大批杰出人才，在当时就赢得"文有上大、武有黄埔"之美誉。在波澜壮阔的五年时间里，老上海大学取得的成就值得我们永远记取，老上海大学的办学传统和办学精神值得我们永远继承和发扬光大。

1994年11月，学校党委常委会决定"上海大学成立日期确定为1922年5月27日"。1997年5月，钱伟长老校长在为上大学生作关于"自强不息"校训的报告时指出，"我们学校的历史上，1922年到1927年期间里有过一个上海大学，这是我们党最早建立的一个大学。"他又以李硕勋、何挺颖两位烈士为例讲道："没有他们的牺牲，没有那么多革命志士的奉献，我们上海大学提不出那么响亮的名字，这是我们上海大学的光荣。"

1983年合并组建原上海大学和1994年合并组建新上海大学之时，得到了老上海大学校友及其后代的热烈支持和响应，他们纷纷题词、致信，

祝贺母校"复建""重光";党中央、国务院及上海市委、市政府也殷切希望新上海大学继承和发扬老上海大学的光荣革命传统,时任中共中央总书记的江泽民同志为新上海大学题写了校名,老上海大学校友、后任国家主席的杨尚昆同志题词"继承和发扬上海大学的光荣传统,为祖国的建设培养人才"。

新上海大学自合并组建以来,一直将这所红色学府的"红色基因"视作我们的办学优势之一,将收集、研究老上海大学的历史资料,学习、传承老上海大学的光荣传统作为自己的使命和责任。2014年,学校组织专家编撰出版了《20世纪20年代的上海大学》,这是迄今为止搜集老上海大学资料最为丰富、翔实的一部文献;同年在校园里建立的纪念老上海大学历史的"溯园",如今已成为上海市爱国主义教育基地。

为了更全面地收集老上海大学的档案资料,更深入地研究老上海大学的历史,更有效地继承和发扬老上海大学的光荣传统,我们推出了这套"红色学府 百年传承"丛书,既是为2021年中国共产党100周年光辉诞辰献上一份贺礼,也是对2022年老上海大学诞生100周年的最好纪念,并希望以此揭开新上海大学"双一流"建设的新篇章。

是为简序。

前　言

上海大学（1922—1927）在办学过程中，很重视教材的编写和出版，许多教师根据自己讲授的课程自编讲义教材。1923年上海大学便计划从这些讲义教材中选编"上海大学丛书"，次年即成立上海大学丛书审查委员会，推定瞿秋白、邓中夏等5人为委员。

在上海大学自编出版的讲义教材中，影响最大的是一批宣传马克思主义的著作，它们是中国共产党早期领导人和理论家留下的一份宝贵遗产。例如，瞿秋白的《现代社会学》，"对马克思主义的唯物史观作了全面的阐述"，"对马克思主义哲学在中国的传播具有奠基性的意义"。瞿秋白的《社会哲学概论》，"在中国现代哲学史上第一次把辩证唯物主义的基本观点介绍到中国来"。蔡和森的《社会进化史》，"在宣传马克思主义关于人类社会历史的进化理论上起着先导的作用"。

1924年，上海大学社会科学会选编6种讲义教材出版《社会科学讲义》第一至第四集，它们是当时进步学子学习社会学、社会哲学的重要书目，也是马克思主义理论的启蒙读物，在社会上产生了很大影响。

搜集整理出版上海大学自编讲义教材，是研究上海大学的一个重要方面。1984年复旦大学出版社出版的《上海大学史料》、2014年上海大学出版社出版的《20世纪20年代的上海大学》，都收录过一部分讲义教材。1996年东方出版社出版的"民国学术经典文库"，收录了上海民智书局1929年出版的蔡和森的《社会进化史》。上海大学的一些讲义教材散见于个人文集、选集、全集以及其他资料集中。这些都为上海大学自编讲义教材的保存和传播起到了积极作用。

然而，从上海大学史料发掘搜集的愿望和要求来看，仍有不少的遗憾，如对《社会科学讲义》收录不完整，使我们今天难以看到上海大学这批宣传马克思主义的著作的全璧。这次我们搜集到1927年汉口长江书店再版的《社会科学讲义》第一至第四集。原书收录《现代社会学》《现代经济学》《社会运动史》《社会思想史》《社会问题》《社会哲学概论》六种讲义教材，并将每种讲义教材分为四部分，分载于《社会科学讲义》第一至第四集。我们将其全部汇编出版，弥补了以往仅止于摘编的缺憾。又如对其他学科的讲义教材不见收录，这次我们搜集到1929年世界书局出版的胡朴安的《文字学ABC》，据胡朴安在该书"序"中所述，该书"中编"曾在上海大学"讲述过一次，又加了一遍修改"。我们即选编该书"中编"。再如平民教育是上海大学办学不可忽视的一个方面，邓中夏作为上海大学平民学校的领导，不仅做了大量的行政工作，还自己动手为平民学校编写讲义教材。这次我们搜集到《民国日报》副刊《平民周报》1924年5月31日、7月19日连载的邓中夏和李立三为平民学校合编的通俗读物《劳动常识》，并将其作为上海大学讲义教材的组成部分予以编录，这对于全面了解上海大学的办学性质和办学方针是有意义的。

我们这次分两册将搜集选编的讲义教材呈现给读者：一册收录《社会运动史》《社会思想史》《社会问题》《劳动常识》《文字学ABC》，一册收录《现代社会学》《社会哲学概论》《现代经济学》《社会进化史》。

根据有关史料记载和师生回忆，上海大学自编讲义教材的种类和数量不少，只是由于年代久远和传播过程中的周折散轶，多数已难再见其貌。我们期待在以后的发掘中，有更多的上海大学自编讲义教材被发掘重现，使我们能更好地了解上海大学办学的全貌。

上海大学教授胡申生，上海大学出版社编审傅玉芳、编辑刘强组成本书编委会，具体负责本书的编纂工作。在本书的编纂过程中，编委会成员虽颇尽心力，但难免力有不逮，不足之处，敬请读者批评指正。

本书编委会
2021年5月

凡　例

一、本书以《社会科学讲义》第一至第四集（汉口长江书店1927年版）、《民国日报》副刊《平民周报》、《文字学ABC》（世界书局1929年版）为资料来源，选编其中曾作为上海大学（1922—1927）讲义教材的内容。

二、本书收录文献，尊重当时的用词、行文、体例、翻译等，除做必要订正和将部分英文（多属括注）删除外，其余一仍其旧。

三、本书收录文献均标注原始出处，并附作者简介（同一作者仅在第一次出现时介绍），对文献完整性作必要说明。

目 录

社会运动史 / 施存统 编 …………………………………… 1
  第一章　绪言 ……………………………………………… 6
  第二章　原始共产制 ……………………………………… 9
  第三章　历史开卷之奴隶制度 …………………………… 18
  第四章　三千年前之相互扶助 …………………………… 23
  第五章　纪元前奴隶解放底殉道者 ……………………… 32
  第六章　旧约国民底经济生活 …………………………… 42
  第七章　以色列民族底阶级的分裂 ……………………… 49
  第八章　从劳动组合到基督教会 ………………………… 56
  第九章　阶级斗争场中耶稣底牺牲 ……………………… 64
  第十章　权力阶级妒忌公共食堂 ………………………… 72
  第十一章　使徒行传底消费的共产主义 ………………… 76
  第十二章　罗马平民之争权 ……………………………… 82
  第十三章　格拉克兄弟之改革 …………………………… 90
  第十四章　马留和苏拉之斗争 …………………………… 96

社会思想史 / 施存统 编 …………………………………… 103
  第一章　绪言 ……………………………………………… 107
  第二章　希腊早年之社会思想 …………………………… 110

第三章 柏拉图底贵族的社会主义	115
第四章 亚利士多德底社会思想	133
第五章 希腊晚年之社会思想	152

社会问题 / 施存统 编 …… 159

第一章 社会问题之意义及其研究范围	162
第二章 现代社会底贫乏	179

劳动常识 / 邓中夏 李立三 编 …… 213

第一章 绪言	216
第二章 劳动运动的起源	220
第三章 社会主义的思潮与劳动运动	222
第四章 资本主义的解剖	223
第五章 资本主义的崩坏	225

文字学ABC / 胡朴安 著 …… 227

第一章 六书通论	231
第二章 象形释例	236
第三章 指事释例	239
第四章 会意释例	242
第五章 形声释例	245
第六章 转注释例	249
第七章 假借释例	253

社会运动史

施存统 编

《社会运动史》为施存统在上海大学讲课的讲义。这里根据1927年1月汉口长江书店再版的《社会科学讲义》第一至第四集整理出版。

施存统(1898—1970),又名施复亮,浙江金华人。中国共产党早期党员。1923年秋到上海大学任教,教授"社会运动史""社会思想史""社会问题"等课程,1924年10月任社会学系主任。

目 录

第一章 绪言 ·· 6
  第一节 社会运动底意义 ························· 6
  第二节 社会运动底由来 ························· 7
  第三节 史料底缺乏 ······························ 8

第二章 原始共产制 ································· 9
  第一节 蒙昧人底个人的财产 ···················· 9
  第二节 获物底分配 ······························ 10
  第三节 野蛮人底共同长屋 ······················ 11
  第四节 野蛮人底共食习惯 ······················ 13
  第五节 战争和交易 ······························ 14
  第六节 原始共产制底崩坏 ······················ 14

第三章 历史开卷之奴隶制度 ······················ 18
  第一节 奴隶底由来 ······························ 18
  第二节 奴隶底生活状况 ························· 19
  第三节 古代之奴隶战争 ························· 21

第四章 三千年前之相互扶助 ······················ 23
  第一节 埃及之同盟罢工和同盟组合 ··········· 23
  第二节 劳动组合底威力和精神 ················· 24

第三节	劳动组合和宗教	26
第四节	入会规则和经费状况	27
第五节	各种组合底勃兴	29

第五章　纪元前奴隶解放底殉道者 ………………………… 32
　　第一节　劳动组合底努力 ……………………………………… 32
　　第二节　光耀千古的女英雄之悲烈的牺牲 …………………… 35
　　第三节　抗争十六年的义贼 …………………………………… 40

第六章　旧约国民底经济生活 …………………………………… 42
　　第一节　贫民生活底保护 ……………………………………… 42
　　第二节　商业底竞争 …………………………………………… 45
　　第三节　梭伦与摩西之比较 …………………………………… 47

第七章　以色列民族底阶级的分裂 ……………………………… 49
　　第一节　希伯来底兴灭 ………………………………………… 49
　　第二节　阶级底冲突 …………………………………………… 50
　　第三节　应运儿耶稣底出世 …………………………………… 52
　　第四节　阶级分裂底进行 ……………………………………… 53

第八章　从劳动组合到基督教会 ………………………………… 56
　　第一节　生长于劳动组合中的耶稣 …………………………… 56
　　第二节　新宗教底创设 ………………………………………… 58
　　第三节　基督教会底成立 ……………………………………… 61

第九章　阶级斗争场中耶稣底牺牲 ……………………………… 64
　　第一节　组合底权威 …………………………………………… 64
　　第二节　财富之罪恶 …………………………………………… 66
　　第三节　悲壮光荣的最后 ……………………………………… 69

第十章　权力阶级妒忌公共食堂 …… 72
- 第一节　从不"慈善"到"慈善" …… 72
- 第二节　公共食堂侵入了官僚精神 …… 73
- 第三节　劳动组合底衰灭 …… 74

第十一章　使徒行传底消费的共产主义 …… 76
- 第一节　基督教徒底本来的精神 …… 76
- 第二节　权力阶级摧残组合 …… 78
- 第三节　基督教底伟大 …… 79

第十二章　罗马平民之争权 …… 82
- 第一节　共和政体之创立 …… 82
- 第二节　平民反叛底计划 …… 83
- 第三节　平民底立法运动 …… 85
- 第四节　李锡尼新法 …… 87

第十三章　格拉克兄弟之改革 …… 90
- 第一节　罗马底属州政治 …… 90
- 第二节　富豪与贫民之分裂 …… 92
- 第三节　提卑留·格拉克之变法 …… 93
- 第四节　橄亚司·格拉克之变法 …… 94

第十四章　马留和苏拉之斗争 …… 96
- 第一节　战功底攘夺 …… 96
- 第二节　同盟之离叛 …… 97
- 第三节　复仇的大残杀 …… 99

第一章
绪言

第一节 社会运动底意义

德国有名的经济学者宗巴脱在他所著的《社会主义及社会运动》里，对于社会运动下这样一个定义道："社会运动是那为现代社会阶级之一的无产阶级底一切解放运动底总称。"这个定义，就现代实际的社会运动而论，是完全可以适用的。

不过本书所说的社会运动，范围较宗氏所论的要广，包括阶级制度成立以来所有被压迫者对于压迫者的一切反抗运动，所以宗氏那种定义就不能适用了。近代无产阶级底一切解放运动，我们以后固要详细叙述，即那近代无产阶级运动未发生以前的历史上的阶级斗争的事实，我们也要尽量搜集来讲述。近代科学的社会主义底鼻祖马克思和昂格思在其所著《共产党宣言》里开头就说："从来一切社会底历史，都是阶级斗争底历史"（这里所说的"历史"，是指有记录的历史而说的）。这个结论究竟是不是对的？我们以后可由许多事实来证明。

我们所讲的社会运动史，换句话说就是阶级斗争史。我们承认阶级斗争是历史上的事实，并不是马克思所创造的学说，也不是马克思所捏造的东西。叙说阶级斗争历史的经过及其发生底原因，就是本书底任务。我们愿抛弃一切成见及偏见用冷静的头脑来留心古今中外一切被压迫者底经过。

依照我们所讲述的范围，我们可以对社会运动下这样一个定义——

凡一切被压迫阶级对于压迫阶级的反抗或争斗都叫做社会运动。

第二节 社会运动底由来

人类底社会,有了很悠长的历史。在这悠长的历史中,人类曾经享过很愉快的自由平等的生活,既没有私有财产,也没有阶级和国家,大家一样地劳动,一样地消费,一样地娱乐。这就是原始共产制度时代。据莫尔干底推算,假定人类底生命到现在有了十万年,则其中九万五千年正是共产制的时代。在此种共产制度下面,既无阶级,当然没有阶级斗争,社会运动自然也不会发生了。

社会运动底发生,在于原始共产制度崩坏阶级制度成立以后。当原始共产制度时代,因为生产方法还很幼稚,大部靠捕获自然物来维持各人生活,每人生产,不能超过自己所需要的生活资料以上,纵有懒惰的人也不能不靠自己底劳动去求得生活,纵有强暴的人也不能分得比别人更多的东西,所以能够维持其共产生活而不发生私有财产制度,随之也不发生阶级和政治等东西。

后来生产方法起了变化,比方说由渔猎进到牧畜,由果物底采集进到果物底栽植,生产力即进了步,于是就产生超过生活资料的剩余生产物了。一到了社会有了剩余生产物,形势就大变了,某种个人或从事某种职业的人就有从社会的生产物中比别人多取的可能了。私有财产就因之而发生了。特殊阶级即因之而成立了。

社会既进到有了剩余的生产,则某一部分人自然会因能力、机会或其他原因而增加他底财产,既积聚了财产又可因放债而增加他底财产,渐渐增高他底地位,最后就完全成为榨取者;同时,因战胜而捕虏来的敌人,已不必像从前那样置他于死地,已可使他做奴隶去从事生产,借他来增殖自己底财产。于是这些财产所有者和奴隶所有者,就成了社会底榨取阶级支配阶级,竭力向被榨取阶级(奴隶及其他)进行经济的榨取了。被榨取阶级不堪其苦,起而反抗,于是就成了剧烈的阶级斗争了。榨取阶级为压伏被榨取阶级底反抗起见,不能不采取更有组织的政治的手段,国家就应此需要而起了。国家虽为镇压阶级斗争而发生,虽为支配阶级实行政治斗争的机关,但被支配阶级底反抗运动并不因此消灭,阶级斗争并不因

此停滞,有时且比前更加剧烈。

这样,社会一方有靠榨取别人劳动力而生存的阶级,一方有靠被别人榨取劳动力而生存的阶级,两阶级继续不断地实行阶级斗争,社会运动就这样发生了。一直到现代资本主义的社会为止,社会都建筑在此种阶级对立的事实上面,社会运动也就继续到现在而没有停止。不过我们不必悲伤,资本主义已经替我们造成消灭阶级及阶级斗争的物质的条件了。无阶级斗争的谐和一致的社会不久就会在我们人类社会中实现了。资本主义社会底阶级对立,是最后的阶级形态,以后再没有了。

第三节　史料底缺乏

"从来一切社会底历史,都是阶级斗争底历史"。同样,从来一切社会底历史,都是支配阶级底历史。皇帝、贵族底言动,战争底进行,权力底推移等等,都有很详细的记录,而对于一般社会底生活,一般平民底苦痛,一切被支配者底反抗,都毫不注意,很难得他们写上一字一句。一切被榨取阶级,不但物质上受支配,精神上也一样受支配,当然没有能力没有机会写自己底历史。一切读书人,一切文人学士,都是支配阶级所豢养的,当然是逢迎支配阶级,不会留心一般被支配阶级底苦痛。即使有一二特出之士,写一点平民底苦痛生活,平民底反抗支配阶级的运动,也要为支配阶级所压抑而不能流传后世。有了这种种原因,所以我们现在要详述古来所有被榨取阶级底一切反抗榨取阶级的运动,事实上是绝对做不到的,所以我们只能就侥幸遗留下来的很少史料,叙述过去大多数被榨取被压迫阶级底不甘屈服的精神及其斗争底方式而已。我们单就这一点很少的材料,已经可以知道阶级斗争是历史上必然发生的事实,阶级斗争在社会进化上所占地位底重要了。

第二章
原始共产制

第一节 蒙昧人底个人的财产

我们现在已经由许多专门学者底研究而知道人类大部分历史是在共产制底下过生活的了。那些拼命想证明"私有财产是通贯古今一切时代的不变真理"的资本家学者底努力,是可笑且可怜的了。我们在没有叙述原始共产制度消灭阶级制度成立以后的所有阶级斗争以前,须得先述一述原始共产制度时代底人类生活状态,借此可以打破私有财产神圣底迷信。

原来原始时代的人民,不知有私有财产这东西,也没有私有财产这观念。他们不知道有所谓土地的财产,更不知道有所谓资本。不论公有的或私有的土地财产的概念,他们一概没有。例如有些澳洲土人,他们也仅以附着他们身体的各种物件,如武器,装饰品,衣着的兽皮等,当作自己个人的财产。这些东西是他们个人所有的,成了与所有者同身一体的样子,所以那所有者死的时候,也不从他身边取出来,与其尸体一同烧化或埋藏,做了殉葬者。他们底姓名,也可以看做他们私有财产之一,他们自己看得很宝贵,赠名于人要算是顶宝贵的礼物。他们对于面生不熟的人,不肯将自己底姓名向他泄漏;在他死后,同族之人都讳称其名。这时一种物品要成为个人的财产,必定要使那物品在事实上或假想上能与所有者合为一体;不然,就不会成为个人的财产。

制造品也如此,只有在归个人私用的时候,才能归个人所有。爱斯基母人不能有两只以上的独木舟。有了第三只时,就归部族自由处分。凡

所有者不使用的物件,都看做无主的物件,谁也可以使用。他们借来使用的东西,不论是独木舟或是其他渔猎所用的东西,如果损坏或丧失了,绝不以为自己是应负责任的,也绝不会想到自己应该赔偿。

蒙昧人对于非与自己一身结合起来的物件不能发生私有的观念者,是他们对于离开他所栖息的血族团体的自己底个性没有何等概念的结果。天天包围着他们的,有不能使他们在孤立状态中生存的永久的物质的危险和不断发生的许多想象上的恐怖事物。所以连孤立生存底可能都不能使他们想象得。那时他们对于放逐非常害怕,看做等于宣告死刑的极刑。同一切野蛮人间所行的一样,有史以前的希腊人之间,对于故意或偶然杀死族中一员的人,都处以放逐之极刑。希腊诗人底阿格尼说:"被放逐的真可怜极了;他在流寓中既无朋友,又无忠实的同伴。"观此,我们可以知道离别故旧去营孤立生活,在那惯习群居生活的原始人是极可恐怖的事了。

第二节 获物底分配

蒙昧人所谓部族,是一个全体。部族就是那时的家族。结婚也是部族,财产所有者也是部族。部族内部,一切物件都归共有。非洲底布西曼人,凡获得赠品,必把它分配于自己群内底一切分子。他们捕得动物或是发现什么物件,都把它分配给同伴全体,而自己往往只得了很少的部分。佛奇阿青年,虽在荒年,捕得鲸属动物,也必在自己没有触手于获物以前,就急急跑回来把这事原由告诉所有的同伴。于是那些同伴就跟他跑到发现的地点去,由群中年纪最老的人动手把获物平等地分配给一切同伴。

这时,两个原始的生产方法——狩猎和渔捞,他们都一样采用,大家共同劳动,所得生产物也共同分配。据马丘斯所说,在巴西底强勇种族婆多古陀人间,常共同组织狩猎会,一捕到什么获物,若不把它吃完,决不离开那个场所。同样的事实,在达可泰人及澳洲土人之间,也有人报告。即在共同狩猎已废止了的种族之间,也还有实行此种太古时代的获物消费法。捕得兽物的狩猎者,常请全部族全村甚至于全种族人员齐来赴席,参与兽物底飨宴。这就是国民大祝宴了。高加索山脉司伐利尼希地方,若有一家宰一头牛或宰十二头羊,就必定举行全村的宴会;村人为纪念历年死亡的先人,一齐饮食。后世的葬宴就是此种共同祝宴底遗物。

莫尔干在他所著的《亚美利加土人底家庭及家庭生活》一书里,仔细研究了原始共产制的风习,关于北美土人间所行的狩猎及渔捞方法,有如次的叙述:

> 那些几乎全靠兽肉为生的平野诸种族,在其狩猎方法上,表示出同样的共产制的倾向。如黑足人猎野牛时,编成一包含男女老幼的大队,骑着马追逐群兽。
>
> 这样一开始了活泼的追逐,狩猎者每次打死了野牛,都把它弃置路旁,自己仍奋力前进。而那个打死的胜利品,则归于那从后面赶上来最初碰见它的人所有。此种分配法,一直继续到每个人都如此得到了胜利品为止。……他们把野牛肉切为长细块,或用空气晒晾,或用火薰炙,做好来吃。……地球上鱼类最丰富的科伦比亚河,一到渔捞季节,种族全体就一齐出发,扎起野幕,宿在外面,从事渔捞。捕获来的鱼类,把它共同储蓄起来,每天应妇女底数目而行平等的分配。把它破开晒干之后,就搬到村里去。

第三节　野蛮人底共同长屋

蒙昧人渐渐进化,就不复过游牧生活,造出住屋来定住一地了。但这时的家屋,也是共有的东西,不是私有的。此种事实,即到了家族系取了母家长形态以后,也还存在。这种共同家屋,有类于拉佩露在波里尼夏所发现的长屋,高有十英尺,长百十英尺,宽十英尺,像独木舟倒转来的样子。两头都有门口,可供出入。全屋可住百人以上。伊洛克人底共同长屋,据莫尔干说,在十世纪初期以前就已经消灭了,那长屋长有百英尺,宽三十英尺,高二十英尺,中有一条通路贯串两头,两头都设有进口。这通路底两旁,有许多如蜂巢般的小房子。这些小房子,都只有七英尺宽,居着已婚妇女。婆尔纳底达克人底长屋,也与此一样,用牢固的柱支持那离

地十五尺至二十尺高的房子。据赫洛独达司所说,配奥尼亚人现在也还正住在此种家屋里。墨西哥土人底"大家屋",分了好多巨大的阶层,各层隔为若干房室,既婚男女住在里面。有史以前的希腊人,大概也住在此种共同家屋里。这是休喇吗博士从希腊发掘出来的宫殿底构造里推测而知的话:在这些共同家屋当中,食物是共有的,饮食也共同的。

关于这些共同家屋住民底生活,我们还须根据莫尔干底叙述。莫尔干底研究,虽然只限于亚美利加土人(特别是他自己共同生活过的伊洛克人),但是可适用于一般。他说:"我们在伊洛克人之间发见了何等明确的风习的时候,则那在同样事情底下的其他诸种族间有同样风习存在这件事,也可以大略推知。为什么呢?因为这些种族里底必要是同一的。"

"栖居一家屋里的伊洛克人,耕种田园,收集作物,当作共同贮蓄品,放在他们住家内保管起来。这些生产物,都是公有的,只有很少数归个人或各家族所有。例如玉蜀黍,把皮剥了之后,就一束一束地结起来,挂在各个家族房间里。但是一家族把它消费完了的时候,不论多少,只要别的家族还留存着,都可以向他们拿来使用。各狩猎队和渔捞队,都把他们底胜利品当作共有物储蓄起来,只将剩余的部分,回家之后分配给同住的各家族间,用盐浸起来以备冬季之用。"我们可在这些亚美利加印度人底村落里,看见"个人的所有"和"共有的习惯"两者结合起来的奇妙现象。但是他们底个人所有,仍旧可以互相通融,与现在所谓"私有财产"不同。赫克威得关于论述特拉威及门西土人生活,有这样的话:"亚美利加印度人底家屋及家族中,没有一样东西无特殊的所有者。各个人对于自己所有的东西,从牛马起,到犬、猫、小猫、雏鸟止,自己都能记得。……对于一胎的小猫或一孵的雏鸟,常有同那些小猫或雏鸟同数的所有主。所以我们如要向他们买一只牝鸡连其雏鸟一齐买来,往往非与几个小孩子交易不可。这样说来,当财物共有的原则普行于州全体之时,一家族底各成员间,仍可承认私有权。"观此,我们也可以约略推知原始共产时代发达到一定程度是可以有一部分私有权的了。但此种私有权并不足以破坏原始共产制,也不能在这基础上面建筑榨取阶级,因为这时生产力还很幼稚呢。

第四节　野蛮人底共食习惯

野蛮人有共食的习惯，很可以表示出他们共产的精神。我们且约略述一述他们饮食的事。

他们对于可以贮蓄之物，就把它当做共有财产贮蓄起来。例如他们经营农业，常把剩余谷物贮放仓库里以备不虞。一八六九年，牧师高尔曼给莫尔干的信，其中关于新墨西哥拉古挪村底亚美利加印度人，曾有这样的话："他们以妇女管理谷仓。他们对于将来，比其近邻西班牙人更要留心，努力贮蓄一年间的食粮。所以他们不易为饥饿所苦，除了凶荒连续二年时候。"

马牙底亚美利加印度人社会里，食物都在一小屋里烹制，各家族自己去取了应有的份额。斯蒂芬在他所著的《乌卡汤旅行记》里说他曾经亲眼见过许多妇女小孩，成群结队，拿着土钵盛了食物回家。

然在伊洛克人社会里，一家屋内底食物，就在各自家屋内调理。主妇应各家族底必要而分配食物，用土钵或木钵盛起来供给各人。他们没有现代文明国人所谓食桌，也没有椅子，也没有菜盘；厨房和食堂，也没有特别的房子。他们可以由自己欢喜坐起来或立起来吃。最初是男子们先吃，次之则轮到妇女和小孩们；最后剩下来的，则大家可以自由去吃。他们没有所谓早饭，也没有所谓晚饭，谁饿的时，谁可以拿家里有的东西来吃。他们无所谓大食，也无所谓小食，只吃一个适度。据莫尔干说，这是亚美利加印度人被发见时的一般生活状况。

与这同样的风俗，在有史以前的希腊社会，也一样存在。有史以后的共同飨宴，也不过是此种原始共产的飨宴底遗物罢了。柏拉图底弟子赫拉提特曾经记述过很久行着原始风习的克雷塔底共产的飨宴。在男子们方面，凡已达成年的市民，都得享受平等的份额。他们对于客人，特别优待，比什么人都要先给他飨宴。

在加罗林岛，土人旅行，不带一点食物。旅行中肚子饿了，便可自由跑入人家居室，不须问询，吃它一个大饱。饱后也不必申谢，就可昂然而出。他们都以为这是他们应有的权利。

款待来客,在他们认为一种严重的义务并不以为是特别的美德。并且他们底款待,不限于熟人知己,就是陌生人也一样地款待。他们看见异乡人缺乏,认为自己底大罪,非常可耻,宁可自己饥饿着去帮助别人。

第五节 战争和交易

蒙昧人和野蛮人底各种族间,常因猎场和牧场的争夺起了战争。他们在战争时,有很严格的组织,指挥者有绝对的命令权。但战争一完了,指挥者底权力就被解除。不过后来生产力稍为进步,战争与生产有分工之可能,那军事能力出众及有战功者,就有成为专门职业的。战争一成为专门职业,从事战争者不从事生产,社会就起了破绽,军士就渐渐得了权力,成为部族内部底榨取者和支配者,置其他组成员及奴隶于被征服地位。榨取阶级底成立,这也是一面。

在有些野蛮人种族间,因自己所住居的地方食粮不够,就以战争盗掠为事。他们定期轮流出外战争。留在家里从事生产的人,有供养从事战争者的义务。出外战争者掳掠了物品,也有分配给留在家里的人的义务。他们不但不以盗掠为耻,而且以为是极光荣的事。

蒙昧人和野蛮人各种族间,为确定猎场或牧场起见,常划一中立地带以做两方领域底界线。若一方侵入他方领域,就立刻会发生争执或战争。这种中立地点,后来就成为各种族间互相交换物品的公共市场。在互相交换物品时,一定是相互间先承认所有权了。但此时的所有权并非是个人的所有权。

第六节 原始共产制底崩坏

我们由上所述,大概可以知道原始共产时代底大略情形了。现在再把它总结如下:

(一)原始共产制,建筑在幼稚的生产力上,是因生活上的需要而发生的,是社会进化上必然经过的一个阶段。

(二)通过蒙昧、野蛮两时代,大体都行共产生活;不过因着生产力底进步,就渐渐发生了一部分私有财产,以致共产底程度或范围因时不同。

（三）在这时代,男女关系,先前很不确定,后来才渐渐确定;最初是实行乱交,次之是群婚,而群婚底形式则因时进步,最后才发生比较确定的一夫一妇制,但离婚仍甚自由,不受何等法律的或习惯的限制。

（四）这时的社会结合,血缘是一大枢纽;家族、氏族、部族、种族都是血缘的关系。

（五）这时女子在经济上占了很重要的地位,故女子底权力很大,有时且超过男子,母系制度即在此时发生,占了极长的期间。

（六）这时因没有私有财产,故没有阶级,没有国家,也不知道权利义务是什么东西。

（七）这时一种族或一氏族内虽有首长,但权力很小,不是组成员底支配者。

（八）这时社会组成员个人间在生产和消费上没有社会的差别。

（九）这时社会组成员很富社会性和同情心。

（十）这时异族间常起战争,获得捕虏多置之于死地。

以上十条,大概已把原始共产制总括地说明了。我们以后就要说明这原始共产制为什么崩坏和怎样地崩坏了。

原来社会组织是跟着生产力底进步而进步的。没有不变化的生产力,所以也没有不变化的社会组织。生产力进步了,原始共产制就为进步的生产力所毁坏了。在它底废墟上建筑起来的,就是所谓文明的社会,即私有财产神圣的社会。

我们已经知道,原始共产制是建筑在幼稚的生产力上面的。在原始共产时代,生产力还很幼稚,多半只能捕获或采取自然物来充饥,不能产生剩余的生产品;所以那时绝不会发生私有财产这东西。然而生产力不是静止的,它是前进的,一达到相当的程度,就产生剩余生产品了。

产生剩余生产品的第一步,就是牧畜种族从其他蛮族分离出来。换句话说,社会由狩猎渔捞而进到牧畜。社会生产一进到牧畜时代,生产力就遂了长足的进步,畜类就可以一群一群地增殖起来了。牧畜种族因吃牛乳牛肉和营漂浪生活的结果,身体就能强壮发达,增高他们征服自然的能力。牧畜种族不仅能生产牛乳和兽肉,并且能生产牛角、美毛、兽皮等

物。所以他们底财富就一天一天地增多了。后来由畜类底饲草中知道了栽植的可能,因之就发明了农业。农业发明底结果,一则是增殖了可以贮蓄的财富,二则是人类能定住一地营固定的生活,为后世文明进步底基础。农业生产更进一步,就能使手工业(原本是农夫兼的)从农业中分离出来独成一业,这是人类第二次的大分业(第一次是男女的分业)。此种分业的结果,使生产力更加进步了,剩余生产品也就更增加多了,原始共产制早已日在动摇中了。

原始共产制底崩坏,已成了不可避的运命了。财富增殖的结果,人类对于财富的贪欲就增大了。他们渐渐以获得财富为人生底主要目的了。专门以掠夺别人财富为目的的战争,起来代替那复仇的及争夺猎地的战争了。由战争捕获来的敌人,已无置之死地的必要,可以用作新的生产工具了。奴隶就这样被发明了。奴隶一发明,财富就更加集积了。所有者和非所有者,榨取者和被榨取者,支配者和被支配者——阶级对立的私有财产神圣的社会就成立了。原始共产社会既告终,文明社会就成立了。所谓文明社会,一面负有破坏原始共产社会的使命,一面就负有建设私有财产社会的使命。

随着私有财产底发达,阶级分裂就日益进行,阶级斗争就日益剧烈。他方面,种族间的征服战争也日益猛烈,被征服的都成了奴隶,阶级分裂的趋势和阶级斗争的事实,更由此促进。于是社会就陷于混乱的境地,社会秩序就无法维持。榨取阶级支配阶级就为解决这个困难而造出"国家"了。国家就是阶级冲突不可调和的表现,它是阶级斗争的产物,它底使命即在于镇伏阶级斗争。明白点说,国家是榨取者压迫被榨取者的政治组织,它底使命即在于压迫被榨取阶级。但是被榨取阶级底斗争反抗,并不因此而消灭,不过更取一种进步的形式罢了。

总而言之,原始共产社会因生产力幼稚而成立而维持,因生产力进步而动摇而崩坏。原始共产制一崩坏,私有财产、阶级、国家,都一齐出现。私有财产、阶级、国家三个东西,是三位一体的,也可说是一个东西底三面,不过私有财产是其中心。它们同时兴,将来也同时亡。

社会有了私有财产、阶级、国家这三种东西,社会底范围就扩大了,已不为血缘所限制了。这就是已到了文明的社会了。一到了文明的社会,文明戏就一出一出地在文明舞台上表演了。阶级斗争、社会运动,就是文明社会顶出色的拿手好戏。我们以后将按照表演底次序来一一说明它。

本章主要参考书如下:
1. 拉法格著《财产进化论》
2. 亨德曼著《社会主义经济学》
3. 昂格斯著《家族、私有财产及国家之起源》

第三章
历史开卷之奴隶制度

第一节 奴隶底由来

昂格斯说:"在一定的历史的条件之下,最初的社会劳动底大分业,增加了劳动底生产力,增加了财富,扩大了生产活动底分野,就必然地在其过程上产生了奴隶。"这样,奴隶就因经济上的必要而产生了。

奴隶底最初来源,就是战争。最大的来源,也是战争。因战争而被征服的民族,就成了奴隶。但此种奴隶又可分为二种:一种是动产的奴隶,一种是不动产的奴隶。前一种是由战胜掳来的敌人变的,后一种是由所在地被征服民变的。

其次的来源,就是负债和犯罪。因私有财产确立,借贷权即继之而起,本来的自由民也有因自然的(如气候、地理)及人为的(如能力)关系以致生产不利而负债,负债不能偿还即"卖身为奴"。再,政治、法律成立,在当时社会处于不利地位的人就有违反当时社会秩序的举动发生,于是支配者认为罪情重大的,就把他"入官为奴"了。这两种都是当时支配者经济上的需要。由此种奴隶底增多,可以增加支配者底私有财产。并且这是一种压伏被支配者的最有效的方法。

奴隶底最初发明者是牲畜种族。我们把牲畜种族、狩猎种族或原始农业种族比较起来,就可知道牲畜种族是最好战斗的种族,他有活泼的军事能力,充满了组织的企业心,实行集团的训练。因之那集团很少知力缺乏的狩猎民和爱和平的鲁钝的农业民,就完全受牲畜民底威压迫。

古代各国,没有一国没有奴隶。中国、埃及、巴比伦、印度等文明古国,都充满了奴隶。而希腊、罗马则发生了大规模的奴隶经济,奴隶占人口之大部分。

雅典有奴隶三十六万五千人。科林登在极盛的时代有奴隶四十六万人。艾忌拿有奴隶四十七万人。以上二处,都当自由市民总数十倍以上。

第二节　奴隶底生活状况

奴隶底由来,我们已经知道了。我们现在再一考察奴隶底生活状况。罗马哲学者卡德有一句话,很可以说明奴隶底生活状况。他说:"奴隶不使他劳动,就须使他睡觉。"这句话底意思就是说,奴隶眼睛一睁开了,就要使他无间断地劳动,劳动完了,就要使他立刻睡眠;不然,开着眼睛而不劳动的时候,就必定要发生暴动。这话一面固然是表示出奴隶底待遇何等惨酷,同时也表示出当时奴隶何等富反抗性。卡德虽就罗马而说,其实可适用于古代一切国家。

希腊底奴隶,可以分为下列五种:

1. 由奴隶底肚腹出生的;

2. 幼时被自由民卖出的;

3. 因家贫无食或不能偿债自卖为奴的(雅典梭伦所解放的奴隶,就是此种奴隶);

4. 因战争而成捕虏的(亚历山大占领塞倍司时,卖出三万女子和儿童,就是此种奴隶);

5. 由内地及外国带到雅典沙莫司等市场里卖买的奴隶。

此等奴隶,结婚时禁用宗教的仪式。他们只能参加祭礼。他们对于公共利益有贡献的,也得入宗教的公会;他们若悔为异教徒,死后也得葬于主人墓旁。关于奴隶的法律如此:奴隶被别人杀伤之时,也如自由民般能够复仇(但这是有名无实的);主人杀死奴隶,也要受放逐或赎罪之处罚。又奴隶罢工,伤害主人或杀死主人时,都要受死刑之处罚;若脱了奴隶地位改为自由民的时候,须改换户籍,在教会、剧场、法庭及其他公会门前张贴自己由主人解放了的事实。

希腊底生产,由这些奴隶弄进步了。由生产进步而来的财富增加,便

促成人口底繁殖；由人口繁殖而来的产业扩大，更使奴隶底需要增多了。

现在再讲到罗马。罗马底奴隶数目，比希腊更大规模了。据历史家底记载，裘利司希查在尼尔卖出六万奴隶，霍拉士在爱希拉斯因战胜底结果卖出十五万奴隶。又同犹太人战争的时候，虽在战场上杀戮了几万奴隶，还获得九万九千奴隶。当伊拉奥德时代，罗马有市民权的人，有六百九十四万四千人，奴隶有二千零八十三万二千人。这样看来，全国人口至少有三分之二是奴隶。一家之贫富以奴隶多少来决定，奴隶多的，甚至一人有一万二万之数。

这些奴隶，种类很杂，大别之如下：

1. 由战败而为奴隶的；
2. 因母亲是奴隶而成为奴隶的；
3. 因犯罪而成为奴隶的；
4. 因滞纳租税被公家卖为奴隶的；
5. 因生活穷困自己卖身而为奴隶的；
6. 因不能偿债被债主强迫为奴隶的。

以上六种奴隶中，以第一种奴隶为最多。罗马底将军们，每次战争都可获了许多奴隶，带回罗马贩卖可以得了一大批利益。他们当它一件好生意来做，所以第一种奴隶就格外发达了。

这些奴隶，或在矿山，或在工场，或在农园，或在家庭，葬送他底一生。他们是没有人认他有人格的，也没有人认他有权利的。即使幸而主人大德，给他们一点儿财产，然而实际也不过只负保管的责任，若主人破产时，奴隶底财产也不得不跟着殉死。又，奴隶底财产借给主人，法律上也没有追回的权利。

这些奴隶，除了依靠劳动组合之力和主人底遗言，或是当调查人口时承主人底温情解放以外，没有获得自由的可能。

罗马不是一日成为罗马的；罗马之所以成为罗马，是由百年奴隶底汗血所堆聚起来的。那巍然高耸云表的贵族住家，屹立苍穹的大演戏场，深溪底隧道，大河底桥梁，百二十尺至六十尺宽的坦平大道，屹立茫茫沙漠之中指示行人前途的圆锥形里程标石——这些都是奴隶底惨痛的汗和血所造成的。

罗马版图扩展，各国来朝，车连舟接，帝威远震于四方，是"奥古斯都"（皇帝尊号，即神圣之意）时代。历史家叫这时代为黄金时代。这时世界之金银宝玉，都集到罗马；市民之华丽豪奢的生活，真把地上变成天堂极乐园了。但是那些历史家，却忘记了这些金殿玉楼底美酒是奴隶底苦泪，与花同笑与鸟同歌的贵女底美服是奴隶底鲜血所粉饰成功的。

第三节　古代之奴隶战争

一　古代希腊之奴隶战争

希腊于纪元前一一八〇年，已有曼内奢斯者，反抗贵族，愤慨贵族专横，率领劳动者起了暴动。希腊古代人，以为劳动者是没有灵魂的，他只有肉体。这是使劳动者愤慨的原因之一。

希腊最后的奴隶罢工，大约要算斯巴达底"国奴"所行的罢工，时在纪元前一五五年。纪元前四一三年，披洛朴尼苏之战，雅典有奴隶二万人在司尼亚罢工，做敌人斯巴达底内应。这是历史上有名的事件。

纪元一三三年时，司尼亚从事矿山业的奴隶一千多人，杀死主人，逃到市里，向寺院求救。这也是历史上遗留下来的事。

二　古代罗马之奴隶战争

罗马奴隶，企图叛逆的事，不止一两次。据黎维所说，纪元前四〇七年，罗马奴隶发生暴动，要烧掉全市，事先被泄，主谋者即被磔杀。纪元前一九四年，拉楷姆占奴隶谋反，一时占领了全市，然终为敌所破，二千人死于虐杀之中。纪元前一九六年，爱特烈发生奴隶大暴动。阿颇烈也于纪元前一八五年至一八四年间发生奴隶大暴动。奇奥斯岛底奴隶，由独利马可司底指导起了暴动，逃到山里组织了独立王国，不过不久就消灭了。独利马可司也因此很凄惨地死了。西西里岛也于纪元前一四三年至一三三年间，由希腊底奴隶阿奇阿士主谋，有二十万奴隶，继续着六年间的暴动，维持他们底独立。小亚细亚底披尔加莫，其王阿达拉士于纪元前一三〇年降于罗马，然其兄弟阿里司脱尼卡却援助奴隶底暴动，借此维持了二十六年间的独立。

斯巴达卡斯底反叛,因德意志底革命的共产主义者李卜克内西一派底命名更著名了。纪元前七十四年,斯巴达卡斯因同情于二百名角斗者底可怜的境遇,遂号召一般奴隶起了暴动,结果,参加暴动的奴隶竟达三十万人。他们越过阿尔普士山,计划解放自己的方法,有时占据了佛士皮阿山,有时又想逃往南方西西里岛,用尽苦心,设尽方法,卒因发生内奸而使大功不能告成。克拉沙士军队来侵,他们一致强硬反抗,一直支持到斯巴达卡斯自己被破为止。他们底失败,极其悲惨,战死者达六万奴隶,被钉死于十字架者有六千奴隶。

从上面所述的很少的事实看来,我们已经可以恍然古代阶级斗争何等剧烈,支配者底压迫何等刻骨无情,被支配者底运命何等惨苦不幸了。

本章主要参考书如下:
1. 山口义三著《阶级斗争史论》
2. 贺川丰彦著《精神运动和社会运动》
3. 佐野学著《社会之进化》
4. 昂格斯著《家族、私有财产及国家之起源》

第四章
三千年前之相互扶助

第一节　埃及之同盟罢工和同盟组合

一　三千年前之同盟罢工

埃及底古物学者向我们报告,说三千年前的时候,埃及曾起了石工底同盟罢工。古物学者把象形文字、绘画及其他参考资料细心忠实研究的结果,对我们如次地说明。

大约三千年前某月十日,那些正在寺院里做工的石工,忽然起来大呼"我们要饿死了!"一齐集合到寺院底后殿,众口同声地喊道:"到了下次支付工钱的时候,还有十八天;在这很长的期间,我们实在无法过活,所以不能不请求先付。如果不容纳我们这个要求,我们就不做工了。"国王闻知,大吃一惊,第二天就枉驾到寺院里来了。国王到了寺院,用好言抚慰石工,劝他们少安毋躁,早早就业。然而石工们却不听他底话,到十六日就断然实行同盟罢工了。十七、十八两日仍继续罢工,到了十九日,就啸聚暴徒袭击官厅,结果竟完全贯彻他们底要求。

此等同盟罢工,据埃及学者所说,是摩西率领以色列民族脱离埃及以后所发现的事。当时石工、瓦工、漆工,都已组织了很坚固的同盟组合,关于工钱和劳动时间底协定,已毫无遗憾地得以组合底势力去实行。

二　石工组合和面包工组合

此种组合,并非限于埃及,即叙利亚、美索不达米亚、希腊、西西里

等处,也一样分布着蔓延着。这是可由今日东方各国所掘出来的古代文书而知道的。然其中好像以石工组合为最有组织最有势力。这是有缘故的。以十万工役,经营了二十年间,用三十三尺以上的巨石,堆积到二百三十万块以上——在有这样很难造成的金字塔的这个国家,石工组合特别强固,势力最大,乃是当然的事。

此外面包工组合,也组织得很好。马格内奢和派罗思两市,曾经有过这样的事:面包工组合,因面包底价钱同市民底要求不合,面包生意做不下去,就停做面包,于是迫得市会立刻召集开会,把这问题在市参事会上当做紧急问题去讨论,结果就如面包工底意思解决了。

第二节　劳动组合底威力和精神

一　底倍尔河畔举旗暴动

纪元前三〇九年,音乐家组合底骚扰事件,也足以显示出组合底势力及组合底精神。

这一年,正是罗马市厅需费多端很形竭蹶之时,所以对于吹笛弹琴的音乐家应支的费用就拒绝支付了。这些音乐家,以为这是每年应有的费用,单单今年把它废除,心里不服,于是就出于暴动一途。

他们一齐穿着军装,带着军器,扬起赤色的罗马国旗,将渡底倍尔河。政府闻知,异常惊怕,连忙派遣官吏到底倍尔河附近底仆利镇,欲压伏音乐家底暴动;然而无效,反被他们攻入罗马,达到他们底目的。

这是三千年前的古代底劳动组合显示其威力的荣举。劳动者底利益,即由这劳动组合底存在而得了确实的保证,由此得免陷入支配阶级底陷阱。此种劳动组合底发生,大概多是被支配阶级为自卫起见而起的。

二　互助精神之发挥

埃及国王亚美司,东征西讨,大拓版图,扩张商权。他于扩张商权以前,先援助国内劳动者设立劳动组合,促进劳动者底互助精神,以为扩张商权底后盾。

奴马·捧姆披留司,是罗马第二个贤明皇帝,他规定祭仪,整顿国教,锐意行国民的统一,惧劳动者底利益和政府底利益违反冲突,遂促劳动者设立劳动组合,以为调节之具。

此种劳动组合,只要是希腊语所及的范围,拉丁语普及的处所,都可以看见它底设立。他们为完成自己的使命起见,是很勇猛地行动;这可由上述的石工及面包工底同盟罢工终使执政者屈服的事而知道。

当时,这劳动组合蔓延各地,意大利、希腊、小亚细亚、马德拉司、派雷司替拿、北亚非利加、西班牙、法兰西、英格兰、爱尔兰、威尔斯、奥大利、匈牙利、布加利、塞尔维亚等处,无不波及,绝无所谓人种的区别和限制。凡从事同样职业、信奉同样教义的人,就同思共语、合作共享,由"同胞的连锁"组成了劳动组合。

此等组合,无论在外形或内容上,都很带家庭的色彩,发挥他们底友爱精神。例如同在一食桌上吃饭,也奉组合底首领在上座,如一家之主人一样;而老幼妇女则围其四周,欢笑之声盈盈于耳,相处十分亲爱。一人底吉凶祸福,看做组合全体底吉凶祸福,彼此相祝相吊,充满了平和、自由、满足和幸福。

三 死则同葬

此等组合里,都设有干事,干事底生活多由组合供给。干事担任组合内部公共事务,如分配食物于公共食桌,赈济组合员底穷乏等事。

此等组合,并非单单围住公共食桌欢笑一场就算了的。他们常借这食桌讨论与组合有关系的经济上的各种问题,每个组合员对于这些问题都有投票权。投票结果,由多数取决,有的可因此申明冤枉,有的可由此扩张利权,无论何人,精神上物质上都可由此得着许多益处。

这种同饮食同欢笑的事情,养成他们一种"生则同处""死则同葬"的深厚的感情。因为生前同甘共苦,所以死时也要葬在一处了。

所以他们埋葬同业者,就把他们底死灰互相混淆着,使大家看不出什么灰是谁的,只要记得他是"同业的亲爱兄弟"就得。这种生则同劳共戏

死则埋葬一地的深厚优美的感情,实在是维持劳动组合存在的要素。

四 一夫一妇和自由恋爱

有许多人常把古代各种组合看做同中世纪的"基尔特"一样的东西,其实是大错的。"基尔特"是以自卑自屈的态度服从狡狯的师傅底指挥的,而师傅们又为自己存在安全起见要向封建贵族去行贿赂。而古代各种组合却绝不是这样;他们男女都有发言权、投票权,对于生活向上的发言权,是平等地分配给各人。

所以他们大倡劳动神圣,尊奉互助的信条,以热情和友爱维持其团结。他们这种精神,后来因基督教底传道更加促进。

组合底道德,是当时平民道德底模范,灿然放了荣辉之光。例如当贵族、富豪堕入一夫多妻的恶习荒淫无度的时候,他们都严守一夫一妇的关系,并且大倡自由恋爱的主张。虽有罗马法律底禁止,而他们仍旧祝福奴隶和自由民底结婚。他们以为即使做了法律底罪人,也仍可以做神底爱子。

第三节 劳动组合和宗教

一 尊宗产业守护之神

组合成立了,自然希望组合底幸运长久。但当时的劳动者,智力程度还极其低劣,所以就不得不依赖人类以上的势力为组合底保护者、支配者和引导者了。

他们相信梅尔扣利为商业之神。他们相信奇拿为狩猎之神。他们相信西雷司为农业之神和弥内尔巴为智识之神。其他海神则为内蒲邱,火神则为布尔加,爱神则为皮奴司。他们信为音乐诗歌之神的亚坡罗,尤为他们所赞美所崇拜。他们迎接上列诸神,奉为他们劳动组合底保护神。

他们相信此等保护者,可以使他们从饥饿的恐怖中脱免出来,达到幸福的世界。他们敢于用骆驼负载商品和远涉海洋赴万里之天涯行商,就是因为他们确信此等保护神卫护着他们之故。

二 旧约底割礼和新约底洗礼

加入劳动组合,要受严重的检查。他们都应是纯洁的,他们都是神圣的,他们都是善良的。他们相信由这些纯洁、神圣、善良的美德产生了相互助的精神。《旧约》底割礼和《新约》底洗礼,大概即是为使心身清净起见用宗教的仪式表现出来的事,因为心身清净是加入组合的必要条件。

经过此等试验而被认为组合员的人,就与组合成为同身一体者,组合员底冠婚葬祭、吉凶祸福,都是共庆共吊,你我无别,一齐度那平和幸福的日子。

初入组合时,须缴入会金;有必要时,也常向组合员募捐。这些金钱,即当做组合底基本金。此等基本金,以救济组合员底不幸为目的,应组合员底必要而支出。例如组合员生活上有困难时,组合就直接向生产者购入食物、衣服及其他一切生活上的必需品来供给组合员。这就是他们友爱精神底表现。若不是表现他们底友爱精神的事,他们是一文也不肯支的。

第四节 入会规则和经费状况

一 入会规则严重底理由

此等组合,对于希望入会的人,要问他是否真正爱神,真正爱善,真正爱友;又要严密地检查他底体格;而究竟许否入会,还须由多数组合员投票决定;得了许可入会时,又须收缴一定的入会金。

入会规则定得如此严格,是什么原因呢?这是因为深怕权力阶级底走狗混入,告发组合底秘密,使组合受害之故。组合之所以要求组合员兼备正直、纯洁、敬神诸德,且对组合内同志有优厚的感情,理由即不外此。后来耶稣极力设法要使这严密的规定宽大起来,因之略为解放了一点那想避免权力阶级之眼目的秘密的习惯;然自耶稣受钉十字架惨刑之后,深刻酷辣的迫害,即相继而来,于是就只有掘入地下几丈深处,造成暗室,以供同志们在其中掌灯相会之用;由此种不能不急于自守的情形,使组合底入会规定比从前更大大地严格了。

入会之后,组合员每月须缴一定的会费;违反组合规则的人,须受罚金之处分。

二 消费组合和借贷制度

组合员生活上所必要的东西,如衣服和靴子,可向组合去买,以实费支给,不必经过中间人底剥削。饮食大概都在公共食堂举行,有厨子、小使、职员等人管理其事,将食物公平分配给大家。又在一定的时候,必开组合员底大宴会,一同歌舞行乐。这种宴会,每个组合员都有出席宴会之义务,常在会场里征收会费。

宴会多在一周一次的休假日中举行。此等组合对于组合员规定的应纳费用,是组合员底入会费、会费、罚金等。组合即将此等费用聚为基本金,宴会费用即由此基本金中付出。

前几年,从埋没于推奥士街(奇奥内索司组合底大本营)地下的剧场底残骸里发见了破片,其破片上刻有如下意义的文字:奇奥内索司组合底一员某戏曲家,因事失败而负债,为完结其债务起见,向组合请求借贷,组合即应其请求如数借给他。

组合员向组合请求借款,并不是希奇的事;不过准借与否,则须由组合选举委员开秘密会议决定。组合一方面容许金钱底融通,他方面对于返还方法也很留心,极力替债务者向市政府交涉,务使他有事做,开他收入的路子,决不使他因债务而烦闷。比方说他是一个戏曲作家,就替他向市政府去交涉,使市内祭奉酒神的曲本首先归他去做。

三 组合基金底出处

组合底收入,除上面所说的几种以外,还有贵族、富豪底捐助。贵族、富豪,当然同此等组合水乳难和,处于敌者的地位;但是他们也同样是有血脉流通着的人,如果使他脱却他底地位境遇而为一个赤裸裸的人,则他对于同胞的热情,也一样地燃烧于胸坎里的。固然,他们底大多数,是绝对受他们环境底支配不会对被压迫者和被压迫者的组合表同情的;但其中也有少数人,有的看见奴隶境遇底悲惨,偶尔动了恻隐之心,有的想起虐待奴隶的死后的恐怖,要想祈祷死后之冥福以忏悔生前的罪恶,所以就肯对于这些为奴隶底避难所的劳动组合捐助金钱的。组合底基本金,由此等贵族、富豪捐助来的也不少。

当时的组合,究竟有多少基本财产,我们今天已不能测知;不过下列的事实,却是见于史学界底报告中的。前几年,阿配尼盎附近起了大地震,发见了一个奇奥内索司组合员底位牌所,这个建筑物底费用,如以今日的金钱计算起来,约须美金百万元以上。我们可以由这一件事,想象出当时组合底经济的实力是很伟大的了。

四 组合所收的罚金

为组合底大宗收入,做组合基本金底有力部分的,即是那由违反墓域法而得的罚金。罗马底墓域,承政府底恩典,归此等组合支配,又承国法底保护,给与组合以种种的利益。例如墓域里底坟墓、牌位所、纳骨堂,凡在其区域里的治安权,都在此等组合手里,所以要在其墓域内委托死人,依国法底保证,须听组合底命令。

所以那些奴隶所有者,如贵族、富豪等,若以为把他底死骸与奴隶底死骸同葬,从其身份上看来是一桩可耻的事,要把他运到别的墓域里去葬,就非向组合付出一种罚金不可。组合底基本财产,多由贵族、富豪底违反墓域法得来。

死人埋入墓域之后,他底家族追慕先人,到墓域里来,向纳骨堂祭奠时,若要揭开那收纳遗灰的净壶来表示他怀慕先人之意时,也须拿出罚金来,因为那是亵渎神圣的事。此种罚金,也归组合所有。

此外,如不出席于组合底一定的集会,或违反组合底法律、规约、习惯而放纵自恣时,也须课以罚金,把其罚金当做公积金;此公积金即用于组合全体的利益上面。

第五节 各种组合底勃兴

一 从单骑战到队伍战

此等组合,若依宗教的眼光来观察,则是一个信条相同、仪式相同的

精神的团结；然从经济的见地来观察，则是一个利害相同、休戚相关的强固的组合。当时劳动者，借此种强固的组合，使人类底生存战争从单骑战进到队伍战。于是那正心诚意侍奉神明之心，即转而养成对于同业的扶危助弱的友爱之情了。组合彻头彻尾受秩序和节制底支配。

离耶稣诞生六百年前，雅典有洗衣女组合底存在。这洗衣女组合所崇拜的守护神，是男神还是女神，我们现在虽不明白，然有神保护此业给与组合员幸福，却是他们所确信的事。

又，耶稣诞生六百年前，石工、金工、木工底组合，曾有极大的势力，雄视当时劳动界；这是考古学者由石上底文字推断而得的结论。

无论何世，土木事业都是最有利的事业，执政者拿它来钓饵劳动者，劳动者也倾全力从事于此。

石工、木工、土工等——凡与土木事业有关系的组合，利用其强固的势力，以组合所有的投票权力，向政府选送代表，使他与政府协定了许多有利的条件。这样，就建设了寺院、殿堂、桥梁、水道等文明机关。跟着这文明机关底建设，他们底利益也增加了，他们底地位也向上了。他们有时且替奴隶偿还债务，使奴隶解除铁锁复归自由民的地位。

石工组合势力之大者，有小亚细亚加利地方底组合。加利地方底组合，其规模之壮大很可吃惊，不论建筑一所食堂或是一所剧场，若不经这组合底承许，就不能建筑。这石工组合底繁昌，大约是耶稣诞生二百年前的事。

二　刀剑组合和园丁组合

耶稣生于那撒勒塞村一百年前，嘉利拉河畔有腓尼基人底劳动组合。这个组合，是由许多在船上营生的渔夫舟子及其他船舶业者、商人、埠头人夫等组成的，势力很是伟大。又据考古学者所证明，耶稣诞生九十年前，别方面还有船主组合底存在。

哈雷斯底挪之北细铜地方，是腓尼基人底殖民地，除了形成华壮的市街外，还有刀剑组合，为刀剑发达而祀神。这是耶稣诞生四十七年前的事。

当时还有格斗家底组合。罗马统治之下，无论跑到什么地方，都可以看见格斗家底组合。据当时历史家说，耶稣诞生五十八年前，罗马且设有格斗家底学校。

此外，锻冶工有锻冶工组合，园丁有园丁组合。他们都以互助的精神为信条，以友爱的感情为连锁。

三　靴工组合和理发组合

当时劳动组合，风起云涌，非常之多。我们现在且就所知的列举如下。

雅典有以裘斯为守护神的洗衣女组合。披留司港，有商人和乘客底协同组合。又有纠合妇女劳动者的组合。

爱希达罗斯市，有医生底组合。柯林秃市，有力士组合。

阿尔哥斯市，有柔皮工、靴工底组合。代弥秃利阿市，有水夫和埠头人夫底组合。

希利扑配利市，有猎夫底组合。嘉利霍利斯岛，也有猎夫底组合。阿霍辽尼亚市和索坐霍利斯市，有牧童底组合。配林索斯市，有理发匠底组合，石工底组合，短艇水手底组合。

图弥斯市，有水夫底组合。萨索司市，有批发商人底组合。雷姆诺市，有农夫底组合。

雷司仆司市，有靴工组合。推洛司底市场，有批发商人、水夫、装货夫、仓库人夫、埠头人夫等组合。派罗司市，有宝玉工组合。拿启索司市，有测量师组合。捧赫利霍留司市，有裁缝师、杂具匠等组合。派秃莫司市，有关于灯烛事业的组合。阿倍笃市，有做帷幕者、木匠、农夫等组合。

西粹翁市，有铜工、金工、火钵工等组合。

总之，有产业和劳动者的地方，就有劳动组合。这些劳动组合，有的纯由奴隶组成，有的纯由自由民组成，有的由奴隶和自由民共同组成。

本章主要参考书如下：
山口义三著《阶级斗争史论》

第五章
纪元前奴隶解放底殉道者

第一节 劳动组合底努力

一 二万矿夫的罢工

原来这些组合员,可以选派能代表自己意思的委员到公共工事监督局里去参加意见。这监督局由政府命令组成,管理建筑道路,开浚河川及都市村落各种工程事务。政府给与组合员以投票权,使他们得选派代表做监督委员,原是不得已的"危险"事,所以那些相信"奴隶存在为自然法则"的亚里斯多德先生们,就为此大发杞忧了。

因此,劳动组合献给权力阶级的证书,虽声明"誓愿竭诚柔顺服从命令",而权力阶级却总不放心,必使他声明"誓愿断然不与政治行动发生关系"而后已。除此之外,权力阶级且定出种种严酷的法律去束缚他们底行动。

权力阶级虽然如此顾虑周详,压迫严酷,而被压迫阶级却仍不甘屈服,时起反抗。上述各种罢工,即是例子。纪元前四三一年至四〇四年间,即雅典和斯巴达进行披洛扑内索战争中,雅典有二万矿夫,在阿替卡底金银山上做工,忽然实行同盟罢工,逃到自己底敌国铁沙里去卖劳动力。

这一件事,将怎样说明呢?一言以蔽之,就是"劳动者无祖国"底证据。他们在"祖国"是靠卖劳力而生存,他们在"敌国"也不过是靠卖劳力而生存。他们在"祖国"是奴隶,他们在"敌国"也不过是奴隶。"祖国"和"敌国",在他们眼光看来,实在没有什么区别。他们只要那一方面生活好一点,就可以到那一方面去。虽然横竖一样是奴隶,但也要择一个生活好一点的奴隶做。这二万矿夫之所以从雅典逃到铁沙里,大概总因为铁沙里工钱比较多一点,工作比较少苦点之故。

这次罢工,还影响到别的劳动者。这二万矿夫逃走,为维持工作起见,不能不另行补充。这新补充的劳动者,都是向阿替卡底劳动组合雇来的。雅典政府对于这些劳动者,就有所畏惧,不得不改良他们底待遇,把他们置于比较可以满足的地位了。

同是矿夫,前者待遇恶劣,后者待遇较善,固然是由于后者有劳动组合为其后盾和政府鉴于上次罢工已有点觉悟,但此外还有一个原因,就是先前行包工制度后来把包工制度废了。先前行包工制度时,一切事情都任包工头儿自由办理,故包工头儿就得为自私起见,残酷无情毫无忌惮地虐待矿夫。后来政府知道此种弊病,就不采用包工制度,直接向劳动组合雇入劳动者,待遇就比从前良好一点了。

二　懂解言语的劳动器具

"没有奴隶就无雅典文明"——这一句话,不仅雅典,到处都可以适用。举凡国内一切公共大工程、神殿、纪念碑、石像等建筑,农业、矿业、工艺等生产,没有一样不借奴隶之手做成。自由民底生活,完全靠奴隶生产来维持。雅典奴隶,占自由民十倍以上。每个自由民若无六人以上的奴隶,他底生活就要感着困难。当时奴隶数目底众多和生殖力底强大,由此已可想见。然此种奴隶数目底增加,反而促成奴隶价格底低落。因之老朽无能的奴隶,就以极廉的价钱卖出去,代以血气方刚的新奴隶;多病虚弱的奴隶,就弃置于海中孤岛,让他去冻死饿死被风雨猛兽害死而不顾。原有的奴隶底生存保障,至此也完全被剥夺了。此种奴隶,在当时支配者看来,原不过是"懂解言语的劳动器具",自然用得着时就用他,用不着时就弃如敝屣了。

此等"懂解言语的器具"——奴隶,在别一方面,还须同加入劳动组合的劳动者竞卖劳力。这事,同现在各国劳动者间所行的劳动竞争一样。

未入劳动组合的奴隶,真是可怜的很,每天仅以九个铜子十个铜子的

极廉工钱同别人竞卖劳力。此种剧烈竞争底结果,自然非常惨淡,每天工钱竟低落到六个铜子。但是如果加入劳动组合,被雇于政府所公认的公共事业,则工钱可比前大增,每天就能取到一圆二毛至一圆八毛。于是奴隶们就认劳动组合是他们底救主,争先恐后地入会了。从前一天空着肚子,吃不得饱,现在却可以列席公共食堂,美食鲜菜,尽量吃喝了。那样处在乞丐般的惨淡境遇的他们,自然立刻会感谢劳动组合底恩惠了。

同是奴隶,生活也很不一样,例如会计、书记、门房、小使等人,因为直接服侍权力阶级,他底口粮就很可以饱满口腹,但是在工场里或矿山里使用的奴隶,就不能如此,凭你怎样发狠做工,每天工钱总不出一毛八分以上,差不多个个都要与饿死鬼为邻。可是如果加入劳动组合,替国家服役,则工钱就会大增,因之奴隶们就争求入会,组合底势力就大大地扩张了。

三　赎取奴隶自由的金钱

用金钱买回奴隶底自由,是劳动组合底最有光辉的事。普通一名奴隶底身价,约为美金百元至二百圆,组合常以其聚积金购回奴隶底自由。叙里亚、亚美尼亚、腓尼基、黑布拉等处底奴隶,劳动组合常以神底名义向奴隶底卖买人或所有主交涉,付出赔偿金,使他解放了其铁锁而获得自由。

纪元前三五五年前,有名的克锡诺福——他是苏格拉底底朋友,是历史家,是哲学者,又是军人——向雅典政府上这样一个条陈:"国家需用奴隶,向包工头儿去雇,这中间要化了很多的手续费。这些包工头儿,从中作弊,刻扣奴隶应受的报酬,弄得奴隶底生活困苦异常。因之,希腊底产业,就受其影响而荒废下去。无论如何,此种包工制度,应得废除才好。"其实这个条陈,并不是克锡诺福个人底意见,只不过是劳动组合底意见要他代表说出来罢了,因为劳动组合是以保护奴隶自任的。原来自从披洛扑内索战争中金银山矿夫罢工事件发生以来,劳动组合为伸张奴隶底权利,更比前努力了。

这样,劳动组合底实力一充足,就能散发聚积金赎回奴隶,并能感动政治家和学者,向权力阶级主张他们底权利,渐次增高同胞底地位了。总之，劳动组合是尽一切的努力以求增高同胞们底地位的，而实际上奴隶确是借劳动组合之力而得了多少保障和利益的。

第二节 光耀千古的女英雄之悲烈的牺牲

一 派拉斯龙山上之悲剧

人们多以耶稣钉死于十字架上，是一种崇高、伟大、悲壮的牺牲，赞美他底崇高、伟大、悲壮而为之感动。然从希腊到罗马之间，像耶稣这样遂了崇高、伟大、悲壮的牺牲的人，实在数不胜数。当时代表被掠夺被压迫阶级据着劳动组合为武器，以与掠夺阶级压迫阶级相抗争，在这阶级斗争的战场中遂了壮烈惨痛的牺牲的人，真是很多很多。只要是社会分裂成两个阶级！掠夺阶级和被掠夺阶级，压迫阶级和被压迫阶级，就一定有剧烈的阶级斗争，有许多代表被掠夺被压迫阶级的义侠英雄登先冲锋，勇猛前进，以致为敌所毙，遂其以血洗尽天下不平之伟愿。

雅典有"处新宗教宣传者以死刑"的法律，明明是为要处这劳动组合指导者以死刑的规定。受这死刑处分的大多数牺牲者，都是妙龄美貌的女子，其牺牲比耶稣更沉痛而悲壮。此等为被压迫同胞而牺牲的女英雄，实足以光耀千古，羞尽天下"须眉"而耻尽现在这些只知主张太太小姐们权利的女权运动者。

这些在阶级战争场中失败被捕的女子，都被剥去衣服，赤着身体系于派拉斯龙山底断崖绝壁之上。此山如刀戟堆成，有千仞之绝壁，下临如魔之大海，一天开着巨石，专等伊们坠下以饱其凶腹。这些伟烈的妇女们，多坠入此海口而丧其性命。不然的，也委弃山上，让那强狮猛虎们当一顿小餐而已。

二 "污辱男女品性的春药"

雅典有一个名尼诺司的女英雄。伊是雅典劳动运动底先驱者。伊生于贫家，熟知贫民底苦痛状况，为改良他们底境遇，拥护他们底利益，就促劳动者组织了劳动组合。伊所组织的组合，很带着宗教的色彩，尊重互助

的精神,高唱自由恋爱论。组合员都在公共食堂会食。伊此种行动,自然要招当时权力阶级之忌,最初发排斥议论的,就是当时有名的雄辩家兼有势力的政治家德谟士塞内这一个人。他以为伊底行动是嘲笑国教,且要酿成国民间背信忘义、污秽龌龊的空气的。

所以德谟士塞内就以下面的话当做他排斥尼诺司的理由:伊用挑发春情的春药来污辱男女间底品性;大诗人卢克雷楷司底死,也因伊用春药之故。他屡次怀疑伊底品性,要想使伊堕入罪网。

可是这些话,都是德谟士塞内虚构捏造的,他不过要想摇惑人心使大家都厌恶伊排斥伊罢了。然雅典权力阶级认伊有罪的理由,却并不在此,而别有所在。这就是因伊从事奴隶解放运动之故。

当时雅典有四十万奴隶。这四十万奴隶,不过被当做活的器械,穿衣的家畜,由主人命令他劳动。他们受压太甚,劳苦太甚,自然也了解自由,想解脱颈上所系的铁锁。他们曾经集合离雅典十七哩的德尔福地方,共同商量他们自由运动的办法。这时,这些奴隶底指导者,不是别人,就是一女子尼诺司。伊底事迹,近来德意志已有许多学者研究,知道伊是一个劳动运动底指导者。

三 女巫塞莪丽司之热情

不用说,尼诺司是因此在断头坛上牺牲了。继伊而起的,就是塞莪丽司。

塞莪丽司,是一个很富积极进取精神的勇敢的奴隶指导者,以满眼的痛泪,同情于奴隶底悲惨。伊底一切细胞,简直可以说都是热情构成的。伊是热情底结晶,伊是热情底化身。伊抛弃自己底金钱来购买奴隶,使他成为自由民。伊以扰乱雅典平和的罪名,被系于公堂,由雄辩家德谟士塞内底弹劾,投票表决处伊死刑,因之伊就这样遂了悲惨的牺牲了。蒲尔达克做的《德谟士塞内传》,说他处刑一个名叫塞莪丽司的女巫,就是指的此事。塞莪丽司,与其说是女巫,毋宁说是雅典奴隶解放底倡导者。

塞莪丽司处刑的地方,也是在派拉斯龙山上。雅典底权力阶级,为要看着伊从断崖绝壁堕入深渊而肉裂骨碎的惨状,以快其私心起见,特意带着点心走行数里路程去看伊底最后。

当伊系子雅典公堂受权力阶级纠弹之时,咒咀之石如雨般飞来,而伊仍神色自若,毫不为动;当伊为奴隶底牺牲倒挂于派拉斯龙山断崖之下将被深渊所吞之时,面色上反现出一种得意满足之色:这一种精神,真使大多数奴隶为之感泣不置。

四　格罗柯塞底献身

奴隶和自由民底阶级战争中,为奴隶而牺牲的女殉道者中,还有一个有名的格罗柯塞。伊是那德谟士塞内之政敌亚斯基内斯底母亲。

亚斯基内斯能以其学问、智识和能力在雅典政界里持露现头角,完全是其母格罗柯塞之赐。伊底优良的教养,才使其子成为政界底名士。亚斯基内斯,当马塞东王菲利普来寇事件发生时,与德谟士塞内一同被选为雅典底使者。两雄不并立,他与德谟士塞内底不和,大约在此时已发生了。

他底母亲格罗柯塞,出身贫家,身份微贱。德谟士塞内攻击亚斯基内斯时,自然要举他出身微贱毫无可夸作攻击之资料。可是格罗柯塞却是一个好学爱知识的女子,底伊进步的意见,同尼诺司、塞莪丽司一样,劝告雅典底青年,须为奴隶底党与,须为劳动者底党与。

反之,德谟士塞内,却是一个很有钱的资本家。他有两个工厂,一个制造刀剑,一个制造寝台。因之他就有许多奴隶为其职工。这两个工厂每年卖出的货品,约值价七万五千八百圆美金,利润约有二千七百圆美金。

五　二工厂底罢工事件

这两个工厂,发生了同盟罢工的一大骚动。这是因其工厂主——即那有名的雄辩家兼政治家的德谟士塞内——待遇其职工奴隶太残酷而起的。当时亚斯基内斯底母亲格罗柯塞,与其儿子一同表同情于奴隶,为奴隶底自由和向上而努力,结果就不得不与德谟士塞内为故了。德谟士塞内因此就大怒了。他以为他平生不高兴的亚斯基内斯与其母亲煽动他底工厂底劳动者,那是何等岂有此理而且违法的事!他自对自道:"亚斯基内斯是什么东西?他底出身不过是微贱的杂种罢了!我呢,是受过谷神

岱美达圣餐之礼的贵族。难道会输与他们不成？！"于是他就很自信地很气愤地向公堂提出弹劾亚斯基内斯案，说他是"危险人物"，结果竟借他雄辩之力把亚斯基内斯驱逐到国外去了。亚斯基内斯被驱逐出国后，就到拉霍狄斯去，在那里创办学校，聚集学徒，静静地过他底残年。

然则他底母亲格罗柯塞，是不是跟了他底儿子到拉霍狄斯去呢？不，伊仍旧留在雅典继续努力于自由运动。伊因此招政府当局之忌，与尼诺司、塞裴丽司二位女英雄一样，被政府惨杀于派拉斯龙山绝壁之下深渊大海之中了。

六 绝世美人之就义

尼诺司、塞裴丽司、格罗柯塞三位女英雄惨死之后，又有一位内腊。伊底事迹，虽然朦朦胧胧，不很明白，然为奴隶底自由而战，勇敢努力，卒为德谟士塞内所捕，与上述三位女英雄同其命运，死于派拉斯龙山上，却是无疑的事实。

那雄视雅典为雅典底立法家和雄辩家的德谟士塞内，实在是迫害自由思想的大恶魔。这一个恶魔，即在那与他同样有名的雄辩家雷细亚司与奴隶底女儿美达内利亚恋爱成为问题之时，也仍以贵族代表者底资格发挥他底迫害奴隶的毒辣手段。

当时的奴隶自由运动，因文书底散佚，以致我们不能十分明白其事迹。奴隶底实际的解放运动，一定比我们现在所知道的还更多且激烈。并且这种解放运动，决不仅限于希腊，其他古代各文明国家，也莫不有同样的事实。

罗马有名的快乐派诗人菲洛岱马司，在他所编的《佳句集》里，载有一少女秃雷拍拉底墓志铭。我们看了这个墓志铭，只不知道秃雷拍拉底死亡年月，至于伊致死底情节，也与尼诺司、塞裴丽司、格罗柯塞诸位女英雄一样，是为奴隶底自由而战死的，并且也是被德谟士塞内害死的。

据墓志铭上所载，伊是被权力阶级雇人从演讲坛上拉下来的，伊受权力阶级所雇用的暴徒底重伤，依德谟士塞内底命令，被弃于亚克洛扑利坦岩上，坠入波涛汹涌的深渊而葬送了伊那如花如玉的生命。伊是一个艳丽眩眼的绝世美人；快乐诗人菲洛岱马司把伊底墓志铭采入其《佳句集》,大概即因此故。

七　做权力阶级走狗的文人

这些妇女,多属于劳动组合而为其一员。伊们底组合,以组合员底收入积聚为组合底财产,拿这财产来援助组合员底不幸和艰苦,使组合员发生"个人虽贫而组合员却富"的自觉,借以强固组合底团结。

此种互助的精神和亲密的感情,自然与雅典政治家所主张的自由竞争主义、官僚主义不能调和。所以这些政治家们,对于这些组合常抱憎恶之念,唆使学者、雄辩家、诗人,如亚里士多法尼司、德谟士塞内、卢细康等人,对他们造谣、攻击、詈骂、嘲笑,无所不用其极。

他们知道陷害妇女的最聪明方法,莫如造谣说妇女底品性污劣,伊们底两性关系丑恶。因为这样就可以激起群众底感情,助长群众底偏见。最会利用这个手段来弹劾妇女的,就是那有名的自由之恶魔德谟士塞内。例如他说尼诺司用春药来挑拨男子底春情哪,说格罗柯塞所属的团体是充满娼妇卖女和破坏男女道德的怪物哪,用他那如鼓如簧的毒舌,向群众信口雌黄,随心煽动,务使群众怀疑伊们底品性,对伊们加以迫害而后已。德谟士塞内弹劾有名的美人希雷内——伊是与罗马贤夫人特弥吉利齐名的——时,用的也是同样的笔法。

八　"女神"底牺牲

希雷内因其光润的美貌和出众的才能,在雅典被一般人赞美歌颂如女神般。伊为公共的利益卖伊底秀拔的技艺,将伊卖艺得来的金钱用于公益事业。当时的权力阶级,曾不惜千金去买伊之一瞥。

我们若要问伊底出身,则伊实是一个卑贱的田舍植木匠底女儿。伊因为自己出身微贱,所以不忘根本,对于同阶级的人有深厚的同情。伊将自己卖艺所得的金钱,拿去购买奴隶底自由,并想为他们改善其境遇。可是此种散发金钱买取奴隶自由的事,立刻就惹起官厅底嫉视了。

希雷内有一个朋友叫做伊替阿司。伊替阿司是否爱希雷内,向伊求过爱,我们不知道,不过他曾经有一次受过希雷内底羞辱,也许为的是求爱。他从受此羞辱之后,一刻也没有忘记怎样报复伊。希雷内后来以破

坏市民道德的名义被官厅拘去,完全是出于伊替阿司底诬陷。

官厅对于希雷内底罪状,宣布如下:

> 伊不以堕入放荡淫逸为耻。伊想引导新的神来污辱雅典底神圣。伊借劳动组合底名义,聚集淫男淫女以败坏市民底道德。

其实这不过是口头的罪状,伊底真正罪状并不在此。因为伊主张奴隶解放,是要扰乱雅典底平安的,所以当时权力阶级恨之刺骨,想借一种别的罪名处死伊。恰好伊替阿司来告发伊"破坏市民道德"之罪,故就拿这做理由了。

九 鞭踢裸体美人

伊于公堂里数万群众狂呼怒号以前,被剥去纯红的衣服,裸着身体,被脚蹴踢,破鞭击打,受尽种种侮辱之后,就被拉入派拉斯龙山上了。有的人说,伊是在那里惨死了,又有人说,伊是脱离那山到别处去隐藏了,究竟伊底"最后"如何,我们无从知道;不过伊是为被压迫阶级而牺牲的,伊是终身为被压迫阶级底利益而努力的,乃是千真万确的事实。

这样迫害许多燃着新思想的自由主义的妇女,葬送伊们底生命,专做权力阶级底走狗的德谟士塞内,他底最后究竟是怎样呢?他后来也为政敌所迫害,于纪元前三百二十二年,被逐出雅典,隐于加罗拉岛底扑塞东寺。这个寺,是此岛劳动者组合底本部,奴隶底避难所,所以决不是那奴隶底不共戴天的仇敌德谟士塞内底安身之所。于是他就踌躇无路,进退维谷,最后无法,就只得仰药而死了。

第三节 抗争十六年的义贼

奴隶底自由运动,逸出轨道,放一异彩的,有叙利亚底义贼拿皮斯。

他于纪元前二百二十五年,因战败而被卖于美卡霍利斯,系着铁锁做苦工。他在这时就图自立,后来竟拥着许多奴隶组织起独立军,暗杀了此国底皇子,掠夺了此国底富豪,不奉命者,杀无赦;又发明了一种拷问器械,把贵族、富豪放在这器械上面拷问,使他们听他底命令。他底妻亚倍克是一个很漂亮的美女,他把亚倍克装饰做很漂亮动人的样子去钓诱贵族、富豪,以蜜般的甘言去迷惑他们,使他们上当,然后骤然匕首一闪,把他们杀死,席卷其所有物而去。他把这些卷来的金钱,悉数分与其都下的奴隶。

拿皮斯这种义贼的行为,继续到十六年间;后于纪元前百九十二年,被希腊底大军所包围,卒为刺客所刺死。代表被压迫阶级底利益为被压迫阶级扬眉吐气的义贼,最后也竟被权力阶级所害死了。

本章参考书如下:
山口义三著《阶级斗争史论》

第六章
旧约国民底经济生活

第一节　贫民生活底保护

一　旧约底诗篇

古代国民，对于宗教、政治、道德，都混淆一气，没有显然的区别。但它们虽混在一气，而以之说明国民底生活状态，仍是可能的。

我们读《旧约》底《诗篇》，知道有种种礼式和限制；我们可以由此等事实里，知道其国民底生活。此等礼式和限制，与他们底生活有深厚的关系；公私的道德观念，也由此养成。

我们读了《诗经》三百篇，可以知道中国古代社会底生活状况；我们仔细诵读《旧约》百五十《诗篇》，也可以明白希伯来民族底政治的及经济的生活。

二　第七年解放奴隶

那视希伯来民族为选民的耶和华，是希伯来人所崇为全世界底创造者、支配者、所有者的。耶和华所制定的法律，是为统御这民族全体而设的，不是为个人而设的。

要做这国家底一员，享受国民的资格，男子必定要受割礼。这割礼，是希伯来国民所认为可矜的荣华。耶和华教训他们，"当敬重父母，使你底生命在你底上帝耶和华所赐给你的地上，得以长久"（《出埃及记》第二十章）。且命令他们，"在白发翁底面前，你须站起来，并须尊敬老人"

(《利未记》第十九章)。由此强迫他们养成忠爱的至情。

其次,奴隶也加入家族中为家族底一员,不能如家畜般虐待酷使。"你若买希伯来人做奴隶,他必替你劳动六年,第七年他可以自由自在地出去。他若独身来,就可以独身去。他若有妻,他底妻就可以与他同去。他底主人若给他妻子,他底妻子生了男孩儿或女孩儿,其妻及其儿子都要归属主人,他须自己一人出去。"(《出埃及记》第二十一章)"你(主人)任他自由的时候,不可使他空手而去。要从你底兽群、禾场、榨场中,多多赠给他东西;你底上帝稣和华怎隶赐福与你,你也要照样给他。"(《申命记》第十五章)这是要他们纪念自己因于埃及时,上帝怎样将他们救赎回来的事。

奴隶底工钱,须当晚付给,不能拖到第二天早晨(《利未记》第十九章)。

三 借贷关系

此种对于奴隶的温情,也及于其近邻。"你底心里不可恶恨你底兄弟,……爱你底邻人应如爱你自己。"(《利未记》第十九章)"你们实行买卖时,也应如此。要用公平的天秤,公平的法码,公平的升斗,公平的尺寸。"(《利未记》第十九章)

"如果你兄弟中有了穷人,居在你底家里,你对于你那穷的兄弟,不可忍着心,袖着手看他;总须松开你底手,照他所需求的借给他,以补他底不足。"(《申命记》第十五章)耶和华这样地规定,来强制国民行慈善博爱的事。

"借钱给穷人,不可向他取利息。你若拿人家底衣服做当头,须于日落以前归还他;不然,他只靠这一件衣服来遮蔽身体,叫他晚上怎样睡觉呢?"耶和华拿这话去促起人民底同情心。借钱给本国人,不能取利息;但借钱给外国人,却可以向外国人取利息(《申命记》第二十三章)。

"你进了邻舍底葡萄园,可以随意吃饱了葡萄,只是不叫装在器皿中。你进了邻舍底禾稼圃,可以用手摘穗子,只是不可用镰刀割取禾稼。"(《申命记》第二十三章)此种规定,毕竟不外是加于衣食穷乏的小百姓的一种社会的恩惠。

特别是教人民为孤儿寡妇行慈善事业,爱护旅客给他食物和衣服(《申命记》第十三章),可以看出希伯来民族很富同情同感的博爱精神。

四 农民比市民有利

此种禁取利息的借贷关系和容许穷人食取富者底葡萄园、禾稼圃底产物的事实,在重视"私有财产"和"自由竞争"的社会里,当然是不可能的。可是这个国家,土地制度与别国不同,国人都可以所有土地,向别人乞怜求与的人是很少的。耶和华是这国家底大地主,国民不过是以借地人的资格暂时领有其土地,而其领有底分量也有一定的限制。这土地底监督权,也仍在耶和华手里。

土地是耶和华的,不能永卖。如果有人把他底土地卖掉,他底至近的亲属就须把他所卖的赎回。若没有人能替他赎回,等他自己渐渐富足起来,有能力赎回时,就必须把它赎回。若自己及其亲属都不能赎回,到了禧年(五十年为期),就须消灭负债关系,买主须把所买的土地返还那卖主(《利未记》第二十五章)。

虽单说土地,面市街地和农业地,也有严重的区别。人若卖有城墙的城内住宅,卖了以一年之内,可以赎回;即在一整年内,有赎回的权柄。若在一整年内不赎回来,则这有城墙后的城内底房屋,就确定归买主所有,可以世世代代承继下去,即到了禧年,也不能返还卖主。但周围无城墙的村落底房子,就把它看做这国内田圃底附属品,随时都可以赎回,到了禧年也可以返还(《利未记》第二十五章)。

这样看来,虽是同样土地,待遇也不相同;轻都市而重农园,农民地位比市民有利。此种现象底发生,是因为当时商工业还没有发达,农圃的生活比市街的生活安全而确实。换句话说,这是农业本位的当时必然产生的结果,凭你耶和华怎样全智全能,也总要受社会环境底支配。唯心史观底虚妄,由此已足证明。《创世记》底胡说,更加不待言了。

五 土地和生产机关底保护

不仅土地受保护,即如磨臼等维系农民生命的生产机关,也不许拿它作当头。凡借给邻家东西时,切不要自己到他底家里拿他底当头;须站在外面,等那向你借贷的人把当头拿出来交给你。他若是穷人,切不要把他底当头留置过夜,须于日落以前还给你(《申命记》第二十四章)。

这种保护土地和生产机关的事,就是保护希伯来民族底经济的自由。租税也规定从土地及其饲养的家畜里抽取十分之一,防止收税吏底暴征,以策国民生活底安全。

于是祭司便在神殿或别的集会上,向国民宣明律令底施行:每七天中,国民休息一天;每七年中,土地停止耕耘一年,奴隶得着解放一次;每五十年中,有一年禧年,在这禧年,大家归还自己底产业,不耕种,也不收割,安安稳稳地享那自然之福,真是天下太平、国土安稳、一家息灾、万众欢呼,同声祷祝耶和华"万岁"。

可是这个安乐乡,跟着经济底进化,不久就自然而然地崩坏分裂了。从此高利也不禁止,苛税也渐兴起,奴隶也被虐待,贫者也受苦痛,孤儿寡妇也都堕入泪渊而无告,把一个光明的"天国"忽而变成黑暗的"地狱"了。这是什么缘故?就是因为私有财产已确立,自由竞争已促进了。这是由农业本位一变而为农商并立本位的过渡期中必不可免的牺牲。

第二节　商　业　底　竞　争

一　犹太底商业实力

我们从历史上知道:埃及以麻布、棉布、武器、家具、陶器、玻璃等制造品为国产;腓尼基以金银、宝石细工、玻璃器、陶器、染色麻布、棉布等物为国产;希腊以各殖民地出产的罗纱、绒毡、谷类、果物、葡萄酒、油、牛马、铁器、陶器、衣服等物为国产:这些国家,都各以其国产驰驱于古代贸易市场。在这时代,犹太底商业实力究竟如何呢?

犹太人在海上贸易虽逊于腓尼基,而陆上贸易却优于腓尼基。这个国家土地丰饶,有谷物、果实、酒、棉、羊毛、麻、橄榄、蜂蜜等国产,因之商业自然可以发达;特别是大卫和所罗门执政的时代,商业格外发达。大卫和所罗门,采取产业保护政策,越益养成商业的实力,从犹太输出小麦、大麦、粟、蜂蜜、麻、羊毛、马、骡马、葡萄酒、油等产物,反之,从腓尼基输入

果实、木材、金属及造品。犹太人又做埃及和腓尼基间陆上贸易底媒介，腓尼基由此得从埃及输入谷物、麻、金银细工、缝箔等物。

犹太人当时已是有名的商业的国民了。商业底发达，促进自由竞争底剧烈和私有财产底确立。结果，那禁止高利、解放奴隶、返还当头、归还土地等古来习惯，就成了与它冲突的东西了。

二　雅典底商战

借那富于岛屿、半岛、港湾等变化的地形，温和的气候，熟习商机商略的商人和进步的航海术来夺取腓尼基人在地中海上贸易战争场中的商权而代之的，就是希腊。

希腊各市，尤以雅典商业最为发达。雅典为发达商业起见，有种种设施：不得政府允许不能经营商业；设置领事以视察外国商业状况；为调和本国商人间底纷争，设定商事调停法；使本国底通货与外国底通货交换，并完成给付贮蓄金以相当利息的银行制度；规定以消费者为本位的低率的关税；严定度量衡及货币制度，使雅典底银货在海外护得良好的信用。凡此种种，都是最有名的设施。雅典之鹰扬虎视于当时商战场中，恰如伦敦、纽约为今日世界商业底中心一样。

这样计划雅典兴隆，使雅典成为地中海商工业底霸者的，就是那有名的梭伦所用的手腕。他是崛起于茅屋之中的贫儿。他到了众望集于一身就执政者地位时，就改良金钱借贷法，废除人身抵押的事，禁止债权者对于那不能偿还债务的人逼为奴隶；并另设立依财产多寡来定权利义务的差等制度。

三　八钟点劳动

国家底经费，由国有矿山、罚金、外人底人头税，港湾底入口税中收入。一般国民，按照上、中、下三等阶级，以六——三——一的比例缴纳租税。

国民每天劳动时间定为八点钟，把一日二十四点钟分做三分，劳动、休息、睡眠各得八点钟。又设立公共食堂，使市民集于一堂会食，无贵贱上下之隔，无男女老幼之别，谈论一堂，欢笑一室，借以养成亲睦恳和的温情。其实不仅亲睦恳和而已，即那商工阶级和劳动阶级底营业方针，也在公共食单上决定。

他使一切劳动者，如木工、石工、陶器工、染工、织工、金工、铁工等，都组成同业组合，使劳动底需要供给适如其度，不致发生失业者。又为保护劳动者底生活起见，给他们以投票权，使他们选出代表来参与协定工钱，分配劳动等事，务使他们得到满足的解决。

此外，又为国民设立学校，建造寄宿舍，创办公共浴场，开设体操场，叫国民将一定的收入存放政府底银行里；并保护队商和航海业者：举凡一切于产业团体有利益的事，莫不给与优厚的保护和奖励。因此，雅典底经济的活动，得以扩大；雅典底富强，得以成就。

第三节　梭伦与摩西之比较

一　世界的和国民的

我们现在拿梭伦底法律，同那犹太中兴之鼻祖且以政治、经济教导国民的摩西比较一下。我们可以由此发见，一个是要使国民过自由快活的生活的，一个是为国家极峻严地来规律国民的。

蚂蚁社会，也有奴隶。王蚁叫奴隶蚁防敌，叫奴隶蚁获食，叫奴隶蚁捍卫身体，决不许奴隶蚁有丝毫反抗他命令的事。这些事实，可以拿来说明那信奉摩西遗训的犹太权力阶级把国民视如机械待如家畜十分冷酷的事。他不能同梭伦给与劳动者以相当的自由权，为劳动者底向上而助以国家之力的事相比。

我们仔细把梭伦和摩西比较来看：一个是积极的，一个是消极的；一个是自由的，一个是压制的；一个是世界的，一个是国民的；一个是实行的，一个是经义的；一个是互助的，一个是排他的。一如春之和，一如冬之冷；一如海之深，一如山之高。这两者底商业本位和农业本位底色彩，完全在他们底思想中表显出来。

所以前者表示"富之福音"，后者说明"神之威严"。前者提倡劳动组合，促起相互扶助的精神；后者献牲祭殿，以买耶和华底欢喜。前者是

求智的向上的,后者是迷信的保守的。以后者比于前者,若听其自然,则犹太国民在自由竞争的贸易场里,定蹈败残的运命。

二 劳动组合各地蜂起

当时雅典底经济实力,及于赛普拉司、埃及、利德亚、洪塔司、披洛扑内索等地方。这些地方所生产的必需品和奢侈品,若不在雅典底制海权下面,都不能输送到各地。

这雅典底经济实力所及的地方,梭伦式的劳动组合即随之兴起。协同一致的商业行为和相互扶助的商人道德,也就渐次养成了。这恰如英国握得海权,海上贸易多效颦英国;美国握得金权,金融贸易多模仿美国一样。于是跟着商业道德底确立,梭伦式的劳动组合就到处养成实力了。我们若置这劳动组合于度外,就不能理解当时生产和消费的事。

当犹太人输出国产时,在其商业的行为和商业的道德上,能不受雅典底感化吗?他们难道不会知道模仿梭伦式的劳动组合,实行同业相依相助的实际办法,而只知信奉摩西底教戒、礼拜耶和华吗?特别是那负担货物行商外国的人,不会不想到借同业组合底保护以免除家里父母妻子忧虑的方法。

新时代底新内容,须有新外形与它相应。我们不难由此察知这个国家底国民,比起那太经义的太迷信的摩西底教旨来,是多受这适合国民生活状态的理性的实行的梭伦教旨底感动的。

本章参考书如下:
1. 山口义三著《阶级斗争史论》
2. 美国圣经会译《新旧约全书》

第七章
以色列民族底阶级的分裂

第一节 希伯来底兴灭

一 世界最古的罢工

原来历史旧的国民,对于历史新的国民,总有一种自负心,相信自己底习惯、传说是对的,拼命地要想维持它。所以犹太人对于罗马人,虽是处于被征服者的地位,而对于那征服者的罗马人,仍以侮蔑之眼相视,不肯自认卑劣。

"希伯来"一语,是从幼发拉底河那边来的意思。这国家底始祖亚伯拉罕,原住于幼发拉底河畔乌尔地方,后来渐次西迁,就定住于巴勒斯坦。亚伯拉罕底儿子,有以撒。以撒底儿子,有雅各。雅各有子十二人,特别爱其幼子约瑟,以致约瑟为诸兄所怨。诸兄欲杀约瑟,幸为旅人所救。这旅人把约瑟卖到埃及为奴隶。约瑟在埃及时,幸得国王底信任,后来做了埃及底宰相。时遇希伯来饥荒,不能为生,约瑟便招其族人到埃及来,使居各司亨地方。

及到了拉密斯王时代,惧希伯来民族强盛起来,将不利于埃及,故命他们作极苦的工作,虐待酷使,与奴隶无二。纪元前千三百年光景,埃及为防御叙利亚人来寇起见,命他们在苏彝士地峡筑城,待遇非常残酷,以致激动他们底公愤,为摩西所率,退去埃及。这是世界最古的同盟罢工的记录。

二 十支族底增税反对运动

摩西率领希伯来民族,收回巴勒斯坦故地。后且扩充疆土,渐次征服

了巴勒斯坦全土。

希伯来有十二支族,土地即分给十二支族。可是后来因十二支族团结薄弱,内忧外患相迫而来,就改变政体,举扫罗为王,合十二支族为一国了。

其后大卫即位,大整国政,回复耶路撒冷,创造出希伯来全盛的时代。然到了所罗门时,一方面大敛民财,盛兴土木,发达贸易,同时又耽溺于腓尼基底巴尔教和埃及人底多神教中;以致失了人心,招了民怨。其子雷波暗继立,国民因苦于租税苛重,要求减轻负担,而雷波暗不许。于是国遂瓜分为二,北部十支族,脱离雷波暗统治而独立,自建一以色列国,定都于塞马利亚;雷波暗只据有南部二支族,建立犹太国,定都于耶路撒冷。从此两国互相抗争,国力遂衰。以色列于纪元前七百二十二年为亚述所灭。犹太屡灭屡复,最终灭于罗马,时在纪元六十三年。

第二节 阶级底冲突

一 神政的民主制中也有阶级

希伯来为罗马所征服了。但他们自信为上帝底选民,并自负自己行"神政的民主制",所以对于那征服者的罗马人就有一种反感,以为他们不过是传说贫弱比自己后一千年的新兴民。特别是那将大多数国人当做囚房输送到罗马,使他从事奴隶的贱役的事,是那以独占上帝恩宠自夸的希伯来人所难受的。

然则这以上帝底选民自命、自尊心强大的他们,将拿什么去报答罗马人给与他们的屈辱呢?他们底报答方法,就是轻蔑、咒咀,有机会时且实行反抗。

那么他们认为唯一可夸的神政民主制,究竟是不是"人上无人,人下也无人"的理想的制度呢?那又决不然的。

这些对于上帝命令拳拳服膺的国民,把自然的抵抗力也归于那不可思议的耶和华底作用。凭人类底想象力,附会上种种耶和华对人类的态度和形状。即那不可思议物内部的关系,也以人类界底僧侣状态和比拟,以为"神之国"里也分做各种阶级。因此,就觉得人类界里政治上和经济上也应做出许多阶级了。本来是由人类社会底关系反映在宗教上的,现为反好像变成由宗教来支配人类社会了。

二 贵族和僧侣同盟

所以虽在神政的民主制名义之下,也俨然有阶级对立的事实,如雷波暗时代发生十支族底增税反对运动,就是阶级利害冲突底结果。只有在一种场合,即征服者和被征服者两阶级,一气堕入被征服地位而共受蹂躏的时候,才能相依相助,发生友爱的同情,没有抗争反目的现象。例如他们在埃及实行同盟罢工,决定离去埃及的时候,和为巴比伦所虏,以柳条拟举歌唱亡国之悲的时候,两阶级才得暂时的互助。

预言家撒母耳说,"我国国民,也与别国国民一样,不可没有国王"。于是希伯来人就举扫罗为国王,想借此来保持这民族底威严和名誉。国王一举了出来,支配阶级底支配权就更巩固了。

当时僧侣和贵族狼狈为奸,一同压迫平民。僧侣和贵族,无论在经济上和政治上,都足以表示出他们利害底一致,所以他们就能互相提携团结一气。他们两者互相帮忙,互为打算,结成一种同盟的关系。

这贵族和僧侣的同盟,倚持他们政治的军事的才能和关于自然界精神界的智识,从众愚的民众底手里,夺取了唯一的神,使他为自己底所有物,做自家底守护品。随着他们的权势和实力底增加,国民底汗血和苦泪,就不能不供献他们面前,拿去粉饰祭坛,装制宝冠。

三 醉迷旧梦

人类在失望失意的时候,往往要回顾过去。但无论哪一国底国民,都没有像犹太人那样富回顾的性质的。他们以为受罗马底马蹄蹂躏,以致灭亡其祖国,是那违反上帝严法、蔑视从来传说的国民底罪恶使然的。然他们总相信,上帝底选民,总有一天得受上帝底光荣和恩宠。因之他们就醉心做那怀古恋旧之梦,天天希望上帝乘怜,将他们从罗马底压制和束缚里救济出来,以得重见天日。

所以他们相信圣书里底预言,真有"未来的革命之日"。而这个革

命,将以什么形式来表现,他们自己也不知道,不过他们总确信有一天能从罗马底压制中解放出来罢了。

第三节　应运儿耶稣底出世

一　那撒勒底耶稣

那因于罗马的奴隶中,有许多是犹太人。他们在王侯贵族底邸宅里,在农园里,在矿山里,在牧场里,与那由别国掳来的奴隶,一同被强制着劳动。不然的,就被用为格斗士、剑客,在剧场上献艺,以供罗马人底娱乐。他们在这样受鞭笞受污辱的痛苦悲哀之中,仍深信有预言者出现来救济他们之一日。

应这要求而生的,就是耶稣基督。他出身微贱,其父亲是那撒勒乡村里一个木匠。有人说他是大卫底后裔,因痛国家之灭亡,才生救济国民之念的。他究竟是不是大卫底子孙,我们此刻可以不必管它。据我们底眼光看来,亡国囚身的苦痛,无论什么人都会觉着,耶稣当然也是一样的。不过在古代迷信智愚贤不肖由于阶级的遗传,一般人民崇拜祖先、尊崇祖先嫡裔的社会里,若要号召民众使民众感动风从,是可以利用民众此种心理而自称为祖先嫡裔来活动的。中国历史上此种假借名义欺骗民众的事实很多,最近的报纸上还登载着一段新闻说河南有一股土匪自称为朱元璋后裔在那里称孤道寡、招兵买马,借以收罗人心,企图恢复明室。所谓耶稣是大卫底子孙,也许就是此种作用,只□利用号召一时而已。

二　反罗马祖国救济会

耶稣幼时即欢喜读历史书,研究祖国哀颓底径路;又学习教法师、魔术师、祈祷者底秘密,知道利用祖先崇拜的信仰和关于自然界的知识来欺骗无知、迷惑众愚的方法;并且好像已经研究了取得民心博得民望的方法在什么地方。从这一方面看来,耶稣实是一个阴险虚伪的伪君子。

但他也有诚实和正直的一面。他由这诚实和正直的一面,成了宗教底开山老祖。他热心求神,热心信神。他所信的神,不是当时犹太人所信的"嫉妒之神""战斗之神"那种褊狭的神,而是体现慈惠忍辱之心的度量宽宏的神。

他很早就与巴勒斯坦秘密结合的"反罗马祖国救济协会"有亲密的来往,燃着他底爱国的热情;可是他不像一般犹太人那样,抱那种只要犹太得救什么事都完了的褊狭的自私的思想。他所信仰的神,是无犹太和罗马之区别的神。所以他要想救犹太人,同时也想救罗马人。

人类人概都是有意识地或无意识地立脚在自己所属的阶级底存在和利益上面,发表他底议论,进行他底事业的。比方说,王侯总为王侯谋利益,学者总为学者谋利益,商贾总为商贾谋利益。同样,耶稣既生为木匠之子,聚集其周围的又是农民和渔夫之子,自然会对劳动阶级表充分的同情,尽力为劳动阶级谋利益。他把劳动阶级底友爱和平的精神,推广出去,以至脱除了国家的偏见和种族的嫉妒,也是自然的路径。

第四节　阶级分裂底进行

一　禁止土地兼并

反罗马祖国救济协会继续团结了许久,然而终不能达到他们底目的,这究竟是什么原因呢?

犹太人越感受着亡国的惨痛,越要研究这耶和华惩罚他们的"国民的罪恶"。研究底结果,僧侣和祈祷者,要想把这原因归于"身心不净""信仰减退""崇拜他神"等上面去;而那为贫困所苦被强迫做苦役的多数国民,却就想到与那为人类生活底根本条件的财产私有制度是有大关系的了。

从前他们那种以"神之选民"自命,依"神政的民主制"来支配国家的事情,从经济上来看,就是"神政的共产制"。他们把土地分配给民国,不使他有缺乏之忧,并严禁土地兼并的事。

我们看罢,上帝怎样对他们说呢:"地必出土产,你们务必吃饱,在那地上安然居住"(《利未记》第二十五章);"各种田亩,都不可卖,因为那是永久的产业"(同上);"你底兄弟在你那里若渐渐贫穷,手中缺乏,你就要

帮助他,使他与你同住,像旅客和寄居的一样。……你底兄弟若在你那里渐渐贫穷,将自己卖给你,不可叫他像奴隶般服事你,要待他如雇佣人和寄寓者一样,与你同住着"(《利未记》同章)。耶和华这样严命他们,就是要想将"神政的民主制",用"神政的共产制形式"来保证国民底生活。

二 阶级底分裂作用

然那财富底增加,人口底增殖和外敌底袭来,便使那有军事才能和政治才干的杰出的许多英雄豪杰和政治家,得利用他那集于一身的社会的势力,使上帝底大法失其权威,使"神政的共产制"一步一步地趋于破坏。这种事实,由一卷《旧约书》已足证明。

大卫建造金殿玉楼,所罗门烧桂枝、炊珊瑚,这种穷奢极乐的事,就足证明他们怎样虐使国民底劳动,怎样酷待国民底生活了。那围绕权力者周围的"勇士、战士、审士、预言者、卜筮者、五十长、贵显者、议官、艺者、巧言者",都受财富底恩惠,得享受寄生快乐的生活。王宫三千美姬丽媛,对于系在足上的美钏,璎珞、半月饰、耳环、手钏、面帕、华冠、胫饰、绅巾、香盒、符囊、指环、鼻环、公服、上衣、外被、金囊、镜子、细衣、首帕、被衣等物,极尽斗丽争妍、竞色争光的能事。在这时候,他方面正有许多困苦颠连的国民,在那里苦于苛敛暴征之命,连自己底生命都急急乎不保呢!

看呵!那呻吟于重税之下的国民,不得不把他底土地出卖了,他底家室也不得不被破坏了。在那规定不义的法律、尊重暴虐的言词的面前,贫乏人底诉讼被驳斥了,贫乏人底权利被剥夺了,寡妇孤儿底保护被勾消了,全国都现出荒废、凋衰、惨淡的景象来了。他们那种抢天呼地哭诉亡国之痛的事实,若以现代说话来说,就是"共产制底破坏","阶级底分裂作用"。

三 威胁生活的富豪

"共产制底破坏","阶级底分裂作用",慢慢儿一着一着地前进了。

即那他们认为理想之乐园的迦南地方,也已由土地分配不均而生的贫富悬隔,渐渐在他们之间崩坏了。

《撒母耳前书》第二十五章,记有如下一段的事:玛云有一个人,他底产业在迦密,是一个大富户,有三千绵羊,一千山羊;他正在迦密剪羊毛。那人名叫拿八,其妻名雅比该。雅比该是一个聪明俊美的妇人,而其夫却是一个刚愎凶恶的人。那刚愎凶恶的拿八,即因有财产而得那聪明俊美的雅比该为妻。后来"迦南人,手里拿着诡诈的天平,爱行欺骗"(《何亚阿书》第十二章)。"不亏负人,不扣留人底当头,不抢夺人底物件,把食物给饥饿的人吃,把衣服给裸体的人穿,不向借钱的兄弟取利,不动手行恶事,人与人之间行真实的裁判,顺从我底典章,遵守我底律令,做真实的事,这样才是义者。"我们看了这些说话,就可以明白那时"不仁"的富者已十分威胁贫民底生活,阶级分裂已着着前进了。

本章参考书如下:
1. 山口义三著《阶级斗争史论》
2. 美国圣经会译《新旧约全书》
3. 李泰棻著《西洋大历史》

第八章
从劳动组合到基督教会

第一节 生长于劳动组合中的耶稣

一 加利利湖畔底渔业

耶稣传道底中心地,在加利利湖畔底卡帕诺。那么我们就要问:加利利底经济实力到底怎样?产业发达状况到底如何?

加利利是一个很大的地方,当时屯有十万罗马军队,任镇压此地被征服民之责。这地方可称为"市邑"的处所,竟达二百四十所之多,而各市人口又都不下一万五千人,可见其实力之充足了。其中提卑利、格格萨、加玛拉、希扑司、乌烈司、卑得沙达、柯拉奇、卡帕诺、玛格达拉、卑达卑尔等市,是最有名的。此地住民,除以色列人外,还有希腊人、腓尼基人,及罗马人。所以他们间通行的说话,有好几种外国语。

这地方土地肥沃,富农产品。工业也盛,能在世界贸易场中占一席地。那北方的丰饶的平原,西方的膏腴的田园,东南一片肥沃的大野,又伴着气候底温和,自然提供了丰富的特产。

湖中鱼类甚多,尤富鲤、鲇等鱼,一遇降雨,即浮游水面。所以他们或在船上行钓,或在岸边下网,能使用一切方法去捕鱼。他们底渔业繁昌,可说是地理使然。

二 使徒名字底经济意义

耶稣尚未出世的百年前,加利利湖畔已有腓尼基人底劳动组合。这个组合,网罗一切在湖上营生的渔夫,从船老板起至埠头人夫止,一律加入组合,其势力很大。耶稣诞生之时,此组合还存在着。

耶稣一生大半光阴都消磨在此地,驱鬼治病获得多数信徒也在此地。除犹大外,十一个使徒也均出于此地。彼得·安得烈、雅谷、约翰等人,都从渔夫出身,由一钓"鱼"的人而一变为钓"人"的传道者。这些使徒,原来都是这组合底组合员,大概他们都认耶稣为组合底指导者,因受了他底精神的感化,遂奋然兴起献其一身营殉道者的生涯了。

据考古学者所说,彼得、安得烈等名字,都是住屋底称号,因其住屋中团结了一些渔夫,组成小小的渔业组合,故即以其屋号加于组合中底有德者身上。所以我们研究圣经底友爱主义,应该把它解释为表现渔业组合底互助精神才对。总之,这些使徒底名字,"经济的意义"多于"宗教的意义",确是古代社会底事实。

三 目的在于保护产业

犹太底土地虽然肥沃,然其面积过于狭小,所以人民就不甚注意那利薄而有限制的农业;而将其大部分经济的努力注射到有利的工商业上去。这勤勉而俭约的国民,因希望产业进步,自然要发起组织同职同业的劳动组合。

他们要学习希腊语、叙利亚语,与希腊人、叙利亚人交易,使其交易圆滑顺利,故设立劳动组合更为当务之急。

当时犹太人在小亚细亚、在巴比伦、在柯林斯、在披里拔、在通行希腊语的诸岛,产业怎样优越,由那陈列于欧洲各大学或博物馆里的古器古物底破皮破片可以充分证明。

这些古器古物底精巧,就是产业实力优越底证书。这产业实力底优越,又是说明劳动组合底存在和散布。当时若要驰驱于列国商场里称雄一世,便非设立劳动组合用它来刺激、保护并奖励产业不可。

四 那撒勒村劳动组合

犹太底劳动者,是敏捷、勇敢而向上的。他们团结互助的精神,并不下于希腊底劳动者。耶稣出生的地方那撒勒,也有一个贫乏劳动者底

团体。

那撒勒地方,出产葡萄、无花果、橄榄、牧草,以及其他叙利亚高原特有的植物。他们夸有这些植物,他们底劳动组合也就是这些栽种植物的同业者底团体。总之,耶稣出生的村庄有劳动组合底存在,是我们研究耶稣一生的一大指南针,绝对不能轻易看过的。

圣书学者说耶稣从少年时代到青年时代,都在埃及学习染色工,后来做了染色工底老班。此说是否可靠,我们无从断定,不过耶稣在未成为传道者以前,确是做过木匠的。他在受约翰底洗礼时,约翰底宗派也是一种贫乏人的劳动组合。

耶稣时代究有多少劳动组合在他们底国家里,我们现在很难得到确实可证的材料;不过劳动组合底存在,却可由许多考古学者所发掘出来的石片和牌铭中而窥知的。

耶稣在山上对众人说道,"不要为饮、食、衣、住而烦恼"。他又对众人说道:"不要忧虑明天的事,明天再去思虑明天的事。一日的劳苦,须一日了之。"这种话就是说明劳动组合底存在,是可以保证组合员底生活,使他们不致有贫乏之忧这一件事。所以我们对于耶稣这几句话,与其单看做上帝底慈惠,不如解释为那将这慈惠具体化事实化了的组合制度所表现的思想,倒反与事实相近一点。

第二节　新宗教底创设

一　耶稣受希腊思想的感化

不论一根无名的细草或一块埋入土里的小石,彼等底存在,都要受周围底气象、气温、地形——即关于天候、地理的全体底支配和感化。同样,耶稣既非从天上掉下来的人,也就当然不能超越其时代底精神而存在。耶稣养育于那个时代的空气中,才能大成他那负存在之使命的新宗教。

什么"灵魂不灭说""肉体心灵二元论""奇迹""复活""天使和恶魔""地狱和天堂"等基督教底神学,即在当时的希腊和埃及也已流行着;耶稣所抱的宇宙观和人生观,当时的哲学者也抱有与他类似的思想。

这是读了古代哲学史,谁也知道的事。

有些神学者说,耶稣底传道中心地加利利,虽住有许多希腊人,有许多住民使用希腊语,然只有聪明的耶稣不知道希腊语,没有受过希腊底学问和知识的一点感化或影响。我们即使承认此种神学者底议论能够成立,但说耶稣不受希腊思想底影响仍是靠不住的。为什么呢?因为这些希腊人住在加利利地方,已经感化了腓尼基人和犹太人,使他们组织起劳动组合来保护产业了。这种劳动组合,那宣传劳动之福音、提倡无我博爱之宗旨的耶稣,对之决不能漠然无视。

总之,《新约圣书》受了希腊底思想和哲学的感化,是不可争的事实。耶稣之所以对希伯来劳动者宣传正义、宣传友爱、数劝慈善,可说都是直接间接受劳动组合相互扶助精神底影响,也可说是受希腊思想底感化。

二 洗礼底意义

用水洗涤身体,《旧约书》里也写有此话。《利未记》第十五章里说,凡触到女子产褥的,必须洗其衣服,并用水洗澡。《民数记略》第十九章里说,当屠宰兽畜后,祭司必须洗涤衣服,并用水洗净身体,然后才可进营。然这些规定,都是洗去不洁的意思,与《新约》底洗礼内容不同,新约里之所谓洗礼,《旧约》时代是没有的。换句话说,用水洗净身体这宗教的入门式,不起于犹太教,而起于那为当时之一种劳动组合的约翰底宗教。

然行洗礼的劳动组合,并不限于约翰所宣传的新宗教。不论希腊、罗马、埃及,凡有梭伦式劳动组合存在的处所,进这组合的人,都须受洗礼,以符组合员须有清净洁白之心身的规定。这事与其说是由于宗教的意义,不如说是由于实务的意义。今日征兵时检查体格、入学试验时检查身体,也是与此同样的意思。

进组合从事业务的人,必须勤勉精励。要其人勤勉精励,必须身体强健、心意正直;所以他们第 就要实行洗净身体并洗净心灵的体格检查。

三 洗礼底由来

原来类似洗礼的规定,一直从前——很古的从前即已存在。古时有

"探汤"的风俗：或手握热棒,或足步热犁,或入手于热水,不伤者无罪,伤则有罪。这是与洗礼相类的事。由这探汤一转而为洗礼,就成了入浴洗身涤心的组合底规定了。

古代人身体是不洁净的。他们住于洞里、栖于丛间、卧于泥上、宿于篷下,与恶兽相亲、毒蛇相处。他们生活如此,身体自然不免污秽,于是生出小孩子来,就溅以清水,做出洗礼的样子,用以清洁其身心。所以后来他们设立了劳动组合,也就采用此种用意,建造浴场以备要进组合的人洗礼之用了。此种行动,一面是表显组合员底洗净洁白,一面是助成那弃污秽就清洁、由野蛮进文明的社会底进化。

不论希腊、罗马、埃及,凡有劳动组合存在的处所,都有洗礼底存在。基督教会底洗礼,也不外是模仿劳动组合所行的罢了。

不过有一层限制,那患癞病、瘰病、梅毒等病而无治愈希望的人,是不替他行洗礼,要把他们从组合里开除出来。

当时实行洗礼的,不仅是劳动组合；希腊国内,即那教书的学校里,也一样地要行洗礼。不行洗礼不能进学校,是希腊古代学校著作中所写着的话。

这样看来,基督教会底洗礼,也决不能把它当做自己底专卖品了。

四　"哈利路亚"——组合底共通语

无论组合或学校,大凡公共的团体,都须检查身体、期望身体清净。那种思想单纯的古代人,以为身体底清净可以产生纯洁、神圣、善良、刚健勤勉诸美德。

《旧约》底割礼,普通人都以为只有宗教的意义,其实是迫于团体卫生底必要而生的。这就是因为对婴儿施割礼,可以消灭蛊气、免除疾病,使婴儿得好好成长之故。并且由此可以防止青年期滥发勃起的遗精、手淫等弊害,防止夫妇底不和及不使恶疾遗传到儿子。

那用为"赞美耶和华呵！"的意义的"哈利路亚"一语,也是从东方亚细亚底劳动组合里借用的。这语原本是加入组合时对于那加入者庆祝的语言,后来才转变为在野外集合、婚姻席上及复活祭时使用的语言。古代蛮人从其所属团体里被选为代表时,不论男女,都须裸着身体受洗礼,或浸于水里,或以灰摩擦其身体。他们以为这样,才能保证其身体底清净。在这时候,从那代表底周围发出来的赞美辞,也是与这"哈利路亚"意义相同的语言。

这样看来,基督教会所使用的"哈利路亚"一语,也不是犹太教或基督教所创造的,不过借用这些劳动组合底共通语罢了。

第三节　基督教会底成立

一　公共食堂和共有财产

我们看了耶稣底一生,就可以知道他那尊重社交、注重交际的行为,不过是劳动组合友爱精神底表现罢了。他在庆祝席上,与众一同出席,一同庆祝。税吏马泰为他设宴,他也欢欢喜喜地赴席,与税吏一同饮食。巴利赛派人请求他共食,他也同他们一同围桌而食,任凭世人加上什么"嗜食好酒之徒"的冷评讥语而不顾。这种事情,实在就是那不论贫富、不论奴主、不论男女、不论老幼、一同围在桌边饮食的劳动组合底"公共食堂"底心。

照管这公共食堂的,常为妇女。伊们准备饮食、应接众人,常为组合员所看重。《新约》里所说的伯达尼底马利亚、马大二女子,伊们所做的事,也可说是与公共食堂同一样型的事。

马利亚为表示伊赞美耶稣之心,在耶稣底足上涂了高贵的香油。耶稣底徒弟犹大看见此事,就责备伊。犹大虽然因此成了卑劣的贪欲汉,后来竟为了三十两银子而卖耶稣,然这事在其责任上却不能非议。犹大是当时耶稣——围绕耶稣的团体员底会计,管理金钱的事。耶稣叫这会计担任施与贫者的任务,而其实施事情也任那会计个人底自由。这会计先生,为尊重其职务起见,须爱惜一钱一厘来扶助贫者底生活。所以犹大看见马利亚浪费高贵的香油即不能忍耐,虽然马利业是出于赞美耶稣的美意。犹大这种责备马利亚的心,不是可以移来说明那尊重劳动组合底公有财产,非足资组合底进步和向上即一钱一厘也不浪费的会计先生底职务的良心么?

二 荆棘之冠和组合底惯习

当时基督教会职员底选定用什么形式我们虽不知道；然劳动组合底职员选举，我们却知道一点。劳动组合职员任期五年，职员刚选出时，组合员为表示庆祝职员就任之意，赠以名誉之冠。此冠多以月桂树、象牙、黄金、橄榄、禾谷、柳条、白杨等物饰成。受此冠的职员，在任期中固然保留其名誉受组合员底赞美，即在死后也还受组合员底赞美，得享此有光辉的名誉。

所以当赠送此冠的那一天，热闹异常，许多组合员都如醉如狂，与那招待这祝庆日的妇女同歌同舞，张设了盛大的飨宴。

大凡赞美组合底主宰者时，赠送此等荣冠，已成了共通的惯习。然耶稣被罗马官厅捕获正将受刑之时，却被罗马兵士安放荆棘之冠于其头上，写了一个名号叫做"犹太人之王"来讥笑他。这可说是从反面应用组合底名誉表彰，这种惯习底转用，可以看做基督教会和劳动组合不过是同根异枝的东西罢了。

三 从犹太教到基督教

耶稣受了哲人约翰底洗礼了。这洗礼不起于摩西底教旨，而是劳动组合底共通的仪式。

约翰大胆活泼地对犹太人直言道："你们不要自夸为亚伯拉罕底子孙。神是对于这石子都要使它成为亚伯拉罕底子孙的。"他这种话，对于那自傲其国家、自傲其宗教的犹太人，自然给以一种大打击。这一种打击在犹太人底思想变迁上关系很大，是使他们抛弃保守思想进到革新思想的起点。那蔑视国籍、种族、阶级的、非"国民的"而"世界的"基督教，即由此开其道路。

这样，犹太教就一转而进于基督教了。从犹太教进化到基督教，就是从消极的变到积极的、从压制的变到自由的、从国民的变到世界的、从经义的变到实行的、从限制的变到活动的、从排他的变到互助的、从如冬之冷的变到如春之温的了。换句话说，就是离开摩西底感化进而带梭伦底色彩了。劳动组合底万国一家、四海同胞的理想，就变成基督教底理想了。劳动组合变成基督教会了。

本章参考书如下：
1. 山口义三著《阶级斗争史论》
2. 美国圣经会译《新旧约全书》

第九章
阶级斗争场中耶稣底牺牲

第一节 组合底权威

一 消费的共产主义组合

那为耶稣之师、替耶稣洗礼、身穿骆驼毛的衣服、腰束皮带、以蝗虫野蜜为食的约翰,究竟教国民以什么呢？约翰对众人说道："有两件衣服的人,应该分一件给没有的人。食物多的人,也应该分些给没有的人。""税吏不可取所定税银以外的东西。""兵士不可胁迫人或诬告人,应以自己所得之粮饷为满足。"我们从他这些话中,可以约略窥见他底共产主义、平和主义的片鳞只爪。他也是属于劳动组合的人,不过他不属于"爱皮翁派"劳动组合,而属于"爱塞派"劳动组合。

"爱皮翁派"人,一面虽然离群索居营孤立的、隐遁的、禁欲的生活,他而却高唱劳动神圣,如犹太教一样地尊重安息日,且相信那拯救国民的赛赛亚（救世主）底来临。他们凭借卜星的知识来医治组合员底疾病。他们直信"天空、水、圣灵、天使、油、盐、地"七种东西是可以使人们心身变成清净和神圣的。

他们以消费的共产主义结合起团体了。他们不盲目地信仰摩西底法律,也不盲目地排斥摩西底法律,他们即到了后年,对于耶稣也只认他为"人之子"而尊敬他,不认他为"神"而崇拜他。他们底教义,比基督教要实际一点。

二　由组合支付工钱

"爱塞派"劳动组合,总机关在什么地方,我们现在已不知道。他们散在都市、田园、溪谷、海岸各处而仍有一种联络。死海西岸富林尼地方,约有四千信徒。

他们早晨礼拜太阳。他们贱视肉体的欲望,他们虽然不是绝对不行男女交合的事,但他们以妇女为污秽之物而排斥结婚礼式。他们以快乐为"恶",以富为"恶",故贱视快乐和富、回避快乐和富。所以他们底团体是纯粹共产主义的,无富者和贫者之别,团体员底生活程度几乎一样。他们因劳动而得的工钱,是由组合支付的。

那视快乐和富为"恶"的他们,就视涂油在手足和头发上的事为奢侈而排斥它了。他们所用的衣服和靴子,若非至破损不能穿时,绝对不去更换。他们底衣服颜色,就是那表现神圣的纯白色。

每天礼拜太阳的他们,在太阳未出以前,绝不说那不洁之事,而只虔心向天祈祷。他们早晨到公共食堂时,必束带于麻布衣上,以决水行洗礼。食堂里食品非常简单,只有面包和副食品各一。他们将这食品公公平平地分配于各组合员之间。

吃饭前后,必行祈祷。每日三餐,都一样地将单纯的食品平等地分配给组合员。

三　严禁隐匿财产

他们底生活是平和而单纯的。他们都受自己所举出来的组长底约束。每个组合员对于选举组长的权利是平等的。他们以互亲互爱互信互助的友爱主义为其组合底共同信条。他们若要分割自己一部分私财惠助贫乏的人,须与组长商量;若不得组长底许可,即便是自己底故旧亲戚,也不能擅自惠助他。

审判组合员底罪状,须由组合员选举一百个裁判官来施行。所以要举出这许多人来裁判,目的在于极力听从多数底意见,以期那判决底公平。等待审判书一下之后就不能再行变更了。

他们以禁誓禁怒为组合底规律。他们想极力遵守善的信仰而过平和

幸福的生活。他们无论做什么事,都须服从那根据多数意见来行的组长底命令。

要加入组合为组合员的人,须经过三年间的预备试验。在这三年间,与组合员一同起居,期满而被认为有做组合员之资格者,才许他加入组合。

这团体里最严格禁止的有两件事:一是隐匿精神上物质上的一切东西,一是牺牲牛马羊等兽类去祠神,前者说明消费的共产主义之一面,后者表宗尊重生灵嫉恶浪费的理性的经济的半面。

第二节 财富之罪恶

一 使徒行传底财产隐匿罪

约翰所属的团体,不是"爱皮翁派"而是"爱塞派",已如我们前面所说了;然约翰所教的"有两件衣服的人,应该分一件给没有的人。食物多的人,也应该分些给没有的人"那种共产的福音,却是两派都有这特征的。《大英百科全书》记者说,"基督是'爱皮翁派'底信徒",又说"将'爱塞派'底教义通俗化了的就是基督教"。这话很能说明此间底消息。

耶稣说天国是"我们饥时,有人会给我们吃;我们渴时,有人会给我们饮;我们旅行时,有人会给我们住宿,我们赤身时,有人会给我们衣穿;我们疾病时,有人会来看视我们的"。这种话,实在就是说明"爱皮翁"和"爱塞"底组合生活的。所谓"家屋和土地都是上帝所有的",也不过是说明那不许有私财产的劳动组合底规则罢了。

《使徒行传》第五章里,记有这么一段事:"有一个人,名叫亚拿尼亚,同他底妻子撒非喇,卖了田产。他把价钱私自留下几分,把其余的几分拿来放在使徒脚前。这事其妻也知道。彼得对他说:'亚拿尼亚!为什么"撒但"充满了你底心,叫你欺圣灵把田地底价钱私自留下几分呢?田地还未卖时,不是你所有的么?既卖之后,价钱不是属于你的么?你为什么心里起这念头呢?你不是欺哄人,是欺哄上帝了!'亚拿尼亚听见这话,就仆倒地上断了气息。听见的人都甚惧怕。"这事是表示什么的呢?就是说信徒违禁出卖那共有财产的土地,隐匿那卖价的金钱,是要由教会处以死刑的,亚拿尼亚不过是一个例子罢了。"爱塞派"组合禁忌隐匿精神的和物质的一切东西的精神,已流入基督教会里来了。

亚拿尼亚底妻撒非喇,为夫辩护,其罪与夫相等,也被处以死刑。由此,我们可以知道基督教对于共有财产的规定是何等严峻的了。

《使徒行传》第二章里说:"信的人都聚在一处,凡物公用,并且卖了田产家业,照各人所需用的分与各人。"此地所说的"分与",在希腊语原文是"消费"的意思,是"给与耶路撒冷三千教徒以生活保证"的意思。这不是显然证明基督受"爱皮翁""爱塞"底影响么?

二　呻吟于财富压制之下的劳动者

耶稣对众人说道:"温柔的人是幸福,因为他们必承受地土。""我老实告诉你们:我不再喝葡萄汁,直到我在上帝底国里,喝新的那日子。"我们且细细咀嚼咏味这一些话看。我们咀嚼咏味的结果,谁能说他所理想的"天国"不是地上的东西、有形的东西? 如果我们承认这是地上的东西,则他所理想的天国,定以"爱皮翁""爱塞"底团体生活为其雏形了。

所以耶稣就如"爱塞派"底教旨那样,以"富"为"恶",说富者"应将他所有的变卖出去施给贫民"。他更叱责富者道:"你们富足的人有祸了,因为你们已经享过安乐了。你们足饱的人有祸了,因为你们将要饥饿。你们冷笑的人有祸了,因为他们将要哀恸哭泣。"他又对门徒说道:"小子,倚靠钱财的人进上帝底国,是何等的困难呵!骆驼穿过丝绒底眼,倒比富者进上帝底国还容易呢!"他对于富人,这样地责罚他们,可见他对于富神底专横很表示愤慨的了。

他又说:"要获得财富的人向北行,要获得智慧的人向南行。"北方加利利湖畔,有人口不下一万五千人的都市二百四十处,可见其经济实业力底膨胀、产业发达底伟大了。所以此地,资本家就能大增其财富、富豪就能力挥其权力了。因之,那呻吟哭泣于财富压迫之下的劳动者就不知不觉地养成反抗的精神了。

当这时候,那教宗教底宣传者耶稣,竭力纠弹资本家富豪底横暴,一步也不肯假借。他把劳动者看做"世间之光""地上之盐""山上所筑之

城"。他说:"贫者是幸福的,因为天国是他们的;穷困是幸事,因为这种人能到安慰;柔和的人是幸福的,因为他们能承受地土。"他这一种话,实在是为贫民阶级扬眉吐气,给与富豪阶级以一种打击的。

三 政治的仇敌即经济的仇敌

一切的运动,都由不得已的状态里发生的,并为不得已的状态所促成。一种运动,必有一种理论与之相应。先有了运动,然后才有理论。理论不过是将运动底状态成了正义化罢了。因理论底成立,更促成运动底进行、扩大和普遍。基督教底运动,也是这样。

当时希伯来国民,在政治上正燃烧着一种爱国的精神,要想脱离罗马人底羁绊而建设他们"神之选民"底可夸的国家。同时,在经济上正有一种不能抑制的不平的感情,愤恨那些富豪资本家垄断财富,与罗马官厅勾结,视同胞如奴隶。所以他们看得很明白:经济的仇敌与政治的仇敌狼狈为奸,政治的仇敌以经济的仇敌为爪牙而保护之,经济的仇敌谄媚的政治的仇敌托其庇护来保持势力。两者都是希伯来平民底大仇敌(此种情形,与现在中国平民受国际资本帝国主义和本国军阀双重压迫的境遇差不多)。在这时候,那为贫民和劳动者之师友而纠弹富豪阶级的耶稣,对于这政治的权力者,当然不能默置不问的。

"我不是为招呼服从法律的人而来,我是为招呼有罪的人而来的";"我是为投火于地而来的";"我希望什么呢?就是希望火烧";"不要以为我是为使地上产生平和而来的,我非为产生平和而来,我为产生干戈而来。"——他这些痛言激语,比约翰所说的"现在斧子已经放在树根上,凡不结好果子的树,就砍下来,丢在火里"的话,还要兴奋、紧张而有精神。那撒勒一劳动者出发向阶级战争场中去的革命的精神,在这几句话中已活泼有力地表示出来了。

四 耶路撒冷商人底跳梁

古代人为满足其宗教的迷信起见,常建立金碧灿烂的大殿堂以供礼拜之用。各地来礼拜的,成群结队而来,非常闹热。他们来时,带了种种的货币,交给寺院,散布于市场上。于是就因事实的必要,产生了以兑换为业的人。

当时耶路撒冷,也就是这样一个地方。围着金栏彩楹光辉夺目的殿堂的,有许多卖买那祭神用的鸟兽的人,有大批交换犹太货币的人;各种商家,并檐而立,度量衡底声音与黄金之声音相和应,真不愧是一个热闹的贸易场!

这些营业,须得耶路撒冷权力者底许可,所以那些商人就广散黄金收买官吏、议员、僧侣、学者来制定自己底特权了。他们为自己底生意发达,占领了广大的适要的场所,对于那远从异国来的异教徒,强迫他在殿外礼拜,不许他进殿里来。其实在这种地方,早是以商业为本位的了,所谓敬神之念,简直是骗人的,至多也是很淡薄的。

他们为贪图利益起见,把那些祭神用的牛、羊、鸠等鸟兽也独占起来,自由高下其价格。那些做兑换生意的商人,任意变动货币底价格,要想从金货换银货(或铜货)和银货换金货中取得莫大的奇利。

因此,那为国民礼拜之中心的耶路撒冷,就成了少数商人谋利底中心地了。高利借贷者,兑换商人、独占业者都在那里成群结队地兴起,以国民之信仰为牺牲,惟私人底利益之是图了。

第三节　悲壮光荣的最后

一　耶稣驱逐奸商

一国产业底特权,握于少数高利借贷者、兑换商人、独占业者底手里,不仅宗教的供奉被破坏,即那多数劳动者底生活也受其威胁,苦泣于物价腾贵的压迫之下。唉!有谁起来排击财富底压制呢?!多数劳动者对于少数资本家,是充满了嫉视、怨恨和愤慨之心的呵!

这个时候,耶稣到了耶路撒冷城,进了上帝底殿,看见殿上有卖牛、羊、鸠、鸽等畜类的人和兑换银两的人,他就用绳子做成鞭子,把那些商人以及牛羊等物都逐出殿外,推倒兑换银两的人底桌子和卖鸽子的人底橙子,叱责他们道,这是"我父(上帝)底家","万国人民祷告之堂",不许你们把它做什么"贸易之场、盗贼之巢"。

原来依律法底规定,弄污耶路撒冷底宫殿,是要被处以死刑的。所以那种拿鞭子驱逐商人、推翻桌椅、禁止人底器物通过殿里(是不许那装载商品的器物进殿之意),使满庭商人战栗发怔的事,痛快虽是痛快,但这种行为,是犯了神殿骚扰罪,应受极刑之处分的。然当时耶稣对此所以毫无顾忌成此快举者,实在是因为他底背后站有势动者底势力之故,他不过是出阵站在阶级战争底第一线上首先挫破敌人底魂胆罢了。

二 僧侣和贵族底经济的立场

基督教徒之所谓"清宫",用通俗的话说出来,实在就是"驱逐奸商"。这"驱逐奸商"的事,实在就是耶稣钉死于十字架上的原因。

《出埃及记》里说:"当你们为赎你们生命而向耶和华献礼物时,不论贫富,都要出半个'西克尔',富者不要比此多,贫者不要比此少。"这种表示生命之价值没有区别的话,就是宣明国民底自由和平等意思。然而"宗教是智慧",有智慧的人即以解释律法为专业,因之就产生所谓专门宗教家了。那些称为"巴利赛"的僧侣,就是这一班墨守律法及礼拜底外形(即断食、祈祷、牺牲、洗手等形式),以贤人义者自居,用傲慢和轻侮去报答国民底尊敬和服从的东西。

此外还有一派同这僧侣有亲密关系的贵族,叫做"撒都该"。这些贵族,没有忠爱母国之诚,也不知有所谓亡国之痛,甘心愿意做罗马权力阶级底忠臣走狗来压迫犹太同胞。他们有许多奴隶为其财产。

这僧侣派和贵族派,同耶路撒冷底高利借贷者、兑换业者、专卖业者有亲密的关系,做他们底后援者和庇护者,借以增多自己底物质的利益。所以他们对于那向多数劳动者宣传友爱、劝导互助的"爱皮翁"和"爱塞"组合,就很感不快心怀妒恨了。

三 侦视危险人物底行动

当约翰大声疾呼在荒野说道之时,这号为"巴利赛""撒都该"的僧侣和贵族的一群,到约翰那里去请求约翰为他们行洗礼,而约翰却骂他们为"毒蛇底裔种",不替他们施洗。这大概是因为约翰才明白自己底宗教是贫族底团体,从其阶级的立场上说,是不能同僧侣和贵族携手的缘故。

还有一层,那些僧侣和贵族,为自卫起见,表面上虽装出服从约翰的样子,骨子里却是要侦视约翰底行动的。眼光锐利的约翰,自然一见即看破他们此种卑劣的心事了。

他们不怠地注意耶稣底行动,同注意约翰底行动一样。耶稣在耶路撒冷驱逐奸商一事,实在不仅是惩治奸商,同时又是对于那犹太底精神的物质的支配者僧侣和贵族给与一种巨大的打击,向他们取挑战的行动。因之,那些僧侣和贵族惧怕耶稣、痛恨耶稣了。他们就把耶稣带到罗马官厅里去加他以十字架的惨形了。这样,耶稣就成了阶级斗争底牺牲者,遂了他悲壮、勇敢、光荣的最后了。

本章参考书如下:
1. 山口义三著《阶级斗争史论》
2. 美国圣经会译《新旧约全书》

第十章
权力阶级妒忌公共食堂

第一节 从不"慈善"到"慈善"

一 无所谓"慈善"

当时劳动组合里,绝对没有今日社会里所谓"施与"和"慈善"这一种事。什么"施与",什么"慈善",都是到了后世基督教会底监督欢迎贵族、富豪进会以后才发生的。那有职业保证、生活保险、为一种劳动组合的基督教会,是没有"慈善"和"施与"的必要的。他们有职业底自由和生活底保障。他们要吃饭时,可到公共食堂里去吃;他们生了病时,教会里会请医生来诊视,因病重而死了,教会也会给他料理一切。所以他们就没有什么事要忧虑了。

然耶稣死了二百年后,基督教会就大受什么"慈善"和"施与"之毒了。从此那有钱的人,只要捐出一部分给教会做点什么"慈善"和"施与"的事业,即不出席于教会,也可以获得上帝底超度了。解放贫民的上帝,变做爱好金钱的上帝了。什么"慈善"哪,"施与"哪,都从许多教徒口里发出来了。

二 不劳动的盗贼

把"慈善"和"施与"当做教会底专门业,就是把同胞待做"非人"、视做"乞丐"的意思。这种态度,自然与基督教会本来的精神非常违反,大足伤害劳动者底尊严和品格。

那奉互助的教旨、仰神为组合底守护者、到处经济的色彩鲜明的劳动组合,对于懒惰的浮浪人和行脚僧要列席公共食堂,也须向他们收取一定的食费。这种事,与后世基督教所谓"慈善"和"施与",没有什么关系。

他们把组合看做家族,把这组合底结合看做可说明自己底阶级立场的"小国家"。他们只看见这小国家底进步和向上,绝没有看见它底退步和堕落。他们遵奉那"不劳动的人当交给裁判官""不劳动的人是盗贼"的圣训。他们确信组合员底财富就是家族底财富,家族底财富就是"小国家"底财富;组合员有创造财富、领有财富的权利,故组合员无论有什么困难都不会没有衣食,不会变成乞丐。所以他们就不屑卑躬屈节地向人求乞,而实际上也没有这个必要。组合不是他们底慈善病院,而是他们底社交俱乐部。

第二节 公共食堂侵入了官僚精神

一 教会底长老即政府底鹰犬

罗马底权力阶级,看见劳动组合势力底伟大,觉得不是好玩的事,总想弄一种法子来处置他,于是就想出一种顶聪明的劳动者怀柔策、劳动组合统御法来了。这就是政府任命公共食堂底管理员,一面可以施恩于劳动者,一面可以监督劳动者底行动。

这种管理员,每过五年更换一次。他们底权力,一天一天地增加。后来跟着基督教底流行,各组合即变成基督教会。因之,这些管理人就变成教会底长老了。唉! 那以奴隶解放为开教之精神的基督教会,已降服于权力阶级底膝下了!

基督教会之所以降服于权力阶级,有两种原因:一种是教会迎接富豪、贵族进教会来搅乱本来的精神,一是那些由政府任命的公共食堂管理员,以长老底名义占领了教会内底权力,使官僚的习气一天浓厚一天。

二 独占业者妒忌劳动组合

比哥白尼先二千年发表"地球为圆形,与其他诸星一同绕着太阳周

围运行,因运行而生美妙之音乐"的主张的皮塔哥拉斯,大胆宣言:要灭绝地上底愚蠢和竞争,须靠公共食堂;要打破贫富悬隔,须实行均分土地;要国家富足,须自己底所有物不超过别人。李柯尔哥规定斯巴达市民除女子外,须一律会餐于公共食堂,虽国王也应参加于会餐,只有国王远征回国时才许他同皇后在私室里共食。他所以这样规定,也不过是模仿劳动组合底制度,要想借此来维持民心底统一、信赖及亲和罢了。

然公共食堂底繁盛,对于那借食品腾贵来获得厚利的兑换业者和独占业者是不利的。因之那些兑换业者和独占业者,就非常妒忌公共食堂,将针般的事造做棒样的大,用尽一切方法去谗诬中伤劳动组合,说它是危险思想巢底窟,务期引起权力阶级底怀疑。

三　充满官僚精神的迎宾馆

雅典底权力阶级,为妨碍劳动组合底公共食堂起见,特意设立了一个迎宾馆。这迎宾馆以一般国民底税金来维持,同那公共食堂借劳动者底会费来维持的不同。后者是民主的、平等的;前者是官僚的阶级的。不过这迎宾馆,当梭伦初创立的时候,却还没有阶级的区别,一般国民都可以进内饮食。直到了后来,因国内权力阶级不愿与奴隶同桌而食,恐怕损其威严;故迎宾馆方行分化作用,一方面变做劳动者底公共食堂,他方面变做权力阶级底公共食堂。两方划出鸿沟,在饮食上也是一大表现。

大概不仅雅典如此;凡有公共食堂存在的处所,必有压制者和被压制者、自由民和奴隶底存立。他们底阶级对立,大致定如雅典那样进行。

第三节　劳动组合底衰灭

一　使徒司提反惨死底原因

耶稣死后,那耶路撒冷公共食堂底管理员——使徒司提反,也为暴徒捕到公会里去,被他们一顿拳石交加,遂不幸鲜血淋漓地为贫民牺牲了。我们若追求他牺牲底原因,也是因公共食堂的事招那商人之忌怨的缘故。

"司提反"一名,在希腊语里是"荣冠"或"人民之荣冠"的意思。因为司提反生来聪明伶俐，故恰当此名。他在耶路撒冷做公共食堂管理员的时候，也受许多人底尊敬。

司提反管理食堂，对于那供给三千教会会员的食堂原料，是不假中间商人之手，而直接向生产者购买的。因之那靠卖买食物来赚钱的商人，对于司提反此种妨碍商务的行为，就深感不快了。三千教徒每天所需用的食品原料实在不在少数，所以大足以妨碍他们赚钱的道路。因此，他们对于司提反心怀嫉妒，也是很自然的。嫉妒变成憎恶，憎恶变成怨恨，结果就鼓励一般暴徒凶汉把他打死在公会门外了！

二　毁灭公共食堂底规约

使徒保罗常说："小亚细亚底哥罗赛及其附近拉奥德加和希拉霍利地方，也有规模很大的公共食堂，并有关于公共食堂的规约；不过后来这些规约因落于商人之手，都被他们下毒手烧弃了。虽然如此，若我们把现在还留存着的破纸断片凑合起来看，也还可以知道他们是明白离开包办人、中介者、投机师之手，直接向生产者购求食物，不化中间无益的金钱的。"

要之，那关于公共食堂的文书，因它是妨害商卖的危险物，所以多被那些商人所烧毁了。那些商人所以敢于这样横暴，又是因为他们背后站有靠商人获利的贵族、富豪、军人之故。

因之，劳动组合为避免权力阶级底嫉视起见，就渐次变成秘密的结社；公共食堂也变成秘密会食之所了。这种秘密状态，大概也还继续存在到第四世纪。今日西斑牙出产丝织品的华灵奢地方，还历然留有公共食堂底遗迹。

第十一章
使徒行传底消费的共产主义

第一节　基督教徒底本来的精神

一　耶路撒冷三千组合员

耶稣受十字架惨刑的前后,耶路撒冷已有包容三千人的一大组合。这团体可说是同业组合,也可说是埋葬组合,又可说是保证生活并料理死后的团体。因之,从宗教上观察,可说是一个教会;从经济上观察,又是一个很好的劳动组合了。

他们愤慨哀痛耶稣之死,对于当时权力阶级抱有一种不能抑制的不平的感情。不过他们也知道,自己力量微弱,没有兵马大权,不能反抗当时权力阶级。因此,他们只得含垢忍辱,为避免权力阶级底压迫的毒手起见,极力使其集会秘密,苦心证明他们不带危险的性质。其实这也不过是学习当时在罗马权力支配之下的一切劳动组合底避难方法罢了。

十二使徒中的路加,与保罗一样,可以算入学者之林。他精通希伯来语和希腊语,很有支配教会(即组合)的才能。他要算一个顶明白耶稣底"博爱的精神"和"同胞的热情"的人。当他做组合底职员时,是很得人心的。

他和保罗、彼得们,都往异国传道,到处组成组合。

二　饥馑救济底踊跃

这些被相互扶助的精神和同胞救济的原则所支配的组合,最充分发挥其面目的,就是那耶路撒冷饥馑的时候。保罗和巴拿巴,远从小亚细亚底教会里送金钱给耶路撒冷去救济三千组合员。这是纪元四十四年的事。保罗为救济犹太底兄弟起见,携着安铁克基督教徒底捐款,同巴拿巴一同上耶路撒冷,故《使徒行传》十二章里所谓——

> 于是弟子们各从其力量要救那住在犹太的兄弟,决定要送给他们的东西,最后就达到这目的,把东西托付巴拿巴和扫罗(即保罗)送给长老。

的话,就是指此事而说的。

跟从保罗的巴拿巴,到底是什么人呢?他是利未族的人。他原来是一个富裕的地主,后来将所有的田园都卖出去,把卖得的金钱,献于使徒之前,自己归依信仰了基督教底共产主义。

三　消费的共产主义之福音

基督教底共产主义,从下面的话中可以看出。《使徒行传》第四章里说:"那许多信的人,都是一心一意的,没有一人说,他底东西有一样是自己的,一切都是大家公用。使徒以极大的能力证明主耶稣底复活,众人也都蒙大恩。内中也没有一个人是穷乏的,因为众人都将所有的田产房屋卖出去,把所卖的价银拿来,放在使徒底脚前,照各人所需用的,分与各人。"同篇第二章里说:

> 信的人都聚在一处,凡物公用,并且卖了田产家业,照各人所需用的,分与各人。他们天天同心合意地在殿里,且在家里切面包,存着欢喜诚实的心去饮食,赞美上帝,为众民所喜悦。

我们考察一下希腊语底原文,知道"照各人所需用的,分与各人"一语,就是"使三千组合员消费"的意思。这种语调底内容,本来是很强烈的,极富反抗当时权力者的意味,然他们却轻轻说做"照各人所需用的分与各人"了。他们为什么如此呢?这是因为他们当时深怕触犯罗马底峻

严的国法之忌讳,故意隐遁于宗教的伦理的色彩之下把经济的意义遮蔽了的缘故。

第二节 权力阶级摧残组合

一 权门底走狗侵入组合

这个要使三千组合员分配平等的消费的共产主义,是可以进而宣传普及于三万,三十万,三百万在罗马支配之下的国民的福音。这种思想,实是对于那些以国民之苦汗来解渴、以国民之鲜血来饱腹的权力阶级而下的宣战书。耶稣之惨死于十字架上,司提反之毙命于拳石交加之下,都是预言基督教底消费的共产主义,一定要大招权力阶级之嫉妒、忌惮和恐怖,在阶级斗争战场上,平民一定要遇悲惨的运命的。

基督教底共产主义,当他在外面正遭遇权力阶级底嫉妒须苦心孤诣设法逃避他们底毒手的时候,内部又有一种弱点,即那为教会势力运用消费共产主义的职员,因要选择才能优越实力充足的人,就不一定能以笃信坚行之徒充任了。因他有这样一个弱点,所以那权力阶级就有乘隙而入的机会了。那个被权力阶级唆使暴徒惨杀的司提反,确是教会一日所不能缺的人才,然此种兼备笃信和才能于一身的职员,是很不容易得到的。结果,那些要将教会卖给商人、贵族、富豪的权门走狗就乘隙而入了。

二 蹂躏于马蹄之下的组合

近年所发见的古器物中,有西夫拉岛底农夫组合底扁额。我们从这块扁额中,可以推知当时定有许多同样的组合底存在。

在这些新发见的遗物中,又有一个庶务员底组合。Deacon一语,在希腊文原是厨子的意思,他们做公共食堂里饭菜等事,也做仆婢所做的零星事务。他们为拥护自己底利益起见,组织起同业组合。

耶稣生存的时候,就已有染物业底组合。叙述这组合事情的三十七块石板,现在还保留于英国底博物馆中。希拉霍利、塞德利、爱帕索以及其他埃及诸市,染物业底组合都很发达。

各种组合中,最有势力的是土木组合,其次是染物业组合。染物业底需要者,虽只有贵族、富豪等权力阶级;然因销路不坏故都获得很大的利益。那由保罗热心传道使其人民改宗基督教的披里披和雷德亚两地方,都是染物业底出产地,他们底组合都很富足,以之供给保罗底传道费,是绰绰有余的。此种例子很多,我们不必一一去列举了。

当托拉地安帝时,小亚细亚皮西尼地方底贱民,为保护其生活起见,向皇帝请求许可组织劳动组合,而皇帝却不谅他们底苦情,竟置而不听。因之组合将组成时,就被军队底马蹄踏为微尘了。当时权力阶级之所以不许组合成立,是因为看见此等贱民正有归依基督教的倾向之故。换句话说,就是认基督教消费的共产主义为扰乱国内和平的危险思想,心存恐怖之故。

三 珊瑚工组合和偶像排斥

泊尔卡马斯地方,有石工、炼瓦工、雕刻家底组合。西夫拉岛也有此等组合。亚底加、马塞德尼诸市,也有此等组合。我们据从地下掘起来的遗物看来,这些组合,是每过一定的时间,开一次盛大的飨宴,借以养成同业的友爱之情的。

此等组合,因其职业不同而团体各异,然相互之间仍保持着联络的关系。其中有一个珊瑚工底组合。这些珊瑚工,或做"男神",或做"女神",或做其他偶像卖给异教徒,或以珊瑚珠做装饰品卖给神殿、王宫以及贵族底别庄,借此获得很大的利益。然基督教一盛行,即弹劾偶像,排斥偶像制作,因此这些珊瑚工,其职业就被剥夺,以致断了衣食之路,所以他们就大大反对基督教,发生骚动事件了。

第三节 基督教底伟大

一 不问守护神底异同

这许多组合当中,还有渔夫组合,也是非常发达的。凡有渔夫存在的地方,其营业没有不依组合底规约和指导的。渔夫日常所用的网、所以及

其他渔具,都由组合支给。渔夫获得鱼类,也拿来供给组合,由组合公平分配给各人,绝无所谓商贾上的喧闹。

这些组合,并非都相信基督教。他们所相信的是女神:

智慧之神弥内巴,

惩罚报应之神内美希,

多产之神爱希司。

他们以此等女神为其组合底保护者。他们相信劳动者底幸福,可由崇拜此等神得来。这些神,虽有埃及、腓尼基、希腊、罗马等国籍之分,然只要各国劳动者底利益相同,大家就不问所崇拜的是什么,互相忘其国籍和历史而一致团结起来了。他们一致计划对抗那共同之敌权力阶级的方策了。

特别是到了基督教底唯一之神将各种神打成一颗遂了混化融和之妙用时,各种组合,就都以基督教底名义——救主基督之名而取一致的步调了。

二 有生活才有宗教

在基督教没有出世以前,这些神都至各组合所信奉,尽了他们保护、诱导、支配的任务。在那时,那些困于苦役疲于劳役的劳动者,从那绝望的黑暗地狱里来信仰这些神,希望这些神来解救他,憧憬那未来之光明。实在那知识缺乏的当时劳动者,为慰藉他在阶级斗争场中屡次失败的悲哀起见,是只有闷着肚子自己制造救主的呵!

在基督教出世以后,他们虽相信基督教一神的教义,然还要特意请一个叫做"内美希"的女神来做他们组合底保护神。

女神内美希,是支配人们运命的主权者,是要严罚那实行不正当分配的人的。伊乘着龙曳的火轮,行走于云露之间,一看见富豪、贵族、军人、奸商,凡要吃善良劳动者之血的人,就要加以一种极严厉的惩罚。如此可以慰那悲惨的奴隶之衷心的幸音,自然要为各组合所欢迎,被奉为"复仇之神"了。

总之,劳动组合底守护神,是从他们底经济的原因里发生,有经济的意义,为经济的目的的。马克思所谓"宗教不是原因而是连续"一语,毕竟不外是说明"不是神做出人,而是人做出神;不是有宗教才有生活,而是有生活才有宗教"那个道理罢了。

三 从消极的到积极的

这些为救济劳动者而造出来的神,并非为基督教所包容,乃是为基督教所代替。基督教把这一些神都吞咽下去,消化上去了。因之,基督教就有新鲜的意义,即从消极的到积极的,从国民的到世界的,从排他的到互助的,由此以扩张其组合守护神之目的了。

固然,那奉祀他神的劳动组合化为基督教会,是经过不少的纷扰的。上述珊瑚工组合,即是一例。然终因经济的地理的情形底变化,其他各神最后都为基督教所征服,基督教终竟成了超越国家、种族、阶级的宽大自由的宗教。一切的神,都为基督教所征服;一切的组合,也都化为基督教会了。

本章参考书如下:
1. 山口义三著《阶级斗争史论》
2. 美国圣经会译《新旧约全书》

第十二章
罗马平民之争权

第一节 共和政体之创立

　　希腊社会底主要的阶级斗争,是自由民和奴隶底斗争;罗马社会底主要的阶级斗争,却是贵族和平民底斗争。所以我们叙述罗马底社会运动,对于罗马平民反抗贵族和平民与贵族争权的行动,应该特别注意。

　　罗马社会,也与其他一切社会一样,最初是行共产制度的。在那时,没有私有财产,没有阶级,也没有国家,大家自由地平等地在一氏族或一种族内营共同的生活,自然不会有什么社会运动和阶级斗争等现象发生。然而社会是变动不居的,生产力发达到了某一个程度,就必然地要成立私有财产制度,因之便必然地要发生阶级和国家。这三种东西一发现,阶级斗争就成了主要的社会现象了。

　　罗马社会最初的大阶级,就是贵族和平民,次之是被护民和奴隶。贵族是本来的公民,他所有的权利,平民是没有分的。平民是被罗马人征服而仅得些少土地的人,有些是移住罗马受罗马贵族保护的被护民底子孙。无论平民和被护民都没有公民权;被护民则连身体底自由都没有,在裁判所里务须遵奉代表他的"主君"(保护者)底命令。不过这些被护民,后来却也融入平民阶级里去了。至于奴隶,自然是更不当人看待了。被征服民若不移住罗马,须没收其土地三分之一,因之罗马底公地就大大增加了。

　　罗马国家最初也行王政,国王由贵族中选出。在这王政时代(纪元前七五〇年至纪元前五〇〇年),因平民底反抗剧烈,曾有一次改革。这改革就是把罗马市及其附近的平民分做三十个"部落"，每一个"部落"举一首长自行集会，使那阶级对立的现象渐次隐灭下去；又应财产底多寡，将那有从军义务的男子分做五级，更把它分做百九十三组。贵族属于第一级，须出步兵八十组，骑兵十八组。这种办法，富者权力虽增大了，然其义务也因之加重。至于第六级则是没有财产的无产者，是只会"生产小孩"的贱民，没有参与国政的权力，也没有负担租税和兵役的义务。此种改革，平民虽得了一点参政权，然贵族是不愿意的。因之，那些贵族就把国王废掉，由自己来执政权了。这便是贵族底共和政权底开始。

在行贵族底共和政权时，元老院掌握罗马底最高权力。这元老院便是族长会议，原本是备国王谘询的机关。还有一种任务，就是向公民会议提出议案，得其议决而规定律法，和首先提议人民应举的官吏。他们把国王废掉后，就设置两个统领治理国政，一年改选一次。这统领掌管财政，掌管裁判，战时且统率军队。从统领起，一切官职，只有贵族能够担任，别的阶级都没有分。后来为应付战争起见，又设立了一个战时独裁官，位在统领之上，有无限的权力（纪元前四九九年）。不过这战时独裁官，是一时的官职，等到战争完了时就要辞职。如此，罗马底贵族共和政体就巩固起来了。

第二节　平民反叛底计划

贵族既平王党，对于平民就无所顾虑了。他们用极苛酷的负债律来压迫平民。平民只有很少的财产，还要从这很少的财产中缴纳地租，要无报酬地服兵役，并且还要自备武器。因此，一遇战争，故乡底耕地便要荒废，遇到凶年，也要陷于贫穷之境了。他们为解决此种目前的困难，便不得不向贵族去借债。如果在规定的期间内付不出高厚的利息和本钱，则他底身体和财产，都变为债权者所有，只得任债权者去卖做奴隶。并且因战胜而得的土地，又完全归贵族所独占去，平民没有一点的分。因此，平民底苦痛就日益加甚，平民底不平的反抗的感情自然也随着昂进了。于是，他们便发明一种反抗的手段了，这种手段便是同盟罢工。

纪元前四九四年，罗马平民，大群地离去罗马，迁移到距离罗马一哩

路的圣山,要想在那里建设新市。于是罗马贵族就大惧起来,幸而那聪明的亚格利泊发明了一个绝妙无比欺骗平民的寓言,急急跑到圣山去说给平民听,希望平民有所"觉悟",仍归回来做他们底机械牛马。这寓言便是这样——

  从前,人类底身体还没有像今日这样完全统一的时候,身体内各种机关都可以任意活动。有一天,胃袋和四肢吵起架来了。这时四肢大怒,向胃袋骂道:"你是什么东西?你们安坐中央,作威作福,一点正经事也不做,一天只晓得玩。你们只不过夺取我们劳动的结果罢了。这仇非报不可,看你有什么办法!"于是他们就互相商议好了,并且通知身体内各种机关,要大家从此一齐罢工,不做运动。于是手也不把食物送到口里去,口也紧紧闭起不肯开启,牙齿也合紧不咬。他们要想用这个法子来难倒胃袋。然而这样一来,胃袋还没有十分饿得难受,那四肢早已没有气力了,各机关也都难过起来了。于是他们便觉悟到,胃袋并非一点事也不做专门作威作福的,它底作用是把营养物摄取来分配给各种机关。各种机关因此才得活动,因此才能保持健康。所以胃袋并不是无用的赘瘤,它实是身体内一天少不来的必要品。四肢既有这样的觉悟,便与胃袋和好如初不再吵架了。

  亚格利泊代表当时贵族阶级底利益拿这样绝妙无比恺恻慈祥的温言善语去安慰平民,结果果然收了一时的效果,于许多平民上了他底恶当。贵族不仅拿这种话安慰平民,并且也拿这种话去安慰奴隶。他们总想用"说教的手段"去缓和被压迫被榨取者底反抗的感情,以养成被压迫被榨取者底俯首帖耳唯命是从甘做机械的服从的精神。这种手段,固然可以收了一时的效果,然而被压迫者被榨取者决不是永远可欺的!

  罗马贵族自然也懂得这个道理,况且在实际的反抗形势之下,自然非有实际的让步不可,空言劝慰决不能取信于平民。于是就与平民讲和,许以一部分的权利:以前平民所负的债务,一笔勾消;以前因负债被卖为奴的,也一律放还。平民一则受了贵族底欺骗,二则看见有一部分权利可得,也便回归罗马了。平民回归罗马后,便得设立了两个护民官来保护平民底利益,这可说是一种妥协的手段。这种妥协的手段,也是罗马平民所常用的。合那同盟罢工和"僭主政治",称为罗马平民反抗贵族的三大手段。

护民官后来增到五名,最后增到十名。护民官当行使职务时,是神圣不可侵犯的,他如果发见元老院、统领等人底言行有危害于平民时,便可以制止它,并有权中止不正当的法律。担任护民官职务的,只限于"部落会议"所选出的平民。这部落会议,完全由平民组成,处理关于平民的公共事务,同那大部由贵族所组织的"公民会议"相对抗。此外还有"百人组会议",是由人民战时组成的"百人组"(后来改为六十人)所组织起来的。最初的时候,因那困于武装费的贫民不能多人参加,所以这会议完全为出得起武装费的富者和贵族所支配。后来这会议就夺取了公民团会议底权力,与那部落会议同成为立法机关。一方面,平民据部落会议为武器;他方面,贵族据百人组会议为武器;阶级对立、阶级斗争的形势更比前明显。不过,严格说起来,此时已渐渐成了富者与贫者底斗争了。公民团会议底权力移到百人组会议,便是说明旧的血统贵族底权力已移到新的富裕贵族底手里来了。旧的贵族已渐渐融入新的富裕阶级大地主大富豪群里来了。历史的舞台,已开演更有趣的新剧了。

第三节　平民底立法运动

平民为护得平等的权利,与贵族行激烈的斗争。他们并且觉悟自己流了宝贵的鲜血,替那压迫自己的贵族造出巨大的财产,是顶蠢笨的事。所以他们就常常在打仗的时候,掉转枪来攻打自己底指挥官。当法比土家底一人率领军队同维伊人战争的时候,就发生此种平民叛变的现象。他们实在是知道自己底敌人是谁和自己所要的是什么的。

那么平民所特别希望的是什么呢?就是农地法、成文律和做官权。

一　农地法问题

罗马共和国,领有广大的土地和牧场为国家底财产。这些财产,只有

贵族才有利用权,然照章也要对国家缴纳一定的租税。不过实际上,那些贵族是把这些公地看做自己底财产的,他们命被护民或奴隶耕种此种公地,把此种土地上所出产的东西统收归己有,而对于租税却多不肯缴纳。贵族自然袒护贵族,况且大家都有利益,所以就互相沉默不说了。但是平民却立于别一个阶级,利害与贵族不同,眼看着共同的土地被一部分贵族所横霸去,自然要愤愤不平起来反对的。于是他们也为了自己切身的利害,要求制定土地法,把一部分公地颁给自己所有。他们屡次要求,屡次请愿,总受贵族底激烈的反对。到了统领卡寿司时,才制出农地法来,把一部分公地分给平民(纪元前四八六年)。然卡寿司便因此被害,他家里的土地也永归荒废。

二 成文律底编纂

罗马裁判权,完全归贵族掌管,只凭先例和不成文的习惯法来下判决,所以其间有很多专恣偏颇残酷不仁的事。结果,自然平民吃了大亏,平民有了冤枉也无地可以申诉。因之平民就很希望有确定的成文的法律出来纠正此种无标准不公平的弊病,然而也为贵族所拒绝。经过许多次数激烈的斗争之后,才由护民官派遣使者到大希腊和雅典去调查希腊人底法律,选那适合罗马国情的法律把它记录起来以供参考。后来使者归国,贵族平民都一齐辞脱一切官职,选举十名贵族,给他以无限的权力,叫他起草新国法。这十个委员,因其数目而称为"十大官",最初倒还忠实履行他所担任的职务(纪元前四五一——四五〇年)。过了一年,大半已经草好,人民会议也赞成他们所起草的法律,不过为了要使他们底事业臻于完成起见,所以第二年还保存着这十大官,另选十人充任。然新选的十大官,竟滥用那无限的权力,专以专横压制为事。到了他们底任期完满,十二铜板法起草成功之后,他们还硬霸占着其职务,肆意妄行。十大官中有一人,要想抢夺平民首领底美女,而平民首领即杀其女以免受辱。适外人来寇,罗马兵集于城外,平民首领即持血刃走奔军前,以此事告知大家。平民大愤,复据圣山叛变(纪元前四四九年)。十大官无法,只得辞职谢罪。从此,那刻在十二枚铜板上揭在大市场中的法律却实施了。这是罗马法律底基础,为后世所宗法。

三　做官权问题

自从十二铜板法颁布之后，平民底权利就一天一天地伸张起来了。不久，贵族和平民，已能缔结有效的婚姻了，因结婚而使其子底阶级的权利受害的事也没有了。但平民和贵族的斗争，并非因此便停止的，平民底要求是得一寸进一尺的。他们要求做统领的权利，当时贵族极力反对他们此种要求。然终因平民底势力增大，贵族自问不能过于压抑，于是迫不得已只好让步：废掉统领官职，设置统领代理元帅为文武底最高官，给他以统领底权力，规定由贵族和平民两方面每年各选举三人或四人充任（纪元前四四三年）。这制度大约继续一百年间。在这期间，仍归贵族占优胜，他们常于数年间恢复统领选举，或废掉平民底统领代理元帅，平民仍无何等大的权力。然贵族还怕平民权大，另设检察官以补偿其损失。检察官有两人，权力很大：备置明细表，把一切罗马人，依照他底财产和地位，分做元老院议员、骑士、市民等区别而登录起来；掌管殿堂、市街、桥梁底建筑；决定人民底选举权；监察人民底言动；剥夺那违反道德、扰乱治安的人底国民的权利或阶级的权利。这样，平民仍旧脱不掉贵族底压迫和支配，贵族仍旧享有操纵一切的大权，阶级斗争的形势自然只有一天严重一天了。

第四节　李锡尼新法

罗马平民常用政治的手段来增高他们底地位、改善他们底生活，已如我们前面所述。他们对于政治，完全取一种积极的斗争的态度，绝不取消极的退让的态度。他们实行同盟罢工，也只是一种积极的斗争的手段，目的在于夺取政权使贵族屈服。他们这样积极的斗争，结果果然使他们获得一部分权利。退让总是永远吃亏，只有斗争才能获得自己应得的权利。

他们当时之所以能得到一部分的胜利，有他们必然的原因。生产事业是要他们做的，当兵打仗是要他们去的；贵族要积聚财富固然要靠他们，贵族要抵御外敌和征服异邦也须得靠他们。所以他们实际上有制贵

族死命的基础,贵族对他们不能不有所让步。贵族在平时或者还不肯让步,到了战争要平民去替他打仗流血的时候,平民就有所要挟,迫得他们不能不让步了。

然而平民总是吃亏的:起初战胜的土地财帛,平民丝毫没有分,后来也不过得了一点点的赏赐。平民对于这一点点的赏赐,自然不能满足,自然仍旧要向贵族斗争。到了罗马市被高卢人毁坏、贵族重新要求一切特权、恢复旧的苛酷的"负债律"的时候,这种斗争更加剧烈了。

因种种剧烈斗争的结果,乃产生了"李锡尼新法"。当李锡尼和沙士体亚二人为护民官时,代表平民阶级底利益,提出下列五条法律(纪元前三七七年):第一,恢复统领二人,其中一人须由平民中选出;第二,天书院僧长,平民须居其半;第三,市民谁都不能占有五百"久格拉"以上的公地为世袭借地,在公家牧场中所养的牲畜,牛不得过百头,羊不得过五百头,剩余的土地须公平分配给平民;第四,地主雇人,除奴隶外,须用自由人一半;第五,债户已付的利息,须从母金中减去,余额分三年偿清。这便是李锡尼新法。最初贵族极力反对此法案,然终究屈于平民底势力,不得不加以承认(纪元前三六六年)。此五条法律,前二条可以增加平民政治上的势力,后三条可以舒展平民经济上的苦痛。我们可以由此知道:(1)当时平民受贵族压迫底程度;(2)当时贵族在经济上在政治上所占的势力何等盛大;(3)罗马奴隶何等众多;(4)贵族怎样役使奴隶、驱逐自由民而行土地集中、财产集中的掠夺;(5)当时平民在政治上社会上的地位虽比奴隶优良,在经济上的地位有时反比奴隶危险,因为奴隶没有饭吃还有主人替他负点责任,自由民没有饭吃是没有人替他负责任的。

然而这种改革,贵族还要时时想法推翻。后来平民在政治上虽得了些许权利,现出好像与贵族平头的现象,但在经济上却反一天不如一天,种种改革也都成了有名无实的玩意儿,贵族仍旧恣意肆行他底无情的掠夺。即那政治上的权利,也只归那少数较富裕的平民所独享,多数贫乏的平民仍得不到什么好处。所以贵族与平民底阶级斗争虽一时得暂告平息,然不久仍风起云涌地显现了。

本章主要参考书如下：

1. 村川坚固著《西洋历史讲话》
2. 山口义三著《阶级斗争史论》
3. 李泰棻著《西洋大历史》

第十三章
格拉克兄弟之改革

第一节　罗马底属州政治

　　罗马国家底强盛，是靠被征服地底扩张和被征服民底增多。然而被征服地扩张和被征服民增多的结果，却使罗马社会起了一种极大的变化。新的富裕的贵族，一天一天地增多，最后竟取旧的血统贵族底权力而代之。新的贵族，也与旧的贵族一样，垄断了一切的地位和官职。新的贵族，为增高自己底地位，扩张自己底权力，增殖自己底财产，常起征服的战争，由自己垄断一切指挥权，每次战争的结果，都可以增加他们底地位、权力和财产，高唱其战胜的凯旋歌。他们向被征服地底被征服民，榨取酷重的贡赋，来维持自己底势力和饱足自己底享乐。

　　当时罗马市民，共分二大党，一为富豪党（即新贵族党），以拥护寡头政治为宗旨；一为平民党，以推倒富豪党为宗旨。两阶级底豪富斗争，非常剧烈，以致社会上政治上无一日安宁。中央政府，政权固然由一般富豪所垄断，黑暗异常；而各属州政治，政权也由一般富豪所独占，其黑暗腐败程度更比中央政府利害。各属州底总督，只有富豪才有权担任。总督权力很大，掌管被征服地底行政、司法一切事宜。他们自然只顾自己底利益，不以被治者底利益为念。他们在没有做总督的时候，大概都向平民行贿买票，有的不要平民出钱使他去看奴隶底豪斗技，有的简直送金钱给平民。当时平民生活非常艰难，顾得今天便顾不得明天，所以便有很多人不得已出卖自己底票去投富豪。这便是没有经济上的平等不能有政治上的平等的证据。在富豪方面，也有于未做总督以前因买票费多而负债的，但他们决不用担心蚀本,一到了属州上了总督的任,所得的利益便立刻可以偿清债务而有余了。

罗马属州,与意大利诸地方不同,必须向罗马缴纳租税。而租税底缴纳方法,却由承办员包办。罗马因此得了莫大的收入,所以便没有向市民收取直接税的必要。租税承办员都是大资本家,大半除了征收租税以外,还从事商业的。收税时,那租税承办员,又雇用收税员、下级承办员等人,用尽一切压制的手段,收得包办额以上的租税,作为自己底莫大的报酬。总督与租税承办员互相结托,狼狈为奸,贪得他们底贿赂,容许他们尽量诛求,自己只沉溺于穷奢极欲的生活之中。他们征收方法,简直等于用武力掠夺。官吏和租税承办员横征暴敛之后所剩下来的点点利益,又被那吮吸利息的商人和高利贷者所猎去。因之,那罗马海外属州底繁盛,不过经了几十年就亡灭了。

罗马法律,行政官吏有虐待人民侵夺财产的事,只有等他任期终了之后才能向元老院起诉,平日只得忍气吞声,任他剥削摧残而莫可如何。况即向元老院起诉,也不会有好结果,元老院底裁判官都是富豪阀族,与总督们利害相同,绝不会袒护平民的。所以裁判结果,被告往往得宣告无罪,顶重的也不过罚一点小款,或是暂时逐出罗马。因此,属州人民,积不能平,往往欲脱离虐政之羁绊,只得诉诸武力以图自由之恢复。那些在属州剥括了不正当利益回到意大利的人,自然成立了一个富豪阶级,他们设立起银行来操纵金融,建设起大公司来包办收税、公共土木、建筑等事业。因之罗马市底地租、房租都腾贵起来,一般生活程度也大大增高了,平民生活也更加困难了。

属州底叛乱,最先发现的,是那披雷内半岛底住民,特别是那住在今日的扑德嘉地方为勇敢的农民斐烈脱所领率的卢希塔尼人和那以奴曼彻为首府的以斯巴尼底勇猛的种族间为最剧烈。斐烈脱颇有"英雄气概",终身营质素的生活,然不久即为不忠的从者所杀(纪元前一三九年)。反之,奴曼彻人则继续五年间抵抗罗马军队,一时竟迫那陷丁溪壑的统领承认他们底独立。但元老院却不许他们独立,派兵去征伐他们,经过十五个月的包围,卒使奴曼彻人降服(纪元前一三三年)。住民有的自杀,有的被虏为奴。这便是被征服民底运命。

第二节　富豪与贫民之分裂

新兴富豪,不但垄断一切官职,排斥系统不明的"新参者"处于名誉的地位,他们并且利用其地位,重复霸占公地,用收买、高利、诡计等方法,甚至于用腕力去兼并各小农场。加以使用奴隶的结果,自然引起土地底兼并。罗马奴隶,本来为数不多,只使用于各小农民耕耘其比较平等分配所得的农地的时候。然从东方征服底结果,输入了东方底奴隶制度,每次战争完了,必有多数捕虏当做奴隶送回本国,因之奴隶数目就大大增多了。富豪投下资本于土地,使役奴隶从事耕种。捕虏不足时,便默许海贼劫人。海贼在东部地中海实行大规模的劫人生意,把劫来的人在岱尔斯岛底市场上出卖。普通劳动用的奴隶,每名约值六百圆。奴隶身上,燎有烧印,以为识别之用。待遇使用,完全与牛马一样。所以奴隶常起骚动。西西里有六万奴隶,起了暴动,杀死主人,建立王国,得了小地主底后援,与罗马军队战斗好几年。因为使用奴隶,营大规模的生产,可以供给廉价的生产物,便迫得那只有些微土地的自由小地主,无力与奴隶使用者竞争,不得不憎恶那大地主。小地主常为负债所苦,土地渐次为大地主所兼并。富豪拥有广大无边的地域,役使成千成万的奴隶群(有一人役使二万奴隶者),监督他们去做耕作、牧畜等业。因之,那些无产贫民,便只得群集罗马而仰给于国家了。

增加罗马小农底生活困难,还有一个原因,那便是廉价的谷物盛从各属州(最多的是西西里、亚非利加、埃及等地)输入。这时,那为古代罗马之中坚、具备刚强、诚实、勇敢诸道德、建设罗马帝国的自由农民阶级,已完全濒于消灭了。那为廉价的奴隶劳动和廉价的输入谷物所压倒以致于失业的农夫群众,被苛酷的地主从家屋里驱逐出来,漂泊流浪于各处的凄凉光景,宛然是一幅悲叹不幸的画图。罗马市民,竟裂成富豪与贫民两极端了。

这样,到了纪元前一二〇年前后,意大利全国地主就不过二千人了。别方面,自由农民底数目,自然也大大减少了。纪元前一三四年,爱德利地方,自由农民几乎一人都没有了。纪元前一五九至一三一年间,罗马自由农民数目，竟从三十二万四千减到三万一千九百了。在这种情形之下，罗马底土地问题，自然是成了重大的问题了。

第三节　提卑留·格拉克之变法

于是，那提卑留·格拉克底公地分配法运动就应运而兴了。提卑留·格拉克，为人真挚敬虔，是当时的护民官。其父曾任检察官和统领，为政界之名士。其母才色绝伦，丈夫死后情愿守寡教育儿子，拒斥埃及国王之求婚，鄙薄皇后而不为。提卑留虽出身于阀族之家，然常以保护贫苦人民为己任。纪元前一三三年，被举为护民官，即倡议恢复李锡尼底土地法：无论何人，都不能占有五百"久格拉"以上的土地，有子一人，得加给二百五十"久格拉"，有子二人，得加给五百"久格拉"，但其总额不能超过一千"久格拉"；如果市民占有定额以上的土地，做护民官的，便可以把那非分的土地归还政府，划出一部分分配给贫民；一旦分配定了的土地，便不能再行卖买。

当时罗马多数市民，受富豪底压迫，陷于何等贫乏的境地，我们前面已经说过；现在再听一听提卑留在议会演坛上叫道：

> 诸君！意大利底野兽，尚有可以安息的巢窟。可是那手执干戈为国家战死疆场的兵士，却除了意大利底空气和日光之外，再没有享有别的东西。他们没有可以住的房子，一天到晚，同着婆子们营那悲惨的漂泊无定的生活。罗马底将军们，常常告诉兵士道："你们要为你们底坟墓，你们底神殿，奋勇地战争呵！"这话实在太可笑了！几千几万的罗马兵士，哪一个有神殿和坟墓之地呢？一个也没有！他们自己家里，没有一片可以守护祖先灵位的土地。但是他们为战争而死了！这便是助长别人底奢侈和财富的结果！

他这样义愤填胸地为贫民阶级吐了万丈之气，反抗富豪阶级底横暴不仁，自然大招当时富豪底忌恨，以全力来反对他，阻止他底提议底通过。富豪唆使其他护民官去反对提卑留底提案。罗马国法规定，十个护民官

如不一致同意,便不能提出法律案。提卑留极力发挥其手腕,使人民罢黜反对他的同僚。他这一种侵犯护民官之神圣的行为,给与反对者以破坏宪法篡夺王权的口实。反对党借此诱惑人民,堕落提卑留底信望。但他并不以此为意,仍旧一意固行,务期达到改革之目的而后止。他有三千壮丁护卫,勇气更壮十倍。他在任期告终时,还希望再能当选,以便他可以贯彻实施新法的主张。刚刚这时,遇到斐加摩王死了,尽把所有土地赠给罗马,提卑留即倡议以新得斐加摩之财币分给贫民,以为购置农具之用。贫民大喜,都愿意再选举他。但国法规定,非十年之后,不能连任。所以富豪党便以全力妨害提卑留底当选。到了改选护民官的那一天,富豪党便唆使暴徒,暗藏兵器,诬陷提卑留要做国王,戕杀于选举场中(纪元前一三二年)。并杀他同党三百人,投于底倍尔河中。卫兵三千人,放逐出境。这是罗马有名的阶级斗争中的悲剧。

提卑留冤死后,元老院因诈欺贫民说提卑留抱有野心欲自为王,故对于提卑留所定的土地法,一时不敢更动。因之,罗马贫民因此得有土地者,竟达四万余家。意大利农业,从此稍振。然此种公田分配法,行之不久,即为代表富豪党利益的统领所废除了。贫民重复陷于无尺土寸地之境了。他们于是便恍然明白提卑留是帮助他们的朋友,为他建立起雕像,以表示其敬慕之意了!

第四节 橄亚司·格拉克之变法

提卑留·格拉克被杀的时候,其弟橄亚司·格拉克还不过是一个不到三十岁的青年。橄亚司为人慷慨热烈,有雄辩才。他于纪元前一二三年,被举为护民官。他一做了护民官,便代表贫民阶级底利益,据着议会,开始与富豪阶级底元老院进行勇悍的战斗,以继承亡兄之遗志。

橄亚司底改革事业,最重要的有五项:第一,恢复亡兄底土地法,分配公有法于贫民;第二,用公费制办兵士底被服,不因此减少其粮饷,不许强迫不满十七岁的青年去服军役;第三,给与意大利人以同罗马市民一样的投票权;第四,国库里的谷米,以廉价卖给贫民;第五,改革裁判制度,大大减削元老院底势力。他拿这些政纲做目标,以贫民阶级底势力为后盾，与当时富豪阶级奋斗。他重用骑士，且行慈善事业，故在骑士和下级平民中得了许多同志。他想出种种方法来缓和下级平民底急迫的生活，如建设市街哪，实行国家的劳役哪，移民于殖民地哪，都是他所认为重要的解决生计的方法。

橄亚司很得人望，于纪元前一二二年，得再被选为护民官。他为其烈性的朋友富拉克司所迫，为增加己党底势力起见，提出给与同盟市以罗马公民权的法案。他这法案一提出来，富豪便大惧起来，要想排除橄亚司。护民官笃尔苏，与富豪相结托，反对这个提案。富豪暗许贫民以种种利益，叫他们反对橄亚司。结果，橄亚司于第二年选举护民官的时候便落选了。不久，两党间便起了剧烈的阶级斗争，其友富尔克司便与三千同伴一同被富豪惨杀了。橄亚司逃到底倍尔河底对岸，正将被捕时，即命其仆用剑刺死，与其兄同做平民阶级底牺牲者。

格拉克底法律制度废除了以后，贫民党方面，有的被杀，有的被投入狱中，有的受放逐之处分。格拉克底母亲，受政府底命令，连丧服都不许穿；其妻所有的财产，也完全为政府所没收去。富豪党底权力，比前更大，成了罗马"共和国"底唯一的主宰者！

格拉克兄弟底改革运动，已经有点带"僭主政治"的性质。但他们失败底大原因，仍在于要依靠法律——即依靠人民底投票。由这种种斗争的经验，便痛切地感觉到合法手段底靠不住和独裁权力底必要了。阶级斗争底手段，到此又要起变化了。

本章主要参考书如下：
1. 村川坚固著《西洋历史讲话》
2. 山口义三著《阶级斗争史论》
3. 李泰棻著《西洋大历史》
4. 贺川丰彦著《精神运动和社会运动》

第十四章
马留和苏拉之斗争

第一节 战功底攘夺

格拉克兄弟为贫民阶级底利益而牺牲了。他们死了之后，政权完全落在富豪党手里，从此富豪贪横压抑，益发肆无忌惮，无所不用其极了。因之贫民所受的苦痛也更加利害，郁抑不平的感情也更加深一层了。但是这时，他们已经由种种的经验，觉悟以前的斗争手段是太软弱太无效果了，以后非用一种更强硬的手段不可。在当时的社会条件之下，有什么更强硬的手段呢？只有一种：奉一个军人为首领，为富豪党行武力的斗争，则实行僭主政治。于是，阶级斗争便从合法的运动进到非法的运动了。

当时贿赂公行，不以为耻；选举诉讼，皆以贿成。有朱戈泰者，本非奴米第亚王族之嫡裔，然他看破罗马新贵族之贪嗜贿赂，料想"钱可通神"，故敢篡夺奴米第亚底王位，厚贿罗马元老院，固得安然无事。但罗马贫民党，却大怒元老院此种行动，元老院不得已，只得派兵问罪，又因得贿而还。贫民党底愤怒更甚，元老院无法，又派米特路带兵前往亚非利加，去征服朱戈泰（纪元前一〇九年）。米特路攻击朱戈泰，虽恢复了罗马底武名，而罗马贫民，却总想乘机夺取贵族底政权。这时有名马留者，出身微贱，为人勇敢而有将才，虽屈在米特路部下，终因屡立战功，得贫民底信任，以致声望大隆。纪元前一〇七年，由贫民党选他为统领。第二年，便亲往监督米特路底非洲远征军。朱戈泰力不能敌，逃往玛雷达尼。马留底部将苏拉，便强迫玛雷达尼国王生擒朱戈泰（纪元前一〇五年）。这便是苏拉得志底初步。

当朱戈泰战役尚未终了时,就有新伯里人和条顿人侵入罗马国境了。新伯里人和条顿人,都是日尔曼种的北方族,为觅求新住地,挈携妻子家财,移殖罗马境内。他们身缠兽皮铁铠,手执长剑长枪。罗马人受这些蛮人底侵袭,便想用奇谋妙计去战胜他,然而不行:敌人蛮勇无比,在加林楷底诺雷市与罗马军激战,竟大败罗马军(纪元前一一三年);接着就侵入高卢,肆行枪夺,四年以内,在罗奴河边和雷玛湖边,屡败罗马军。于是罗马人也顾不得什么国法,屡次连举马留为统领(纪元前一〇五——一〇〇年),叫他肩任舒救国难之责了。当条顿人退出以斯巴尼将向上部意大利进军之时,马留即在南部高卢底阿该赛士底地方,邀击条顿军,生擒条顿王(纪元前一〇二年)。这时,新伯里人已从阿尔魄司山脉东部闯入波河,占领了丰饶之地,而马留又与别一统领喀脱鲁合兵往征,在韦琴利附近的罗底亚地方,袭攻新伯里人,也获得大胜(纪元前一〇一年)。此次战役,死六万人,余悉鬻为奴隶。然日尔曼人还未脱野蛮状态,不甘做罗马人底奴隶,所以都纷纷自杀,年纪小的也被长的杀死以免受辱了。罗马人对于日尔曼人此种蛮勇的行动,便不寒而栗起来。同时,日尔曼人,也有四五百年不敢南犯。

在别一方面,贫民党认此次胜利为马留底功劳,而富豪党却要把此次胜利底功劳归于喀脱鲁。因之,两党底冲突程度,便更加激烈了。

在这次战役中,马留破弃从来的例子,不问他是罗马市民、同盟市民,或是属州人民,把一切希望从军的人都收录一军中,改变了从前的军队编制。这是以战争为职业的武士底起源,为兵制上的一大改革。

第二节 同盟之离叛

纪元前一〇〇年,马留第六次当选统领。这时,贫民党借马留之力,颇占优势,于是富豪党便围绕于苏拉之周围,奉苏拉为首领了。苏拉为人,有政治才,富名誉心,长于兵法,且有相当的学问。他身体强壮,精神亦盛。从此以后,罗马二大党——一是以马留为首领的民主党,一是以苏拉为首领的阀族党——便各修兵备,互相对抗了。阶级斗争的形势,至此已大变了。

那些应马留底募集,将罗马从日尔曼人底威胁中解救出来的意大利同盟诸市底人民,一个为建设罗马帝国而战争,但他们完全没有参政权,也不能参与财富底分配。到了现在,情势已起了变化,单靠原来的罗马市民已不能维持罗马国家,所以同盟诸族,就起来要求罗马公民权了。马留欲自握大权,与贫民党领袖相结合,想颁与土地于自己部下的意大利同盟市底军队。他与桑脱尼奴及格来西亚三人,同心协力,以恢复格拉克兄弟底法律制度为目的。桑脱尼奴于纪元前一〇〇年被举为护民官,格来西亚同时也任司法厅事。二人均为贫民党(民主党)首领,以增进贫民利益为己任。桑脱尼奴规定谷物法以救济贫民底困穷,强迫元老院发誓实行。多数元老都怕马留兵势,只得如命。时有米特路,不肯服从,即逐他出境,并杀他同党几百人。阀族党怒极,与民主党激战于市中,大败民主党。桑脱尼奴逃到元老院,为富豪党所惨杀。格来西亚也一同遇害。马留势孤,只得退隐乡里,党争暂告平息。同盟市底公民权运动,也因之失败。

当时意大利人共分三等:第一是罗马市内及各殖民地驻防的罗马人,为罗马最初的国民;第二是住居拉丁境内及各殖民地的拉丁人;第三是意大利同盟诸市底人民。同盟诸市底人民,语言宗教,都与罗马人相同;其勇毅善战,且胜过罗马人。罗马开疆辟土,成为一大帝国,他们有很大的功劳。有功不赏,反被鄙视,他们自然是愤怒的。他们屡次要求公民权,都受罗马富豪底反对,并且还受罗马一般市民底反对。他们势力小的时候,还只好忍气吞声,暂时屈服;现在他们底势力大起来了,他们在罗马国家存在的位置上也比前重要多了,所以就决然起来反抗,非获得公民权不止了。

纪元前九一年,护民官少笃尔苏,立志要想调和争斗,确立平和,提出土地法、移民法、谷物分与法来救济贫民底困苦,并主张给与同盟市民以罗马公民权。因受了阀族党底反对,以致其案不能成立,少笃尔苏也因此被刺。

于是那奉少笃尔苏为保护者的同盟市民,便大怒起来,一齐揭竿而起:不是从罗马分离出来,便是要借武力获得罗马公民权了。同盟市战役(一名"社会战役",从纪元前九〇年至八八年),即由此发生。从逊尼族、马西族等好战的民族算起,举凡塞卑利系的各民族,没有一族不离叛罗马人,他们自己结成意大利同盟,新同盟国定都于柯斐纽,改名意大利格。

罗马人见此情形,贫富两党一时又合作起来,重复起用马留、苏拉等人,命他们出兵征讨。但用兵三年,叛乱尚不能平。同时,那些未叛的城市,也有摇摇欲动之势。于是迫不得已,就只好给与拉丁、爱德烈、温布烈诸族以罗马公民权,以为一时羁縻之计,防止它们加入同盟。他们并且颁布一道命令,说在一个月以内归顺罗马的,都有公民权。因此,同盟瓦解,叛乱乃平。但这次战役杀伤的人,已有几百万人了。

罗马人虽给公民权于全体同盟市民以防叛乱之再发,然其公民权是有限制的。罗马人把这些新公民只编做七个"部落",以限制他们底投票权和做官权。这种不充分的解决,又种下下次内乱底因子了。

第三节　复仇的大残杀

当时黑海旁边,有本都国,愤罗马底压迫,纠合小亚细亚、希腊诸小国,组织一大同盟,起与罗马为敌,欲从罗马底压迫中解放出来。本都国王米脱拉达底,下令西部亚细亚各地,定期屠杀罗马人,杀死意大利商旅八万余人。

于是罗马元老院,便以征讨米脱拉达底之责委任苏拉。这时苏拉已因同盟市战役底战功,被举为统领了。然贫民党极不愿意苏拉出征,因他是一个富豪党,要想把他底权力夺来给与马留。马留自己也很愿意负此重任,借护民官苏辟寇和新公民底势力,鼓动"部落会议",使它通过任命马留为征讨米脱拉达底底总指挥的决议案。苏拉闻讯,即率兵攻入罗马。杀死苏辟寇等民主党领袖,用法律恢复了元老院底权势,然后再上本都远征之路(纪元前八七年)。

当苏拉攻入罗马时,马留即出奔非洲。中途遇风,飘归意大利,到海岸时,为官兵所获。官兵晓得他是众望所归的人,不敢白天杀他,把他关在监狱里。到了晚上,才命奴隶拿刀去刺他,刀未及身,马留看见即大叱道:"贱奴!你敢来杀我吗!"奴隶大惊,弃刀而逃。到了第二天,便释放了他,备船叫他逃走。马留还没有到得非洲,即听到民主党领袖新拿得

势,所以他就回归意大利了。当格拉出征后,新拿曾为统领,要求去苏拉苛政。富豪党不从,以兵刀逐他,并杀死民主党万余人。新拿与保民官,都因此出奔,意大利平民,归之如流。新拿便以归附之众进攻罗马。新拿从途中归,登岸于犹土利亚,即得骑兵五百人,未几,从者日众,得六千人。南下与新拿合攻罗马城,罗马人以城降。于是马留大肆杀戮,凡反对党,都杀无赦。并杀死统领奥脱维斯,悬首通衢,以快人心。元老死的五千人,骑将死的千余人。尸满巷市,大杀五日夜始止。又宣言苏拉为国仇,没收他底财产,毁坏他底家宅。马留第七次复被举为统领(纪元前八六年)。当时大权,悉握于马留一人手里。然马留时年已七十,况屡经大战,精力已衰,故不久即患剧病而去世了。新拿继之,专政三年,苏拉始归。

纪元前八四年,苏拉既已平定本都之叛,便想返国得分。新拿闻信,想拒阻他于希腊,使他不得返归罗马,亲领兵前往,行至中途,为部下所杀。调和党遂举从前主张中立的二人为统领。苏拉与此二人商议,要领兵归罗马。此二人主张先遣散部众,然后再入罗马城。苏拉不听,于纪元前八三年,登意大利陆,得阀族党底援助,向罗马进军。经过罗马城门前底大激战,大杀马留党徒及叛他的逊尼族人(纪元前八二年)。他制出"死罪人名表",张贴罗马市场上,凡表上有名的人,无论何人都有权杀害,杀害者且可得重赏。"死罪人名表"上,不仅与马留同党的人不能免,即那富豪、骑士、议员也有很多列名其上者。这是因为苏拉要想独揽大权,多殖财富,才用此手段的。当时罗马无辜被害者不下数万人。各市各州与马留有关系的,都灭其全族,计内外共杀十余万人。于是人人自危,成了空前的恐怖时代。单是没收来的财产,已不下四五亿圆(以现在人格计算)。他做了当时的唯一独裁官。他屠杀完毕,便大改阀制。剥削护民官、部落会议底权力,把一切政权都夺归元老院手里。扩充元老院底组织,加倍元老员底数目。选奴隶万人为元老卫士,以巩固元老院底权力。又发布了许多改革裁判制度和税制的法令。等到这制度确立了以后,苏拉便辞却独裁官之职(纪元前七九年)。这是因为人民怨恨的缘故。

苏拉死了之后,纷乱的罗马国家,并没有太平。那些受人权剥夺和放逐处分的马留党人,都愤愤不平,聚集于那刚勇廉直的贫民党领袖塞脱留司底旗帜之下,在以斯巴尼地方与罗马军战斗(纪元前七五——七二年)。塞脱留司博得本国人民底信望,要想借其援助与罗马分离,另建一独立的共和国。不幸为不忠的同志所杀,以致功败垂成。

社会思想史

施存统 编

《社会思想史》为施存统在上海大学讲课的讲义。这里根据1927年1月汉口长江书店再版的《社会科学讲义》第一至第四集整理出版。

目　录

第一章　绪言 107
　第一节　社会思想底意义 107
　第二节　社会思想和社会生活 107
　第三节　社会思想和社会思想家 108

第二章　希腊早年之社会思想 110
　第一节　希腊之社会状况 110
　第二节　梭伦底改良思想 111
　第三节　希朴达冒士等底思想 113

第三章　柏拉图底贵族的社会主义 115
　第一节　柏氏略传 115
　第二节　柏氏底理想社会 120
　第三节　柏氏思想底特色及其批评 129

第四章　亚利士多德底社会思想 133
　第一节　亚氏略传 133
　第二节　国家论 134
　第三节　经济观 137
　第四节　理想国家 144

　　第五节　亚氏社会思想底特色及其批评 …………………………… 147

第五章　希腊晚年之社会思想 ………………………………………… 152
　　第一节　柔诺底无政府主义 ……………………………………… 152
　　第二节　七个梦想的社会主义者 ………………………………… 155

第一章
绪言

第一节 社会思想底意义

我们在没有讲述社会思想史以前,首先就要问这里所用的"社会思想"四字是什么意义?社会思想一名词,大别之有两种意义:一是社会上一般普遍流行的思想,一是人们对于社会而发的思想。关于前者意义的社会思想,以在社会进化史中叙述较为便利,非本书底职务。本书底职务,在于讲述后者意义的社会思想。

但是后者意义的社会思想(即人们对于社会而发的思想),范围太广,若一一叙述起来,不就是变成普通的社会学史吗?所以我们还有限制意义的必要。本书所讲述的虽是人们对于社会而发的思想,但非人们对于社会而发的一切思想,而只是它底一部分。这一部分就是——

人们因社会底毛病而起的改造、改良及"乌托邦"的思想。明显点说,本书所讲的"社会思想",包含三种对于社会而发的思想:一是主张改造社会的思想,例如马克思所主张的;二是主张改良社会的思想,例如亚里士多德所主张的;三是乌托邦派的思想,例如柏拉图所主张的。讲述包含以上三种意义的社会思想底历史的经过,就是本书底任务。

第二节 社会思想和社会生活

社会思想和社会生活,有密切的关系。一种社会思想底发生,必定在社会生活上有其根据。毫不根据社会生活的纯粹理想,事实上绝不会发

生,即发生了也不能在社会上存在。我们要研究社会思想,必须要研究社会生活及其与社会思想之关系。

一个社会,如果它里面底组成员个个都丰衣足食,安居乐业,自由自在地一样过活,组成员与组成员之间都亲亲热热没有一点隔阂或冲突,则那个社会便是完美的社会,自然用不着改造或改良,不必另求什么"乌托邦",随之社会思想(如我们上面所说的那种意义)也就不会发生了。社会思想之所以发生,是因为社会生活有了什么缺陷或毛病。人们对于社会生活底缺陷或毛病起了不满意的念头,欲图解决之道,社会思想就因之而发生了。所以我们又可以说:社会思想是为解决社会生活底缺陷或毛病而生的东西。

社会是继续不断地进化的,社会生活也是继续不断地进化的,因之社会思想也跟着继续不断地变化。各时代有各时代的社会生活,随之各时代就有各时代的社会思想。这时代的社会思想与那时代的社会思想不同,就是因为这时代的社会生活与那时代的社会生活不同。没有千古不变的社会生活,也没有千古不变的社会思想。所谓"思想是环境底产物","思想是时代底产物",就是此种见解底表现,总结一句,社会思想是当时社会实际生活底直接产物。

第三节 社会思想和社会思想家

我们前面已经说过"社会思想是当时社会实际生活底直接产物",已知道社会思想和社会生活两者底关系了。但是每一种社会思想,必有一二人或少数人为其代表,这一二人或少数人就是所谓社会思想家。社会思想家,就是解决当时社会问题底理论的主张者。

社会思想既受当时社会实际生活的影响,则社会思想家当然也不能不受当时社会实际生活的影响。不过虽然同一受当时社会实际生活的影响,而同社会各社会思想家底思想却不尽一样,比方同一不满意资本制度的人,有的主张改良,有的主张改造,有的主张另辟"乌托邦"。为什么发生此种现象呢?这是因为各社会思想家所代表的阶级不同及认识方底强弱,还有资本主义发展底程度也应该算进去。所以我们虽然一面承认任何超群出众的社会思想家都不能脱除当时社会生活的影响,而同时也承认同社会各思想家底思想并不一样,其所以不一样的主要原因则在于阶级底对立。至于个人的性格及师傅的束缚,从社会的见地看来,关系实很少。

我们以后打算以一个或二个社会思想家做代表来叙述一派社会思想,同时又想努力写出每个思想家所处的社会底生活状况来证明社会思想及社会思想家所受的当时社会底正面及反面的影响。这种工作原是一种极烦难的工作,原非我现在的能力所能胜任,不过在我也只有尽我最善的努力罢了。

第二章
希腊早年之社会思想

第一节　希腊之社会状况

我们在绪言里已经说过,"社会思想之所以发生,是因为社会生活有了什么缺陷或毛病";希腊社会思想之所以发生,当然也不逃此公例。

希腊社会,也与其他一切社会一样,最初是营共产生活的。在营共产生活的时代,虽然生活不丰富,然而大家都是一样,并无社会的差别,所以那时没有所谓社会思想发生。

及后原始共产制度崩坏,私有财产制度渐渐确立,阶级分裂日益进行,国家组织跟着发生,于是社会的差别、社会的不平就日益利害,阶级斗争也日益剧烈了。因之社会思想当然要跟着发生,不过我们现在找不出最初的代表者罢了。

希腊国内多山,缺乏大平原,以致分为许多很小的城市国家,不能统一成一集中的政治组织。因此各小国家就连年战争,互争雄长。战争底结果,一方面增殖了奴隶,一方面增高了支配者底权力,使社会底阶级越益发达。同时,又因为海岸线屈曲异常,便于经营商业,所以工商业就能发达,与埃及、腓尼基等东方文明国交通。通商交通的结果,一方面是增殖了商人底财产,一方面是输入了大批奴隶,增殖了奴隶财产。这样,当时希腊底阶级就很悬殊了。贫者和富者,被掠夺者和掠夺者,被支配者和支配者,奴隶和主人——此种阶级对立和阶级斗争的情形就非常利害了。

希腊当时的社会阶级,大概可分为三种:一是贵族,二是自由民,三是奴隶。而这三阶级中,奴隶实占最大多数。奴隶为当时社会经济底基

础,也为当时社会文明底基础。奴隶底生活非常惨酷,生命也很危险。保守的亚里士多德批评当时社会状况也道:

> 那时政制只作寡头政治的保障,贫民连小孩子都做富贵人家底奴隶;耕种富家底土地,不过仅得收获底六分之一罢了。如果不缴纳上去,不但土地牛羊都被没收,便连小孩子也要拿去做抵押。一切借债,都要拿人身作抵押品。且因绝对地不给贫民参政权,遂渐渐发生生计的危险。贫民什么也没有,连什么也不给他们。

我们从亚氏这一段话中,也可以知道希腊当纪元前六百年时,贫富两阶级底悬隔和冲突非常利害了。并且可以由此知道贵族因为有了政权,更可以利用政权来增殖他底财富;贫民因为没有参政权,便越弄越穷,竟连人底身子都做了抵押品了。当时社会何等不安,阶级斗争何等剧烈,我们不难由此想象而得了。

第二节　梭伦底改良思想

最先对于社会贫富不均的现象发生改良思想及改良运动的是什么人?原来是代表当时掠夺阶级支配阶级的梭伦。

梭伦看见当时社会阶级悬殊太甚,贫民奴隶底生活太悲惨,由负债而为奴隶的人一天增多一天,贫富两阶级底利害一天冲突一天,阶级斗争一天剧烈一天,社会底安宁秩序一天受威胁一天,知非设法改良或弥缝不可。所以他底改良思想以富人为本位,务使"有势力有财产的人"不要"平白无辜地受害"。但是在支配阶级中能有他这样的思想,也是很难得的。

梭伦底根本思想,就是在维持现状之下,使富者不要吃亏,使贫者不要太苦。他底目的就在于维持富人底权力,使富人底权力趋于安稳。因为社会轧轹太甚,秩序不能保持,就是以危及富者社会底生存,于富者是大不利的。

梭伦底社会思想,可以从他底经济改革、宪法改革的事业中看出来。

他最初实行的社会事业,就是纪元前五四九年他做"雅廉"时所定的议案。这议案规定废除因负债而剥夺身体自由的事;并适用于过去,由政府招回因负债而卖给外国的人。又限制利息;改良货币制度,以新货币偿还旧债,使负债者由此得到百分之十二的利益。他此种关于负债的法案,总而言之,不过要略为匡正贫富悬隔的现象,借以防止内乱底发生罢了。他并不是代表贫民底利益,并没有为贫民设法。他只想在现状之下做一点消极的工作。所以他自己说:

我并不是想夺取富者底财物,是想使富者与贫者调和。这是我当然有的权利。

梭伦底宪法改革,就是想使此种关系永久维持而起的。梭伦底余法,是在"不使从来的富者吃亏"的目的之下来行调和政策的。这就是所谓因金力而异其权利的金力政治。他依财产多寡,分人民为四个等级。第一级有被选为执政官的权利,第四级只有选举权并无被选举权。又设下四百人的议会,从第一、第二、第三各级选出议员,第四级民不得参与。他这种办法,他自己还以为是很公平的呢。我们且看他怎样说:

我给人民这种权力,各当他们底本分。既不少给,也不过分的多给。我很注意,恐怕有势力有财产的人平白无辜的受苦。我对于贫者富者一体保护,不想使那一部分误占优胜。

是的呵!好一个"对于贫者富者一体保护"的梭伦!他"恐怕有势力有财产的人平白无辜的受苦",他不怕无势力无财产的人平白无辜的受苦。无势力无财产的第四级民不得参与议会,不得被选为各种行政官,在他看来是当然的,是合于"本分"的。这种肯定财产优越权的政治权分配方法,原来并没有"使那一部分误占优胜"!

总而言之,梭伦是戴着一副伪善的假面具来施行温情主义的。他所代表的是富者底利益,支配者底利益,不是贫者底利益,被支配者底利益。他底社会改良思想及其改良运动,都不过是一种缓和被支配者反抗运动的手段。纵使他表面上说得如何冠冕堂皇,自命如何公道,而实际总是这么一回事。许多绅士阀的学者说他底理想在于建筑"社会的平等",歌扬他那种调剂均平的用意很可钦佩,徒见其取同一立场罢了。

第三节 希朴达冒士等底思想

希朴达冒士,是与苏格拉底同时的人。他看见当时希腊社会秩序混乱,政治纷争、阶级冲突等情形,也起了一种改革的思想。他是建筑技师,颇通几何学,做过披拉斯市区底改正计划,把道路按十字形筑造起来。他把他底数学知识应用到政治上来,想出了一个理想乡。他主张把人民分做三种:一是兵士,二是农民,三是职工;职工之中包括美术家和学者等人。又把财产分做三种:一是寺院底财产,二是政治底财产,三是私有的财产。第一种财产,为对诸神礼拜而用;第二种财产,为扶助兵士而用;第三种财产,供农民使用。他底理想乡规模很小,只由一万市民组成。

又有法利司者,他比希朴达冒士更进一步,主张收一切工业为政府底事业,把所有关于工业的机关都收为政府底共有机关;并且他说一切市民底财产应一律平等。这就是财产均分的主张。这种财产均分的主张,他以为在新殖民地是容易办的,又在人口不多新移住来的地方也是容易实行的,不过在已经开化的国家,就不易实行了。那么在这种地方就怎么办呢?他想出一个简便的方法,就是结婚底利用。他主张结婚之际,富者把女儿嫁给贫者时,必定要拿出自己一部分财产做妆奁送给女儿女婿,而自己娶媳妇时却不受一点财产。反之在贫者方面,只要受人家底财产,不必给人家以财产。他以为这样一来,财产均分就能实行了。其次,法利司又主张全市民底教育均等。他以为人底欲望是有种种的,单把财产均分还不够的,即在教育方面也应一律平等,使大家得受同等的教育。但我们要知道法利司所提倡的平等化,是极不完全的;法利司不过要想均分土地,至于奴隶、家畜、货币及此外家具等物,仍可以依之得富的。大概法利司所计划的,不是一切财产底均分,而只是土地所有权底均分。他又主张所有工匠都应为公有的奴隶,不应形成市民底一部分。我们由以上的主张看来,就可以知道他也不是代表最下层阶级的,他不过是一个自由民阶

级底代表者罢了。

其次,苏菲斯脱一派(哲人派或诡辩派)中,主张无政府主义的人也很不少。有的说自然法之外无法律,人所定的法律无服从的义务。有的语宗教不过是欺骗愚民的器具,有的攻击奴隶制度,有的排斥国粹主义。他们这一些人,比较地要算是代表当时被榨取被支配阶级说话的。他们底思想,要算是根本反对当时权力阶级的革命思想。

苏菲斯脱一派无政府主义的革命思想,自然会引起当时拥护权力阶级的保守的学者底反对。当时最有名的反对者,就是被称为圣人的苏格拉底。他底高足柏拉图底社会主义,就是反对苏菲斯脱一派底无政府主义的。关于柏拉图底思想,我们以后当另章详说。我们此刻要提明的,就是社会主义的思想并不是柏拉图一人所创说的,在柏拉图以前已经有了关于社会主义的著作了。那时已有乌托邦家,托于远处社会组织底记载来描写理想的社会;不过其书名和著者姓名,我们现在无从知道罢了。这种社会主义的书底存在,我们可以从空前的讽刺家亚里司多法尼司所作的戏曲《女国民会》里看得出。这戏曲约作于纪元前三九二年,在柏拉图底共和国出世以前。

总结起来说,希朴达冒司、法利司、苏菲斯脱等人底思想,前二人大约是代表当时中流阶级的,后一派比较地可说是代表最下层阶级的。他们底思想,在实际上都没有成功,都没有成为一种势力,那是因为他们没有经济上的根据,当时经济上的条件不能使他们底思想实现之故。

本章主要参考书如下:
1. 算作元八著《社会主义运动史》
2. 高桥诚一郎著《私有财产制度论之变迁》
3. 高一涵编《欧洲政治思想史》
4. 栗栖赳夫著《经济史概要》

第三章
柏拉图底贵族的社会主义

第一节　柏　氏　略　传

我们在上一章已经说过,柏拉图以前,已经有了社会主义的思想,同时也已有了嘲笑社会主义的著作(如《女国民会》)。可是柏拉图却不以此种嘲笑为意,仍在他底《共和国》里描写他底社会理想——贵族的共产主义。他并不以单单描写了自己底社会理想为满足,而且要想设法实行它。我们看一看他一生底经过,就可以知道他是很努力运动他底社会理想实现的。

关于柏拉图底出生,有几种说法。誉他的,说他是亚坡罗底儿子,造为荒唐无稽之谈;谤他的,说他不是雅典人,生于艾忌拿,不过在雅典成长。可是说他不是雅典人,那是不对的,这个我们只要看他自己外面所说的话就可以明白:

> 我有四件事感谢上帝。第一,我生做"人",不是动物。第二,我生做"男子",不是女子。第三,我生做"希腊人",不是野蛮人。第四,我在苏格拉底时代生于雅典。

据近来研究柏拉图的结果,他是生于纪元前四二八年至四二七年之间的。他父亲亚里士顿、母亲配利克训,都是贵族。他底本名即借用祖父底名,叫做亚里士多克雷士。后来不知道什么缘故,附上"柏拉图"一名,竟成了通称的名字。"柏拉图"一词,原是"广大"的意思,有种种的说明,

大概是根于他底优美的容貌和强健的身体罢。

他受了充分的贵族教育,智育、体育、情育都曾训练过。他最初从其亲戚克拉底洛士学习海来克里特底哲学,得训练他底头脑。二十岁,就进苏格拉底之门,开始受哲学者的教育。八年间,一直到苏格拉底死时为止,都受苏氏底指导,师弟间关系非常亲密。苏格拉底底弟子虽多,然真能了解苏氏底真意的却是很少。柏拉图可说是其中最出色的一个。

他在苏格拉底死后,就计划修学旅行。这就是学修的时代终了,进入修业的时代,自己去探讨各派的哲学,实地去研究它了。他从美加纳到克林、埃及、南部意大利、西西里,到处同当地哲学者、政治家谈论,探究各种事情。他在埃及很用心实地学习,注意它与希腊不同的东西。因为他自己是贵族,所以他不欢喜研究贫民的事。他所观察的只限于僧侣;他看见埃及阶级制度底严肃,就起了改良希腊阶级制度使归严肃的志愿。他到意大利时,社会主义的信念更坚固了。他在意大利,用心研究了皮塔哥拉斯派底学说。皮塔哥拉斯派人们,做出一种共产的组合,虽被政府虐待,也仍努力养成适合未来社会主义社会的人物。社会上一般人对他们也很不好,然柏拉图却仍向他们学习其学说。他最后跑到西拉克沙,当时是西拉克沙最隆盛的时代。原来西拉克沙市民是很爱新奇的,他们底历史中,有时实行极端民主主义,有时实行贵族主义,有时发生"僭主",有时起了革命。其实此种现象我们若作进一步的研究,就可知道都不过是阶级斗争剧烈的表现罢了。因此表面上看去就觉得人民轻□,比其他希腊人更希望政治上及社会上□□化。所以柏拉图终生相信西拉克沙是实现他底理想的一个最适当的地点,确是有缘故的。最初柏拉图看见西拉克沙人不修品行,也觉得不高兴。可是他后来遇见西拉克沙底僭主地昂尼奥士底妻弟地翁,这观念就改变了。当时地翁年纪还轻,正在将要陷入不品行之时,恰好知道了柏拉图。这天赋高尚性格的地翁,一知道了柏拉图,就深信他底说话,谨敬受他底教。两人意气相投,从此地翁痛恶平民底跋扈,渐发社会改良之念,同柏拉图一处研究社会改良之道。柏拉图关于社会主义的研究,也多少因此进了点步。但是柏拉图究竟因为(一)与皮塔哥拉斯派人来往(皮塔哥拉斯派是被当时人嫉恨认为政府底革命者的),(二)说自己所要说的话不去讨好僭主,(三)渐次使地翁受其感化；以致伤了地昂尼奥士底感情，招地昂尼奥士之疑忌，结果就不得不逃去西拉克沙仓皇返归雅典了。从此以后，他底门生教育时代就开始了。

他在雅典附近阿卞德冒司神底境内，买一块有森林的土地，建造一所房子，开设大学院，承继苏格拉底底遗志来施行教育。但是他是一个贵族出身的人，很富贵族的习气，不像苏格拉底那样，亲身跑入市井街巷，不问贤愚，一概施教；他是专收所谓良家有望的青年、学者、妇女，在自己家里教育的。他底教授法，大半是用问答式的。他底那些门弟子，以养成他底理想社会里的人物为目的。柏拉图离师之时是念八岁，旅行了十二年，所以当他开设大学院时，约四十岁光景。

他一面从事教育，一面从事著述。《共和国》就是他这时著述之一。雅典以外的人，由读他底著作而受他底感化，或由通信教育的人也很不少。他此时对西拉克沙底地翁仍行通信教育。

纪元前三六八年，地昂尼奥士一世死亡，其后继者是前妻之子，是地昂尼奥士一世生前决定的。地翁原属望于自己姊姊底儿子希派里诺司，因之就大失所望了。可是当时人民却没有什么反对，所以地翁也就无可奈何，只得向地昂尼奥士二世请求，恳他听自己底说话，去请柏拉图来帮助，以改良社会组织。地昂尼奥士二世听之，于是他就写信给柏拉图求他到西拉克沙来：

> 地昂尼奥士，年纪虽轻，教育也放任，然性质颇善良，望你不弃，加以教化。

柏拉图坚信西拉克沙是他底理想国底实现地，所以又很高兴地重到西拉克沙来了。

可是地昂尼奥士二世向来娇养成同小孩子一样，其周围多是巧言令色之辈，专以献媚取悦为事。他底性质固非没有高尚的分子，然柏拉图所认为最必要的"献身的精神"和"克己的精神"却是没有的。地昂尼奥士只不过欢喜天下有名的大哲学者为师，可是由此满自己底自负心，可以拿它来骄人，并且以为这是新奇的事，所以才大大地去欢迎他，以最华美的

巨船去迎接柏拉图,柏拉图一上陆来就被抬到用四匹白马拉引的上等马车上,比做亚破罗。并且有人说,地昴尼奥士二世自己亲做柏拉图底御者。总而言之,当时哲学热潮是蔓了满朝廷的。柏拉图说,几何学是哲学底准备,所以当时几何学就大大流行,许多人在沙上画几何画,以致宫殿里也充满了沙尘。一时宫中放逸的酒宴即因之绝迹,地昴尼奥士也颇认真做事,充满了以正义为政的决心。

柏拉图先从地翁处听得,地昴尼奥士年轻□逸,只是素质还高尚;所以本想先教他以有□君主制,然后使他适合于自己底理想。后因欢喜于地昴尼奥士底意外神妙,所以就教他以真正哲理,想用哲理来磨练其品性。谁知地昴尼奥士并非真心向学,只不过被少年好奇心驱动着罢了。意志薄弱的少年,自然不久就为谗谀之辈所动,以哲学为讨厌的东西,不耐烦过什么高洁的生活了。地昴尼奥士并且深信才言,一听到地翁媾通迦太奇人要灭亡自己,就想以诡计逮捕地翁,把他放逐到意大利去。这是柏拉图到后四个月的事。地翁知道这消息,就先自逃到拍洛扑内索去避难。市民闻知,大起公愤,争送金钱和奴隶给地翁。于是地昴尼奥士就只得对大众宣称,地翁并非被放逐的,只不过许他安易旅行罢了。

地翁一被斥逐,地昴尼奥士底近臣,就因柏拉图是西拉克沙底旧敌雅典人而厌恶他,说柏拉图是诡辩家而嘲笑他,弄得柏拉图一人举目无亲,如孤立于敌阵中一样,所以他很想回国。但是地昴尼奥士又深怕柏拉图回归雅典去帮助地翁,鼓动雅典人,联合来攻击西拉克沙。所以他就假意卑词厚礼以媚柏拉图,伪称尊敬柏拉图,给他华美的房子,使他居在宫中,又供以丰盛的飨宴;但实际柏拉图却完全是一个捕虏,不过是高等的捕虏罢了。地昴尼奥士又严命门房和船员,防备柏拉图底逃走。不过地昴尼奥士亦不是完全不信任柏拉图,他虽然放纵自恣,而仍以得天下第一大哲学者柏拉图为友是荣耀的事。不过他不愿意柏拉图做别人底朋友,只想柏拉图做他一人之友,他才可以骄人,才可以自夸。所以他妒嫉柏拉图与地翁来往亲密,常因此对柏拉图发怨,有时且怒而相争;但有时又忽然和好,变成唯一无二的柏拉图崇拜者。此种儿戏的态度,常使柏拉图感觉非常的不快。幸而此时发生战争,地昴尼奥士惧柏拉图媾通地翁起事,所以就许柏拉图回归雅典。他与柏拉图相约:到平和时,就同地翁一起召回;请不要在雅典做反对的举动。柏拉图以后坚守此约。

先时,地翁到了柏洛扑内索,因地昂尼奥士有充分的供给送来,所以过了很舒服的生活。因他底品性良善,斯巴达特赠他以市民权。然地翁不久就到雅典去,在柏拉图底大学院里受教。柏拉图虽然二次不得志于西拉克沙,然而他对于西拉克沙仍不绝望,所以于纪元前三六一年,他六十八岁时,就第三次再到西拉克沙去了。他这一次到西拉克沙去,好像是由于他对地翁的交情。这是因为地昂尼奥士此时已收押地翁底财产,完全断绝供给之故。柏拉图这回到时,也与前次一样,受了盛大的欢迎,哲学又在宫中流行起来。当时希腊妇女底地位是极其卑贱的,教育也是极其低劣的,然而妇女中也有人学柏拉图底哲学。人民也希望由此得缓和暴君底专制;然此时地昂尼奥士底品性,已一天恶化一天,比前更欺骗柏拉图了。柏拉图曾为地翁事向地昂尼奥士请愿,谁知地昂尼奥士不但不听他底话,反而疑心他们二人之间有一种特别的关系。柏拉图要想回国,也被扣留住,当做地翁底抵押。不但如此,他并且出卖地翁底财产,要地翁与其妻亚丽底离婚,另娶底冒克拉底为妻。因此,地翁和地昂尼奥士底交情就完全断绝。柏拉图因此也大愤慨,同时地昂尼奥士也怒柏拉图不肯谄媚自己,且因他同民主党人交通,疑心他们间底关系;所以就把他幽禁于城中一室,投置守卫兵来看守他。

后来柏拉图秘密送信给泰雷邱底有力者阿尔基达及其他二三朋友报告他底境遇;靠这些人底尽力,泰雷邱市就派遣使者拉密斯科等人到西拉克沙请求引渡柏拉图。于是地昂尼奥士就起了恐慌,并且忧虑拘禁柏拉图更足以增高民主党人底气势,所以就立刻给他旅费放他回国了。这样,柏拉图就经过泰雷邱市,于纪元前三六〇年回到大学院自己讲学之所了。柏拉图以后即在大学院度其晚年,于纪元前三四八年至三四七年间逝世,享年八十高龄。他同康德一样,终身不娶妻,所以没有儿子。弟子中,出有著名的亚里士多德。

由以上的小传,我们可以知道柏拉图是努力运动实现他底理想的了。然则他底理想社会究竟是怎样的呢?这一层我们将由下一节去叙述它。

第二节　柏氏底理想社会

一　国家观

柏拉图关于理想社会的思想,见于他底《共和国》中。他是彻头彻尾主张国家万能主义的人,他把他底理想社会底基础置在国家上面。他相信国家底发生,是由于人类互相要满足其经济上的欲求。换句话说,他以为国家是适应人类经济上的需要而发生的。他以为人类要维持自己底生活,必须得别人底帮助。人类为自己底利益,造出永久的协同的组合——国家,互相帮助以维持其生存。我们且看他在《共和国》中述苏格拉底底话道:

> 据我看来,国家是由人类底必要而起的。无论什么人,都不能实行自给自足的生活,因为我们每人都有许多欲望的缘故。……我们每人既有许多欲望,则我们为满足这些欲望起见,就要多数人帮助;所以我们为这个目的要这个人帮助,为那个目的要那个人帮助。这些互相帮助的同伴聚合在一块的时候,我们就叫这同住者团体为国家。……于是他们就以交换为他们底相互利益,彼此互相交换,实行一授一受了。

总之,柏拉图认"必要"为发明之母。他认国家也是由"必要"而生的。然则柏氏所认为人类底"必要"是什么呢? 他以为第一种的(最重要的)必要就是谷食,其次是居所,再其次是衣服。这衣食住三种必要,就是构成社会的根本。所以他以为社会进步底主要原因,是在于"职业"底发达,特别是铁底使用。不问农业或工业,因着生活的必要而必促进分工底进行。分工底结果,每人都产出自己所需要以上的东西,这就是实行为交换的生产。这为交换的生产,即是商品生产;跟着这商品底生产,就发生商品底交换——商业。于是金钱(货币)就成了交换底表章,交换价值底符号。这些东西,柏氏都认它是必要品。然而进步并不限于此,除了物质的必要以外，还须加以"美的观念"的必要。在别一方面，因国家底进步而起了战争，于是又发生新的分工，出现所谓"武士"的阶级；更产生所谓"政治家"的阶级。这两个阶级，与上述生产阶级（即从事于农工商的劳动阶级）有明确的区别。

柏拉图认为这种由分工而生的阶级是必要的，所以他底理想社会有严格的阶级区别。这就是说他底新社会里有劳动者、武士、政治家兼哲学者三种阶级。劳动者是生产阶级，武士是护国阶级，政治家兼哲学者是统治阶级。他这种阶级的区分，就是把生产上的分工原理应用到政治上的表现。他以为在生产上，因各人底本性不同，有的长于农事，有的长于建筑，有的长于织布做鞋，有的又长于牧畜或做各种用具，决不能一人兼有各种之长；我们应用他所长而舍其所短，使各人都能充分发挥他所擅长的本事。换句话说，在生产上，应置适才于适所。现在我们且看柏氏在《共和国》中怎样说法：

> 我们不是生来就是彼此一样的，本性各有不同，有的长于做这件事，有的长于做那件事。……如果一个人做事，不能适当其时，必使事业失败。……倘若这个人在适当的时间，做他性情相近的事业，把别的事让给别人去做，那么做出的量数必更多，方法必更容易，品质也必更优良。

他把这种分工的原理应用到政治上来，就以为某一种人适于做治国的事，应该做统治者；某一种人适于做防御和打仗的事，应该做护国者；某一种人适于做生产的事，应该做劳动者。他以为这样一来，在生产上固然各得其所，在政治上也一样地各得其所了。

但是我们现在还要问，柏氏所认为人类本性底不同究竟是怎样的呢？据柏氏说，上帝制造人类的时候，原不是一样制造的，有的是于其身体内混入金质造成的，有的是于其身体内混入银质造成的，有的是于其身体内混入铜铁质造成的。因之人类底本性也可分做三种：（一）叫做理性，（二）叫做意志，（三）叫做肉欲。社会即因此种人类性质底不同，分为三个阶级：第一阶级，就是含金质的人，富于理性的人，由智慧的哲

学家组成，以治国为专务，有完全指挥支配权，所发的命令，便是法律，叫做统治阶级；第二阶级，就是含银质的人，富于意志的人，由勇敢的武士组成，以保护国家、维持秩序为专职，扶助第一阶级执行第一阶级所发布命令，叫做护国阶级；第三阶级，就是含铜铁质的人，富于肉欲的人，由愚怯的劳动者组成，专做农工商各业，以服从第一及第二两阶级底命令为义务，生产物质来维持国家底生活为职务，叫做生产阶级。一国之内，会治国的治国，会护国的护国，会生产的生产，因才定分，循分做事，这便是柏拉图底所谓大分工的理想国家。

柏氏这种理想国家，还有一种严格的道德以规律个人。柏氏所说的道德共有四种：一是"智慧"，二是"勇敢"，三是"节制"，四是"正义"。智慧是富理性的统治者底道德，勇敢是富意志的武士底道德，节制是富肉欲的劳动者底道德，正义是国家底道德。智慧、勇敢、节制三种道德底调和发达，就是"正义"。正义底使命，即在引导各种本性，使它各尽各底职务。而国家底使命，也即在于发挥正义，使各阶级底人都能守各自应守的道德。每人都应实行道德的生活，而其道德的生活，只有由国家底统率支配才能完成。国家就是使人类实行道德生活的机关。

然则此种国家怎样造成呢？我们且听柏拉图自己怎样说道：

> 诸君以为这是空想吗？固然，今天要立刻使它实现，是一桩困难的事。这是因为用今日的政治都不能使它实现之故。……今日的政体，共有四种：第一是武力政治，即斯巴达和克利脱现行的政体，名誉尚好；第二是寡头政治，名誉很不好；第三是民主政治，比第二种更坏；第四是专制政治，是极恶劣的政治。那么理想的政体应该是怎样呢？那就是哲人政治。人类底精神，有理性、意志、肉欲三者。国家也然，统治家为理性，武士为意志，劳动者为肉欲。所谓哲人者，是理性发达能够充分统御意志和肉欲的人。所以理想的王者，非哲人不可。我们若把国家底政体与个人底性质相比，则第一种政体是野心家，第二种政体是贪欲者，第三种政体是放纵者，第四种政体是横暴人，第五种政体是明哲人。……可是今日的社会，如无第五种人一样，也无第五种国家。

由此看来，可知柏拉图对于当时的政体是没有一种满意的。他以为要达他底理想社会，必须实行哲人政治；要实行哲人政治，必须先造成哲人。所以他对于那放纵自恣的地昂尼奥士也抱了无限的希望，要想就其地位教育成哲人的帝王；对于门徒施行养成哲人的教育，以备实现他底理想社会之用。总之柏氏以为只有明哲人做了帝王，或是帝王成了明哲人，他底理想社会才能实现。他所说的明哲人底权限极大，不但指导特殊的整体，凡全国事业都由他指导。因为他超群出众，大智大慧，所以不用法律去拘束他，他底命令便是法律。简单说一句，柏氏底理想国家，便是专尚人治的君主独裁或贵族专政的国家。

二 教育论

柏拉图底理想国家，分做三个阶级，以治国和护国两阶级为支配阶级，以生产者为被支配阶级，我们上面已经说过了。当时的生产者为奴隶，柏氏完全承认这奴隶制度。他对于这占人口之大多数的奴隶，并不注意。他所说的社会主义，只限于第一、第二两个阶级，并没有把第三阶级的奴隶也算在内。他不但没有把第三阶级的奴隶算在内，并且他底社会主义底基础就建筑在这奴隶生产上面。他知道生产阶级底重要，如果没有生产阶级担任各种生产事业，则治国、护国两阶级人底生活尚不能维持，遑论研究什么哲理和享受什么道德的生活。但他以为生产是贱役，不是高尚有智识的人所宜做的，所以只有委给奴隶去行。奴隶只知寻求满足肉欲，既无智识，又不勇敢，所以只配做生产事业。他底理想国家，因为有这些奴隶做第一、第二两阶级人底生产机器，所以第一、第二两阶级人才不会发生衣食之累，才可以专心一意地做那治国、护国的大事业，享受他们底"道德的生活"的滋味。因此我们可以说这第一、第二两阶级的人是一种精神的贵族，柏拉图底社会主义叫做贵族的社会主义。

他所说的被支配阶级（生产阶级）和支配阶级（护国、治国两阶级）底阶级区别虽甚严格，而治国、护国两阶级底区别却不甚严格。生产阶级虽极难升入武士阶级（护国阶级），而武士阶级却不难升入政治家阶级（治国阶级），只要教育达到所要的程度。武士阶级是政治家阶级底预备，只有武士阶级才能进入政治家阶级。进入政治家阶级，须依教育底程度来

决定,并有年龄的限制。国家负教育的责任,国家掌管全部的教育。政治家阶级,担任武士阶级底教育,使他们具备武士阶级所必要的资格,同时又须尽力教育他们使他们具备自己阶级候补者承继者的资格。武士阶级底资格,必定要对于同伴非常亲爱、对于敌人勇猛攻击。他们必定要身体强健而且做事明敏勇敢。他们必须义务心强盛,并须具哲学的资格——渴仰智识的精神。换句话说,斯巴达贵族底本质中加上高尚的学问,就可以做武士了。所以他认为具此种特质的儿童,就须施以特别的教育。

教育和社会主义,常有密切的关系。柏氏所主张的教育,与从前的教育不同。他也可说是一个教育革新家。他以为从前那种教育方法,专教少年暗诵荷马等人底名诗是不对的。为什么呢? 因为现于此等诗中的神,都是些有人类那样情欲的不完全的神。他以为神是极其高尚、万能并且调和的,即兼备真、善、美三者的。所以对于那可进武士阶级的小儿,必须使他知道世上有这样高尚的神,使他从心坎里发生敬虔的心,使他底求善避恶之念一天深似一天。又使他不要听见关于幽冥界的话,免得他起了怕死之念。而国家对于从来的书籍和将出的书籍,都须细心检阅修改,务使它适合于新社会主义的社会。少年底劣情、欲心、傲慢心,也须努力设法免除,使它不要发生。所以不论戏剧、诗歌、小说,举凡一切可以发生此等念头的东西,须一律严厉制止;违犯者即加以严厉的处罚。又不论少年或成年,都不许说谎话;只有政治家阶级,为了国家底目的,才可以说谎话和做虚伪的行动。

柏氏所主张的重要教育手段有二:一是体操(体育),一是音乐(智育)。他所说的体操,不是现今学校里所教的体操和武艺,包含关于生活上的一切事项。音乐也不限于唱歌管弦之类,神话、诗、小说等也包含在内。此外也教数学和辩论术。由此可使少年底身体、才能、道德,得着"调和"地发达。"调和"是柏拉图底得意文章。衣食住须以质朴为主,应常营加与在战场上一样的生活,如当时斯巴达所已行的办法。他对于女子教育,也颇知注重,并且不承认男女间有极大的差异。他主张女子也应同男子一样地裸体行体操。他以为与其用衣服遮羞,不如用德义遮羞。他主张女子也应从事战争和其他国家所命之事,不过身体柔弱的,可做比较轻易的事。我们且看一看他自己底话:

妇女也应与男子一样，以体操和音乐为每天的课程。妇女也须裸体实行体操。这事如以今日的思想来想象，自然觉得滑稽荒唐，但真理是不宜抹杀的，抹杀真理是一桩大罪。我们要从根本上改革国制，建设理想的国家，决不愿回避真理。世上一般人都以为男子和妇女本性上有极大差异；但据我看来，男女底相异，除了有无孕儿一事外，实无何等特别的相异。妇女中也有勇健的妇女，男子中也有惰弱的男子。

由这一段话看来，柏拉图也可说是一种相对的男女平等论者了。凡受过上述那种教育的男女，成绩优良的就升入武士阶级。从这武士阶级中，精选一部分人出来升入政治家阶级。但这中间须经过很复杂的试验，试验也不止一次，时间也没有一定。第一要试验的，是他底行动是否完全合于国家底利益和他促进国家利益的程度。第二要试验的，是处在困难和危险的境遇，是否能保持沉静的态度和采取临机应变的处置及那沉静和临机应变的程度。他自己是一个哲学家，所以他总相信最有"哲学的才能"的人在这试验上就最容易及格。但即使这些试验都及格了，若年龄不达五十岁以上，也不能升入政治家阶级。政治家阶级底男女们除了须具武士阶级德义以外，还须有更高尚的才能。这政治家阶级对于社会有绝对的独裁权，干涉个人底一切行为。他们相互间也常划定一个时期，彼此交代任务。他们非执行政务时，就专心研究哲学。

总而言之，柏拉图底理想国，是很注重教育的（但不管被支配阶级底教育），他相信教育底势力很大，可以用教育的方法改变人类底本性及增加人类底能力。他把国家当做教育的机关，以哲学家做统治者来教育治国、护国两阶级。他一方面是国家万能主义者，他方面是教育万能主义者。他底国家万能和教育万能的主张，都建筑于奴隶底苦痛和牺牲之上。

三 共产和共妻

柏拉图底共产共妻的主张，是很有名的；我们中国自从"社会主义"一名词输入以后，"共产""共妻"种种声浪就闹得不可开交，反对社会主

义的人就动辄责骂社会主义者主张共产共妻。其实现代的社会主义者，主张共产虽确是事实，而主张共妻则绝无其事。共妻的主张，不出于现代的暴徒乱党，反出于所谓世界大哲的柏拉图先生，这倒是一桩有趣味的事。我们不学老顽固的态度，事情尚未弄明白就大惊小怪起来；我们且用我们冷静的头脑来观察柏拉图底共妻的主张究竟怎样。

柏氏看见当时希腊阶级纷争社会不安的状态，所以说"国家底大弊是国民底不和及分裂"。他以为"今日的国家，虽名为一国，实际却是二国。即一个国家当中，分做富者和贫者两个阶级，各自成为一国"。他对于此种现象认为不满，以为此种国家不是理想的国家。他很慨叹"盗贼尚能团结一致，而国民却裂而为二，互相斗争"。所以他想改造国家，"使个人与国家完全同其休戚"。他以为国家底目的，应是国家全体底利益。他为实现此种国家起见，主张造成适合此种国家的治国和护国的阶级。他注重教育治国和护国两阶级的人，就是要想把他们教育成完全为国家底目的而牺牲的人。他主张治国和护国两阶级，应该极力节制其肉欲，发挥各自独特的道德，过那高尚的为公服务的生活。他以为支配人们一身的东西，没有再比私有财产的欲望和家族的关系这两者还更有势力的了。无论怎样贤明的人，都有被它诱惑而行不正当的事。所以他主张共有财产，并且要完全破坏家族的关系，将妻子都变为共有。他以为这样一来，国民底不和就可以消灭了。我们且看他怎样说道：

> 国民底不和及分裂，其主要原因就是私有财产和妻子。拿国家与个人相比，个人即使一个指头受伤，全身都会感着苦痛。如果国家全体底利害与国民各自底利害完全一致，则各人就不会互相斗争，只会感着同苦同乐了。如果把妻子作为共有，禁止财产私有，则那为国家颓乱之主因的"国民底不知及分裂"，就能从根本上统一起来了。只要实行这个方法，只要国民各个忠实励行自己底职务，不留恋于无用之富，不营营于衣食之事，没有什么烦闷和苦痛，——这样，才能享受真正幸福的生活。

要对武士施行理想的教育，须有一种方法，使他没有无用的财产，而又不为衣食所困。不然，就不能使武士专心于其职业，发生与国家同生共死的觉悟。我们若问使人类堕落的最大原因是什么？那就是富贵和贫乏。过于富的人，就要怠于做事；过于贫的人，也不能成事。然则要使武士不为富贵者，也不为贫乏者，究竟该怎样呢？我想必须改革国制，使武士无论关于财产和妻子，都归共有。

财产共有，家族共同，可以造就出来真正护国的人；不致把一件东西认为你底我底；致国家分裂；不致因为各有各底妻子，遂惹起各人自身底苦乐；如果他们有同一的苦乐，便可以引导他们趋到一个共同的目的上去。

由此看来，柏拉图之所以主张共产共妻，完全是因为要免除社会底分裂，使武士阶级不致为肉欲之累，得专心致志于其职务，以助他底理想国家之实现。我们现在再详细点说一说他底共产共妻底实际办法。

一切仓库，一切住家，都归共有，谁也可以随意进出；那为国家担任战争职业的质素勇敢的武士，都可以进去"各取所需"，没有限制。但是谁也不能拿它来贮为私有，实际也无自己拿来贮蓄之必要。无论何人，都没有比别人还更忍受饥饿的必要。无论用什么方法，都不能私有金钱。金银的装饰品和金银的器物，也不能有。一切人底生活，都以朴素为主。

家族的生活，完全被破坏，一切妇女都归男子们共有，不许各别同住一家。因之儿童也归共有，特别的亲子关系也就消灭。但女子虽行共有，而恋爱和结婚却不能自由，不论男子或女子，都须严格地遵守秩序和礼节。他们底结婚原则，就是最优等的男子同最优等的女子配合，务使他们底交接度数尽量加多；最劣等的男子同最劣等的女子配合，务使他们底交接度数尽量减少。由前者优等的男女产生的儿童，就把他养育起来；由后者劣等的父母产生的小孩，就把他杀而弃之。这样，就成了一种优生学的结婚论了。

然则此种"优生学"的结婚方法应该怎样实行呢？柏拉图以为这个原则只有政治家认识，不使别的人知道。每过多少时候开一次大宴会，在那一天祭祀唱歌，诗人作结婚之诗来庆祝结婚。举行结婚式的度数完全

由政治家决定。人口过多生活就要发生困难；人口过少国家就要发生危险，所以有调节人口底必要。此外又有因战争、疾病等原因而使人口发生增减之必要。政治家就应此种必要而增减结婚祭底度数。男女配合实际究竟怎样，我们且听柏拉图自己说道：

> 我们用很狡猾的手段，开一筒大签，叫大家自己去抽，务使劣恶的人抽着空签，不能结婚，只得怪自己底命运而不埋怨政府。在这一点，我们支配者，实在须为被治者全体底利益而实行一切的欺瞒手段。战争或其他事业上有功劳的青年，能参与其他的赏与，是不待言的了，即关于获得女子一事，也应给他以比别人更多的自由。这是一种欺诈术。它底目的，也在于要想使此等人多生些小孩子。

这种办法，恰如饲养家畜的办法。他自己也比于猎犬和鸡。统治者所以实行此种虚伪的事，完全是为国家全体底利益。

这样生出来的小孩子，就送入公共养育所去养育。母亲于一定的时间到公共养育所去行哺乳，但哺乳并不限于自己所生的小孩子，因为公共养育所已把许多小孩子混在一块，使他认不出谁是自己生的小孩子了。一切强健母亲生的小孩子，都是这样养育者；但是劣等人和残废者所生的小孩子，却就偷偷儿放在谁也不知道的处所，或竟把他弄死了。

关于男女遂行夫妇关系底时期，也有一定的限制。他定妇女从二十岁到四十岁，男子从二十五岁到五十五岁，为遂行夫妇关系的时期。在这期间，不得统治者底许可，自行结合的男女，认为野合的夫妇。这野合夫妇生出来的儿子，以私生儿看待，不属于国家养育。若过了法定期还有情欲的男女，也可自由与他所希望的人配合，但不能作为正式的夫妇关系。

他们底男女关系，还有一种限制，就是男子不能与母亲、女儿、孙女配合，女子不能与父亲、儿子、孙子配合。于是这里就有一个问题，既没有家族的关系，则亲子等关系怎样知道呢？这就是从那个人结婚的日子算起，凡在结婚后第七个月至第十个月所生的小孩子，都叫做自己底儿子。同样，小儿们对于离自己出生十个月至七个月前结婚的一切男女，都叫他为父母。每一个儿童都有许多父母，每一个父或母都有许多儿子。儿子当做公共的儿子，父母也当做公共的父母。

这样，社会既无私有财产，也无家族关系，大家都可以快快活活地过太平日子了。武士和政治家，就不致为私有财产和家族关系所诱，得专心致志地为国家服务了。无论什么事情，都可以大家同喜同悲，不致像从前那样为一方所喜一方所悲了。

第三节　柏氏思想底特色及其批评

柏拉图底社会思想，我们在上一节中已大略叙述过了；现在请再进而说明其思想底特色并加以公正的批评。

柏拉图底社会思想，第一个特色就是承认阶级制度，把他底共产主义建筑在奴隶制度上面。柏拉图自己是一个贵族，所以他底理想国家完全以贵族阶级（治国、护国两阶级）为本位，专替贵族阶级打算，绝不以占人民之大部分的奴隶为念。他之所谓"财产共有""妇女共有""儿童共有""教育共有""战争及和平事业的共有"，都只适用于极少数的支配阶级（贵族阶级）；至于大多数被支配阶级底利益和苦痛，实际上他是置之不理。这一层，恰与近世社会主义底主张根本相反。近世社会主义，完全代表被支配阶级底利益，反抗支配阶级底压迫，否认阶级制度。

柏拉图之所以承认奴隶制度，有两个重大的原因：（一）当时希腊从事生产事业的是奴隶，奴隶生产为当时的经济基础，废除奴隶在当时经济上为不可能，所以柏拉图自然受其影响而承认奴隶制度，并将其共产主义建筑在奴隶底牺牲之上；（二）柏拉图自己是一个贵族，有意无意地表现出贵族"厌恶劳动""身份自高"的心理，代表贵族阶级说话，把贵族阶级底利益放在奴隶底牺牲之上。简单地说，他底社会思想即是当时社会环境底产物。他底尊崇贵族，鄙视奴隶，完全是他那阶级的偏见底表现。

柏拉图社会思想底第二个特色，就是他从伦理的见地来主张共产主义。他认定财产和妻子底私有是诱惑人类做不正当事的最大的原因。他以为人类若有财产和妻子的诱惑，就不能遂行高尚的道德生活。人类底目的，即在于国家中实行一种高尚的道德生活。要行高尚的道德生活，必须避免财产和妻子的诱惑。要避免财产和妻子的诱惑，必须打破"你

底""我底"种种界限,把财产和妻子完全作为共有。财产和妻子既归共有,则支配阶级(政治家、武士)就不致为它所累,得专心一意为国服务,遂行其道德的生活了。简括地说,他为要使支配阶级遂行高尚的道德生活,故来主张共产主义。

他这一种主张,好像非常高尚,其实也是自私自利的。他因为自己是一个哲学家,以为过精神的生活是很愉快的,就要想拿它做一般支配阶级底法则,使一切贵族都过他那样愉快的精神的生活。他所主张的这种高尚的精神的生活,完全建筑于奴隶底卑劣的物质的生活上面。他以为只有他们那些支配阶级才配过那高尚的精神的生活,至于被支配阶级是谈也不配谈起的。他这种主张,虽非一般贵族所愿行,然确是贵族阶级的思想。

这一点,也完全与近世社会主义底要求不同。近世社会主义,要求经济上的满足以达到人类求幸福的目的;柏拉图底共产主义,要求摆除经济上的牵累以达到少数支配阶级实现"道德的生活"的目的。一个经济上的满足是靠自力成就的;一个经济上的牵累是靠他力摆除的(即是靠别人的豢养的)。

柏拉图社会思想底第三个特色,就是把他底产业界的分工论应用到政治上来。他认识分工底重要,极力提倡产业界底分工,确然不能不说是他底卓见。但他把此种分工原理应用到政治上来,把社会分成三个阶级,却不免陷于大大的错误。政治上的分工,自然也应该有,但不能因此便分做阶级,使各阶级地位悬殊。而柏拉图之所以把此种分工原理应用到政治上来,还是囿于当时社会底环境和他个人阶级的偏见,他这一种主张,与近世资本主义学者把生物界底生存竞争学说原样应用到人类社会里来一样。

柏拉图社会思想底第四个特色,就是注重教育,将教育当做国家第一件大事。他底理想国家,既以实行道德的生活为目的;而何谓道德,只有智识丰富的人才能知道,而智识丰富的人,又是教育底结果;所以他底理想国家非常注重教育,认教育为实行"道德的生活"的唯一手段。他底理想国中底治国、护国两阶段,完全以教育做标准教育出来的。他相信教育可以改变人类底本性及增进人类底能力。但这里就伏着一个矛盾了。什么矛盾呢？就是他本来是主张人类底本性是不同的，社会即因人类本性底不同分做三个阶级：一是代表理性的哲学家，二是代表意志的武士，三是代表肉欲的劳动者。这三个阶级，都是各代表人类本性之一的残废者。而这些残废者底阶级区别既以人类本性来决定，那么如何可以用教育来改变？这显然是一个大矛盾。他也似乎感着这个矛盾，所以他两方面都不能彻底地主张。

柏拉图社会思想底第五个特色，就是主张男女平等而仍视女子为一种财产。他一面高唱男女能力平等，权利义务平等，他面又承认女子是一种财产，主张归国家共有。这显然是一种矛盾。但他所以有这种矛盾，也是有原因的。他能认识男女能力无甚差异，男女权利应该平等，确是他底卓识；但他是当时希腊社会的人，自然不能脱离当时社会实际情形的影响。当时希腊社会，是贱视女子，与奴隶、财产同视，绝不承认女子自己有所谓"人格"的，所以柏拉图也直接受其影响，表现于其理想国中，主张女子国有，与财产同视。在柏拉图底眼光中，女子一方面固有与男子相等的能力，他方面却是一副交接机器、生殖机器、育儿机器。女子在为交接机器、生殖机器、育儿机器时，是应归男子所共有的。此种思想，在现在看来固然是不对了，但在当时是必然要产生的。

上面我们已经把柏拉图社会思想底几个重要的特色说过了；此外如他主张"社会"（他所说的国家起原，实在就是社会起原，他没有把国家与社会分别）由经济上的需要而发生，社会进步由于职业底发达等等思想，都颇有足取，与马克思底唯物史观有点相似。但他总是一个精神主义者，并且当时物质的条件也不足以使他明白社会进化底真因，所以终于做一部《共和国》说了许多空中楼阁的话了事。

总结起来说：柏拉图底贵族的社会主义，是代表贵族底利益鉴于当时希腊社会平民跋扈、奴隶反叛的事实而生的一种改良社会的方案。他只为支配阶级谋利益，以彼支配阶级底利益供其牺牲。他之所谓共产，只是支配阶级底消费的共产，与被支配阶级无关。他所要造成的社会，就是贵族专权的社会。他确是一个大学者，但是一个贵族的学者。他底社会主义之所以不能实现，一是没有经济上的基础，二是违反多数贵族实际的要求。

本章主要参考书如下：

1. 箕作元八著《社会主义运动史》
2. 井箆节三著《乌托邦丛谈》
3. 高一涵著《欧洲政治思想史》
4. 浮列德著《政治哲学导言》
5. 赫内著《经济思想史》
6. 高桥诚一郎著《私有财产制度论之变迁》
7. 柏拉图著《共和国》
8. 北泽新次郎著《经济学史概论》

第四章
亚利士多德底社会思想

第一节 亚氏略传

　　亚里士多德生于希腊属地查西底斯底司台捷拉地方，时在纪元前三八四年。他底父亲李康墨克是马基顿王斐立布底官医。这便是亚氏幼年所以研究自然科学和后来到马基顿去的原因。亚氏幼年曾研究解剖学和生物学，得了许多解析的实验知识，所以他后来研究学问多用分析的方法。亚氏十八岁时，即到雅典进柏拉图底大学院。他同时并研究爱苏克拉底底文学和方法，他底修辞学、诗学、名学，便是爱氏底影响。但他受柏氏底感化最大，结果竟使他抛弃言语学来研究人类底政治伦理。柏氏因为他是最得意的弟子，所以称他为"学校底神髓"。柏氏死后，他为其爱友海梅所招去。过了三年（纪元前三四五年），海梅被杀，亚氏便同他底养女媥泰士一同逃走；后来同伊结婚，爱情很浓厚。因此，他就发生家庭必要的观念，痛驳柏氏共产主义的主张。亚氏底服用器具都带绅士派头，所以他很相信人类底完全发展必定要有物质的财富做条件。纪元前三四二年，亚氏应斐立布之聘，到马基顿去做王子亚历山大底教师，用哲学去涵养他底理性，拿政治去训练他底实行，一直到了纪元前三三六年亚历山大即了王位的时候，他才回到雅典。他回雅典后，即专事讲学，在莱细恩讲了十二年的学，做了雅典学院底领袖。他死于纪元前三二二年，享年六十三岁。

　　亚里士多德是一个通达世故的人，又是一个渊博的哲学家。他做了当时最大学者底弟子，又做了当时最大的人物底教师。他目睹希腊阶级

斗争底剧烈,社会秩序底腐败,雅典底横行,斯巴达底衰败,及当马基顿底斐立布强烈的攻击之前,希腊国家底崩颓。他曾经随从亚历山大屡胜的行军,深入东方许多没有发见的地方;亚历山大底权力和领土底增长,也与他有关系。因此,他成了支配阶级空前的有用的大学者。他底学说,一直到现在,还受许多支配阶级御用学者底称颂和尊敬。他在学术思想界的势力,比其师柏拉图还大得多,二千余年,无有其匹。

第二节 国 家 论

我们要研究亚里士多德底社会思想,首先须研究他关于国家的意见,明白他所认为国家的是怎么一个性质。因为亚里士多德以为(一)人类是"天生的政治的动物";(二)人类生来的时候,资质就不相同,有的宜于治人,有的宜于受治于人;(三)实行此种政治生活的,就是国家;(四)人类只有在国家生活中才能获得完全的独立和充分的发展,即获得幸福的生活;所以我们不能不先明白这最重要的国家性质问题。

还有一层:亚里士多德始终是一个支配阶级权力底拥护者,他所焦心研究的是:国家如何组织,权力怎样分配等支配阶级治人之道。他底目的,完全在于使支配阶级权力巩固秩序安宁之一点。所以国家问题是亚里士多德底中心问题,我们自然不能不先注意它。

亚里士多德以为国家不是人力创造的,是自然生长的。明白点说,国家不是人类有意造成的,乃是人类底政治的本能自然地无意地造成的。人类既是"天生的政治的动物",自然会因其本能而有政治的结合,即产生了国家。国家底创成,在于家庭;即政治社会底起源,由于家长制度。家庭底存在,由于男女各个不能独立和主仆底互相依赖。"家庭是人类为满足日常欲望而自然成立的集团。"其次,几个家庭联合起来,便成了一个村落。最后,许多村落联合起来,便成了一个国家。"在这国家里面,独立的目的才能毫无遗憾地达到。"

但是国家虽由家庭进化而来,而家庭与国家却不是一样的东西。家庭底目的,只在于生活;而国家底目的,却在于善良的生活。家庭不过是供给经济需要或物质需要的社会；国家却是供给道德需要或精神需要的社会。单是生活的机关，单是满足经济的或物质的需要的机关，决不能叫做国家。国家有更高贵的目的，并且只有国家才有这高贵的目的，这目的就是使人类营善良的生活。而所谓善良的生活，就是道德的或精神的生活。而这道德的或精神的生活，又只有在国家中才能享受得到。

所以国家比家庭和个人重要，国家底位置在家庭和个人之上。"国家是优先于家庭和个人的。因为全体必优于部分。……国家是自然底创造，国家优先于个人，其证据就是个人孤立便不能自给自足。所以个人对国家的关系，好像部分对全体的关系。"个人只不过是国家底一部分，犹之乎手足是身体底一部分一样，手足离开了身体便不能尽其特有的职能，个人离开了国家也不能尽其特有的职能。

这样说来，亚里士多德之所谓国家底起源和目的，国家和家庭底区别，国家和个人底关系，我们总可以明白了；现在我们就要问他所谓国家底组织究竟怎样。亚氏以为国家是由许多市民组织起来的，国家即市民之集团。但所谓市民，并非指住在该国家境土内一切住民，乃是指特定的一部分人的。"市民底特质便是有参与司法和服官权。"那些没有参与司法和服官权（即参政权）的奴隶和外国人，都不算市民，都不是组成国家的要素。

一个国家，可以因有参政权的市民底多寡，发生了许多不同的政权。亚氏研究各种国家各种政体之后，把所有国家分成好多种类：常态的有君主政体、贵族政体、立宪政体，变态的有专制政体、寡头政体、平民政体。前三种常态的政体，是向着国家目的走的，即是引导人民过善良的生活的；后三种变态的政体，是违背国家目的的，即是不引导人民过善良的生活的。

可是历史的进行，却很使亚里士多德失望，大半都是违反国家目的的政体，最普通流行的是寡头政体和平民政体，前一个代表富者，后一个代表贫者。富者和贫者利害不同，常起斗争，富者胜利即行寡头政体，贫者胜利即行平民政体。国家中最重要的是这两种人和这两种势力，所以国家□必然地以代表这两种人这两种势力的寡头政治和平民政治占优势。

这两种人都为各自底利益实行阶级斗争，自然不会顾到亚里士多德之所谓国家底目的的了。

因之，亚里士多德就觉得这是很危险的，这样富者和贫者各为各底利益斗争下去，于全支配阶级是很不利的，是要毁灭希腊人底文明的；所以他就很想改革当时希腊国家，他劝告当时支配阶级（即所谓自由市民）要为久远之计，不要向违反国家目的的路上去走，须得留心巩固自己支配的地位，引导人民实行善良的生活。

他为达到他底目的，很想有那强固的中流阶级出来，其力量足以限制贫者和富者底专横，造成稳固的合于国家目的的社会。不过对于各种政体，在他底理想上，以为如果有一个才德超众善于治人的君主，他也以君主政体为最好，次之若有许多才德很好宜于治国的人，他便赞成贵族政体；不过在当时希腊唯一可能的实行政体是平民政体，所以他也退而承认平民政体，只须加以多少改良。

此中有一事我们不能不明白。亚氏所说的任何政体，都是把奴隶除外的。当时希腊大部分人民都是奴隶，雅典有奴隶三十六万五千人，自由市民连女子和儿童算在内还不过九万人，斯巴达有国奴二十二万人，自由民只有三万二千人。当时"为社会的政治的诸制度之基础的阶级对立，已经不是贵族和一般国民的了，而是奴隶对自由民、被护民对市民的了。"（昂格斯）所以无论亚氏主张中流阶级（自由民中之非最贫最富者）执政也好，承认平民政体或立宪政体也好，都是以奴隶为牺牲，以维持当时支配阶级的自由民地位为目的的。亚氏无论怎样不满意于当时的社会和国家，而他所要改革的却只是支配阶级底支配方法，决非被支配阶级底生活地位。占希腊人口之大部分的奴隶和被护民（即外国人和解放了的奴隶，雅典盛时有此种人约四万五千人，多于成年男性市民一倍强），并非组成国家之要素，悉被排除于国家组织之外，统没有费亚氏底神思圣虑。

亚氏底国家论，大致如此；不过他从研究当时各种国家各种支配方式的结果，觉得都不很稳当，于是就采取各种支配方式底长处，发明了一种他所认为可以实行的实际的理想国家。关于他底理想国家较详细的情形，我们将由另一节去讨论。

第三节 经 济 观

我们前面已经说过,亚里士多德底中心问题是政治问题,他所最注意研究的是治者应该怎样支配被治者的问题。他以为政治底目的,在于高贵的善良的生活,在于满足人类道德的或精神的需要。人类应该在国家中遂行其高贵的善良的生活。

但是有一个问题,人类要获得善良的生活,第一步必须能生活;要满足道德的或精神的需要,第一步必须要满足经济的或物质的需要。假使人类连第一步的生活尚不能得到,连第一步的经济的或物质的需要尚不能满足,自然谈不到第二步的所谓高贵的善良的生活,得不到所谓经济的或物质的需要底满足了。

亚里士多德自然也会想到这个问题,自然也须对于这个问题加以讨论。这问题就是经济问题。在我们常人眼光看来,自然会觉得经济问题是第一个重要,因为无论是谁,第一必须要满足衣食住等经济上的需要。但亚里士多德底见解却比我们高妙,他固然也承认人类是要吃饭穿衣住房子的,不过这种穿衣吃饭住房子的生活,在他看来只是卑贱的生活,而人类底目的却在于享受高贵的善良的生活,那高贵的善良的生活又只有在国家中才能得到,所以政治是第一重要的,经济不过是第二的重要。自由人底责任全在于政治,使政治良好支配适宜便是自由人所应做的事;经济不过是卑贱的事,只配让奴隶或野蛮人去做。国家是自由人底国家,所以应该排除经济于国家范围以外,如将奴隶排除于国家组织之外一样。

那么经济应该放在什么处所呢?亚氏以为应该放在家庭范围以内。经济学就是一种经营家计的技术。家庭就是为满足人类经济上的需要的团体,也即是使人类能生活的团体。人类底经济活动,应该在家庭范围内去行,不应该闯入国家范围里去妨碍国家底目的。

他把人类底经济活动分做二大类:一是经济,一是殖财。前一种指那为满足人类欲望去获得外界自然物来消费的行为,狩猎、渔业、牧畜、农业等生产行为都属于这一部类,这是人类生活上最必要的自然的行为。后一种指那包含生产物交换及营利赚钱的经济行为,他认为非自然的行

为,因为它不是为满足人类底生活欲望的。

他对于交换,并非绝对认为非自然的行为,若互相交换其剩余互相满足其需要,他以为没有什么不自然,他所认为非自然的,乃是那种专以营利为目的的交换。所以他对于商业,很有厌恶鄙视的倾向。他对于借贷业,也认为不正当的行为。他虽然承认货币有交换媒介的职能,但他以为货币不能生产货币,所以反对那种借贷货币来取得利息的行为。他之所以鄙视商业,是囿于他那贵族的传统的见解。他之所以反对借贷业,是因为当时资本尚未用于生产事业资本势力还很微弱之故。人底思想是由社会环境和社会阶级决定的,亚里士多德底鄙视商业反对利息,完全是那农业社会贵族阶级必然发生的思想。

亚氏所说的经济,内容更可分为三部分:(一)奴隶,(二)财产,(三)家庭。但奴隶是构成家庭的一部分,财产是家庭底附属品,所以严格说来,经济只不过是一种家计底管理罢了。现为容易明白起见,即分做三部分去说明它。

一 奴隶

经济是家庭底要求,经济单位就是家庭,而家庭底经济基础却是奴隶。所以奴隶是希腊社会底唯一的基础,家庭借其维持,国家借其成立,文明借其发达;没有了他,什么都没有。所以研究奴隶是很重要的,奴隶在希腊社会里占了极重要的地位。

"大贤"亚里士多德先生,对于奴隶的意见怎么样呢?这是很有趣的,他底奴隶论是历史上有名的。他认奴隶是天生的,奴隶是天然的器具,奴隶只配做卑贱的生产工作,奴隶是生产要素之一。我们且看他说道:

> 奴隶底存在是自然的要求。下等动物中,有雌雄之别,雄者优良,雌者恶劣,同样,人类中也有优劣之别,如精神和肉体那样。奴隶虽适于做肉体的劳动,然不能叫他做别的事。为什么呢?因为奴隶除了唯命是从之外,简直不知道做什么。看呵,奴隶没有同下等动物差别的处所。他们底动作,只不过是互相模仿。我想这是说明,自然要这一个人做自由民,要那一个人做奴隶,天下有奴隶底存在,是有

益而且正当的那样一桩事的。奴隶是活的所有物，又是有生命的器具。如果有一天能够使各种器具都有知觉，能听人底命令自然而然地去做工，恰如德替洛司手里所成的雕刻那样，比方说织布的梭自己会动旋起来，音乐用的琴自己会鸣弹起来——到了这样的时候，技师也就可以不要活的器具，一家底主人也就可以不要奴隶了。

凡工人想制造一切有一定目的的技艺，都要有适当的器具。管理家庭也是这样，器具有多少种：或是有生命的，或是无生命的。例如运船的器具：一种是桨舵，是无生命的东西；一种是水手，是有生命的东西。奴隶也是这样，也是做许多技艺的一种器具。财产是维持生活的一种器具，土地是供给许多用处的一种器具。奴隶是有生命的一种器具，家庭中底奴隶是比别的器具更有价值的器具。

一切生物都是由精神和身体构成的，一个是天然的治者，一个是天然的被治者。

由以上我引的话看来，我们可以知道：（一）亚里士多德认奴隶是天生的；为什么是天生的？（二）是因为奴隶生来就具备奴隶底德性和资质，他底德性他底资质只能使他做一个奴隶；（三）所以奴隶就应受主人底管治，听主人底命令做他所能做的工作；（四）他所能做的工作就是用体力的生产的工作，他可以在生产中尽他底肉体的优越的能力，替主人造出财富来养活主人；（五）所以奴隶是主人所不可少的东西，是主人维持生命的必要的器具，并且因为他还可以运用别的器具，自动地听主人底指挥，所以又是一种最好的最有价值的器具；（六）这种最好的最有价值的器具，若没有新的能自动的器具出来代替他，是必要而且不能废除的。

这样，就成了他底千古不磨的奴隶制度拥护论了。

二　财产

本来，在亚氏看来，奴隶也是一种财产，同牛羊猪马一样；不过奴隶这一种财产，实际上不能不承认他是高一级的财产，多少总有些同别的财

产不同,所以就特别提出来讨论。因此,我们此地所讨论的财产,是将奴隶除外的。

我们此地所要讨论的,是财产私有和共有的问题。我们在上一章里,已经研究过柏拉图是主张一种共产主义的,而亚里士多德对于柏拉图的这种主张,却不表示赞成,竟提出反对的理由去反对共产主义。他底反对共产主义的议论,同他那拥护奴隶制度的议论一样有名,可称古典的双壁。据他所说,共产有三种形态:

1. 土地私有,生产物共有。——这是许多国民所实行的。
2. 地土共有,生产物私有。——这是有些野蛮人所实行的。
3. 土地和生产物均归共有。——这还没有行过。

他说明了这三种共产形态之后,就发挥他底反对理由。他以为土地和生产物均归共有,结果一定常起纷争。为什么呢?因为劳动多而所得少的人,对于那劳动少而所得多的人,一定要起不平的感情。我们且看他说:

> 如果农夫不是市民的时候,这件事便很容易办;但是如果市民自己耕地,那么,所有权的问题便发生困难了。如果他们底劳苦和享乐不能平均,这一部分人劳动多而所得的少,对于那一部分劳动少而所得消费多的人,必定要忿懑不平了。人类只要共同生活共同所有物品,便常常发生此种困难,对于共有财产,那就格外是难上加难了。"商贾同人的组合",便是一个好例;他们关于普通事件,总是常常纷争的。我们同奴隶也是这样,也时常同天天在一块生活的奴隶闹起冲突来。这还不过是跟着财产共有而起的一部分的不利益呢。

于是他就提出一个解决这问题的"公平"的办法,以为在原则上,财产应归私有,在使用时可以共同;而立法者对于那财产所有主,应该尽力设法助长此种宽大心。我们且听他说道:

> 到了现在的设施,也能照我们底希望,依善良的习惯和法律而改良了的时候,一定可以比现在好得多,得兼有两种制度底利益。财

产在或种意义上虽不能不共有,然在一般原则上却必须私有。如果无论何人都有自己特殊的利害,则大家都做各自底事业,彼此一定没有不满的事,能够遂行更高的进步。并且在那些善人之间,现在还留有这样的话:"谚有之朋友共有一切",这话表明公用并非不能实地施行的事。在秩序整齐的国家里,现在即已做到或一程度了,我想定能更加扩张。无论是谁,自己有了财产,仍可以拿一部分送给朋友处分,也可以拿另外一种与朋友共同使用。例如拉克德谟尼人互相使用各人底奴隶、犬、马的情形,好像那是自己底东西。他们偶然在田野的时候,也可以到田圃里去取用自己所喜欲的任何食品。财产私有,自然是更好的事,但其使用必须共同。而立法家特别底任务,便在于造成人民此种慈爱宽大的性向。

这便是亚里士多德所谓兼具共有私有两制度之利的调和的办法底好处。而其所以能有这种好处,根柢上却在于私有财产制度,绝非共有财产制度中所能发生。他讴歌私有财产制度底好处,还有许多:

> 人类觉得那种东西是他自己的,便不知道有多大的愉快。因为自己爱自己,是人类自然的感情;不过利己主义却要受正当的责备。所谓利己主义,不单是自己爱自己,乃是如守钱奴爱好金钱那样,过度地爱惜自己。因为一切的——差不多一切的——人多少总有点爱好金钱或与金钱相仿佛的东西。还有,对于朋友宾客或同辈做出慈善或帮助的事体,也是无上的愉乐。但是这件事只有在私有财产的时候才能办得到。国家如果过于统一了,此种利益便要丧失。在这种国家当中,要消灭两种道德:(一)对于妇女的节制(因为节制而不侵犯别人之妻是一种可尊贵的行为),(二)是对于财产的度量。在共产的时候,没有人可做出慷慨大方的样子和豁达大度的行为:因为慷慨的度量是由用财产表现出来的。

这样看来,私有财产真是一个可爱的宝贝,它可以使人感受无上的愉快,它可以使人发展慈惠的道德,它更可以使人成了支配者,使支配者

底地位稳固到千秋万岁,难怪亚老先生如此热心拥护,此老底眼光真正不错!但我们要知道:所谓"至上的愉快",所谓"慈惠的道德",所谓"支配者地位稳固千秋万岁"等等,都是那压在社会下层营牛马生活的奴隶底血汗所造成的!

其实,柏拉图底共产主义,也同样是建筑在奴隶底血汗之上的,它并不像亚里士多德所反对的那样社会共产主义。柏拉图所主张的共产主义,不过是治国、护国两阶级(实际上竟可说是护国阶级,因为治国阶级人数是很少的)的共产主义,所以亚里士多德所反对的所担心的什么"劳苦和享乐不能平均"的事是不会发生的。但有一层,是亚里士多德批评得对的:即在柏拉图底支配阶级的共产主义(把奴隶所造出的所供给的财产归诸支配阶级共有共用的共产主义)之下,那因财产私有而感觉到的无上的愉快和施与财产的至高的道德,的确要因财产共有而消灭的。此种愉快,此种道德,都是遂行"善良的生活"上所必要的,如何可以让它消灭,柏老头子真不懂事,他底贤弟子底见识,到底高出老师一筹!

但我们若进一层去研究,就会觉得:柏拉图和亚里士多德师弟二人,一个主张共产,一个主张私产,其主张虽不相同,而其目的和作用却是一样。两人都是代表当时支配阶级利益说话人,两人都要想使自由民实行道德的生活,两人都把国家看做实行道德生活的机关,两人都认个人底道德的生活只有在国家中才能实现,两人都把自由人道德生活底基础建筑在奴隶底牺牲之上的。他们两人所不同的,只是方法的问题,不是目的的问题。他们底目的,同样是在于巩固当时支配阶级底地位使自由民底支配能保持千秋万岁而不坠。不过这个以为这样支配为最好,那个又以那样支配为最好。柏拉图以为自由民要实行道德的生活,必须要先实行共产,使自由民免除了财产的牵累,才可以专心做支配的工作,享道德的生活。而亚里士多德却以为自由民要实行道德的生活,必须要保持私产,因为私产是使人实行道德生活的条件,有了它可以实行许多高尚的道德。这是他们两人见解不同的处所。

他们两个人底主张究竟那一个是对的?若从社会的见地来看,从被支配阶级的见地来看,自然会觉得两个都不对。但从支配阶级的眼光看来,亚里士多德底主张实在比柏拉图高明,柏拉图未免太偏于理想,亚里士多德倒是很实际的（有人因此便说柏拉图是进步的，亚里士多德是保守的，其实没有这个区别）。第一，希腊社会制度，基础便建筑在私有财产之上，共产如何可能。第二，柏拉图理想国中底治国、护国两阶级，既非是"天圣"临凡的，没有他所想象的那样高尚的道德，那么此种对于奴隶所造出来的财产和奴隶本身尚欲据为己有的人，如何能保持他们不因"分赃不均"而起财产的冲突？亚里士多德所说的因"劳苦和享乐不均"而起的冲突现象虽不会发生，而此种因"分赃不均"而起的冲突现象却是不能免的。第三，从来支配阶级底道德，决不会如柏拉图所想象的那么高尚，肯把那已占为私有的财产拿出来归为共有；如果他们肯把私有的财产化为共有，他们也就不会掠夺榨取别人底财产了。第四，支配阶级若以免除财产的牵累为快乐，他们最初就不用极残酷的手段去征服待遇奴隶了；他们所以把别人当做奴隶，造出国家来支配奴隶，目的即在于取得财产和使已得的财产得着安固的保障。第五，支配阶级既以取得财产保障财产为目的，自然要以财产私有为快乐，并且财产私有可以使他们做出宽宏大量的事，财产私有可以使他们做出慈善施与的事，宽宏大量和慈善施与都是支配阶级所必要的高尚的道德，此种高尚的道德是自由民行善良的生活时所不可缺的，虽然不是每个自由民都能有此种道德，但大体上总可以说自由民是多少有点此种倾向的，所以亚氏主张因势利导，助长此种"优良"的倾向，使它适合于国家底目的（道德生活的目的），这乃是自然的实际的可能的办法（在一定的社会条件之下），并不像柏拉图所主张的，那样违反支配阶级本来的要求，在事实上绝对不可能的。有此种种理由，亚里士多德底主张，自然比较柏拉图的高明。比较柏拉图的近于"情理"（？），历来为一般拥护私有财产的支配阶级和支配级阶底御用学者所借为铁壁长城了。

要而言之，亚里士多德在原则上是主张财产私有的，不过在使用时却主张应该有某种程度的共同。他以为私有观念是人类底天性，违反这天性一定要发生许多弊害。所以他承认个人可以私有财产。不过私有太多了，他也不赞成。他以为顶好是不贫不富，合于中庸之道；过富过贫，都足以危及国家底存在。他大体上可说是为当时全支配阶级设想，并非为支配阶级底一部分打算。

三 家庭

奴隶和财产,都是构成家庭的基础,我们前面都已经分别讨论过了;现在再来特别讨论这个家庭问题。亚氏以为国家底基础是建筑在家族制度上面的,国家是联合许多家庭组织起来的。家庭和国家,不但是程度上不同,并且是种类上不同。家庭管理经济上的事务,国家管理政治上的事务。家庭底组成分子,便是男女主仆。男女天然要互相接合,互相依靠,才能够生育。主仆必定要以家庭的关系相接合,一方才能够完全支配,一方才能够完全做器械。亚氏最不满意柏氏无家庭的主张。柏氏以为做父母的不知道谁是自己底孩子,然后对于国家一切的孩子,自然会发生浓厚的爱情;亚氏却以为爱情是对于自己私有的东西上发生出来的,私有的东西便是爱情发生的本愿。如果使做父母的不知道谁是自己底孩子,不但不能够引起更浓厚的爱情,并且连谁也不爱了。至于共妻,也是亚氏所反对的。他以为使个个妇女都为社会公共妇女,一方使人爱情不能专注在自己私有的妇女身上,一方又使人类对于别人妻子的那种高尚荣誉的节制的道德不能发展(他与柏拉图一样,把妇女与财产同观)。因此他便极力主张保护家族制度,以为柏拉图那种没有家族制度的单一国家是不能成立的。

他以为国家底原理是排斥单一性的,如果过于单一,把家庭也破坏了,那时国家就不存在。国家当然是众多的意思。这有众多意思的国家,渐次跟着单一性底增加而丧失它国家的性质变成了家族,更进一步就变成了个人。所以家庭应该存在,并且家庭是国家底基础。固然,他也承认国家是可以统一的,但不能过于统一。国家底统一,应从道德的生活上着手,应从精神的统一着手,不能从消灭家庭村落的组合着手。如果要想统一坚固,必定要用公共教育的精神做手段,才可以办得到;倘若消灭特殊的组合,便无异消灭国家。

第四节 理 想 国 家

亚里士多德底社会思想,我们由上面的叙述已可知其大概,他确是比柏拉图实际得多了；但他也有他底理想国家，他在《政治学》第四卷和第五卷里，详细讨论理想国家应该如何组织法。他自以为他底理想国家是从研究各种实在的国家中得来的，是着实可行的。我们且来看一看他底理想国家究竟如何。

我们第一就要问：理想国家底目的是什么？这不用说，是实行善良的道德的生活了。希腊社会实际的情形，很使亚氏失望，国家并没有完全实行所谓道德的生活，所以他才想造成一个理想的国家去实现他底道德的生活。

第二，他底理想国家，建筑在什么基础上面？他既然承认奴隶制度，主张私有财产，自然把它底基础建筑在奴隶私有财产私有的奴隶经济上面了。因为只有在此种奴隶经济上面，自由民才能享受善良的道德的生活，才有余暇去研究统治支配的方法，才有机会去讨论人生宇宙等大问题。

第三，理想国家底政治组织怎样？他以为在极贫极富两阶级造成的社会基础上，绝对建立不起理想国家。因为极端的财阀必然骄傲，没有服从的性质；极端的穷人必然愚陋卑劣，没有统治的能力。只有中等阶级占多数，才能够保持得住社会底和平秩序。得乎中道的政体便是立宪政体，立宪政体便是不偏不党调剂均平的最好的政体。但他所说的这种立宪政体，不但多数奴隶没有参政权，即那些非奴隶的农夫、工匠、商人也一样地没有参政权。他以为市民应过幸福的道德的生活，不应当度机械的或商业的生活，因为那种生活是卑贱的并且反道德的。市民也不应当做农夫，因为耕种的工作不能留下需要的闲暇来培养道德及研究政治。所以工匠、商人、农夫都不能有参政权，参政权只能给与那些"不事生产"的有闲暇的高贵的自由市民。因此，他底理想国家虽号称立宪政体或平民政体，实际上与贵族政体差不多，仍不过是少数的支配。

第四，理想国家底职务应该怎样分配？他以为理想国须能自给自卫，要达自给自卫的目的，便不可少下面六种要素：（一）农夫，（二）工匠，（三）军人，（四）富人，（五）僧侣，（六）执政官。这六种要素，是跟着理想国六种职务而来的。理想国底六种职务是：（一）预备粮食，（二）兴办工艺，（三）训练军旅，（四）储积财物，（五）礼拜上帝，（六）决定国

政。这六种职务之中，尤以军事、政事为重要，军事要托付青年和勇敢的市民，政事要托付老成持重和富有经验的人。按照年龄给与他们应做的职务。使市民在少年时代，便来当兵；到了老年的时代，便来治国。照这样做去，一来，老成持重的政治家，必不致于浮动；二来，军人政治家没有阶级可分，军人不反对政治家，政治家也不仇视军人，可以免去军人和政治家冲突竞争的坏处。他此种主张与柏拉图不同的是：柏拉图主张军人和政治家的区分须按才德来定，他却主张按年龄来定。但他们两人，在主张军人和政治家为支配阶级这一点上，是没有两样的。

第五，理想国家底人口问题怎样解决？亚氏底意思，以为理想国底人口，应以刚刚够做国家各种职务为度，人口过多，便不容易统治。人口最多的国家，未必就是最强大的国家，因为奴隶和外国人并不是国力底渊源。市民必定要彼此互相知道，统治的人对于归自己裁判的市民不能不知道他们底性质，市民对于统治的人也不能不知道他底才具。且国家底目的在能够自给，如果人口过少，便又要仰给他人了。总归一句话，市民底人数：（一）要使彼此能够互相认得，互相知道；（二）要彼此能够互相接济。市民底性质：（一）要有智慧，（二）要有勇气。

第六，理想国家底都会应该建在什么地方？他以为都会应当位于不易受人攻击或封锁的地方，并且它应该同国内其他部分容易交通。至于应当在陆地或是在海岸，他并不十分坚执。他以为只要能够避去海上交通的不利之处，都会建在海岸也未始不可以，因为它有机会输入必要的货品以交换本国剩余的生产。城市底位置应当合于卫生，必须有防御冷风的遮蔽并且有大量的清水。用墙垣围绕城市以防御攻击。一切防御的方法，都应依科学的原理想出，因为"完善的防御是防备他人企图侵害的保护"。

第七，理想国家底教育怎样？亚氏底教育目的有三：（一）为将来市民在社会中得到地位的预备；（二）养成市民道德的生活，使他与社会相调和；（三）使市民得到一种技艺。故亚氏底教育便是政治的、道德的、技艺的教育。他底教育责任，也不是委托私人的。这是因为（一）教育制度与国家底宪法有关，教育是想发展市民底才能，使保存国家底宪法；（二）国家目的只有一个，凡是国家底市民必定要全体统一，所以教育不能让私人去随意发展个人底特性；（三）市民是属于国家不能自主的，所以必定要受国家所定的教育。他底教育方法，与柏拉图差不多，两人都很注意训练身体的体操及训练精神的故事和音乐。即从养成身体精神道德三个目的上说，亚氏也完全和柏氏一样。他们教育不同的处所：一个有阶级的差异，一个只有年龄的差异。

第八，理想国底婚姻规定怎样？他不赞成早婚，因为早婚可以使人类身体品质堕落。他以为妇女结婚底最早年龄应当是十八岁，最迟年龄应当是五十岁；男子结婚底最早年龄应当是三十七岁，最迟年龄应当是七十岁。未来的父母虽不一定要有体育家的身体品质，但是他们应当是受过训练并且是强健的，以期担当自由生活的一切行为。儿童底数目应当受限制，并且应当禁止蓄养残废的儿童。通奸应当看做丧失名誉并且干犯刑罚的犯罪。

亚里士多德底理想国底情形，大体是如此。他底理想国，也同柏拉图底理想国一样，是少数人底理想国。不过柏拉图底理想国中的少数人，是所谓治国、护国两阶级；亚里士多德底理想国中的少数人，是所谓串贯军人、政治家、僧侣成了三位一体的一个支配阶级。亚里士多德底理想国，是市民独占的国家，只有市民才有权参与国政，只有市民才有权私有土地；而所谓市民，又只限于军人、政治家、僧侣三种人，这三种人又按年龄更换职务，所以实际上只是一种人一阶级底理想国。

第五节　亚氏社会思想底特色及其批评

亚里士多德底社会思想，已如上述；现在且把它做一个结论。在这结论当中，除了说明亚氏社会思想底特点外，还须加以少许的批评。

我以为亚氏底社会思想，第一要注意的，就是他底天生奴隶论。固然我们也承认，奴隶底发生，是社会进化中必然发现的一桩客观的事实，并非哪一个人或哪一部分人用主观的意志硬造出来的。但我们只承认奴隶是历史的产物，他在历史某一个阶段里发生，又在另一个阶段里消灭，绝不是像亚氏所说是天生的，奴隶有其特别的天性和本质。由现在历史学上、社会学上种种正确的知识，都足证明他底议论荒唐无稽得可笑。

但有一层，我们不能不佩服他底见识。奴隶底存在，是经济的需要，并且是一个进步。当那狭小的原始共产社会崩坏以后，若无奴隶生产以继其后，则生产力便不能扩展，剩余生产也不会发达，大规模的创造物也不会成功，并且精神的文明也不会发生及进步，人类现在还要停滞于野蛮的状态。亚里士多德实能证明此种重要的意义，知道奴隶是当时社会经济的需要，若没有了奴隶，大家都去做那"卑贱的"生产事业，自然不会有工夫去研究那"高贵的"政治、伦理、人生、宇宙等学问知识，因之所谓精神文明自然不会产生及进步了。所以他为维持他"高贵的"生活起见，为保持希腊"文明"起见，势必要拥护奴隶制度，势必要把他底理想国建筑在奴隶底牺牲之上。

他以为奴隶不过是一种有生命的能听主人命令自动作工的一种器具，如果将来各种器具都能像奴隶那样自动地作工，奴隶便可以不要。他这种议论，虽然不能说它完全不错，因为历史已经替我们证明它底错误，奴隶早已随着生产力底进步而变为农奴，现在且已由农奴变而为工钱劳动者；但它仍有一部分理由，我们不能随便抹杀。现在工钱劳动者，虽然在社会的关系和地位上已与奴隶不同，然在被掠夺被榨取一点上——在这根本的性质上——说，两者是一样的，故现代工钱劳动者无异是一种变相的奴隶，即所谓"工钱奴隶"。这种工钱奴隶底来源和扩张，倒很有趣，他反与那"能听主人命令自动作工的器具"底发生和进步有密切的关系，这即所谓与那机器底发明和进步有密切的关系。机器原本是一种很好的、力量远大过奴隶的"能听主人命令自动作工的器具"；它底使命原本是来代替奴隶底地位以解放奴隶；然而不幸，它被资本家拿去利用，反而变成压迫奴隶的器具，这真是它所预料不到的。现代资本主义的社会，已经有了亚里士多德所想象的那样良好的器具，已经造出可以解放奴隶的物质的条件，然而社会上有一部分人却还极力妨碍此种解放运动，你道岂有此理不岂有此理！亚里士多德死而有知（假使他没有忘记他所说的话），也定要痛哭他们太无道理，反对他们此种顽固的反动的行动吧！所以在今日若还要拿亚里士多德做靠山，拿亚里士多德底学说来辩护这变相的奴隶制度和为其根柢的私有财产制度，简直是亚里士多德学说底叛徒！不过，事实早已指出他们底谬误，那压迫工钱奴隶的机器早已倒戈相向,进行它底推倒资本魔王解放工钱奴隶的"历史的工作"了!

第二,亚里士多德底精神支配物质的天生的阶级论,也是一个错误。他既然承认奴隶是天生的,自然便承认奴隶是天然的阶级,他底天性应该做奴隶,因他底天性缺乏高尚的精神的要素,所以只宜做卑贱的生产事业(当时农夫、工匠几乎全是奴隶),受人榨取,受人支配;反之,自由人因为天生他一副自由人的性质,具备高尚的精神的要素,所以就不应做卑贱的生产工作,只宜做高尚的政治工作,天生他们有榨取的能力、支配的能力,他们是天生的榨取的支配的阶级。简而言之,他以为自由人天生他有高尚的精神的要素,故他们为天生的支配阶级;奴隶天生他没有高尚的精神的要素,故他们为天生的被支配阶级。支配与被支配,完全根于他底天性。而这种支配关系,恰如个人底精神支配物质(肉体)一样。这是支配阶级拥护自己阶级支配权的唯一有用的哲学,历来支配阶级哲学上的根据都是如此。其实,此种思想,自然科学固然可以攻破其虚妄,而历史底演进也早已宣告它底破产了。试问:亚里士多德底精神支配物质的天生的阶级论如果是真实的,那么现代资本主义的社会到底是怎样发生的?

第三,他底支配形式论,也很值得注意。他说国家是市民之集团,实在说得很对(他底国家起源论,也很有可讨论之处,但此地不便深及)。老实说,国家是支配阶级压迫被支配阶级的机关。当时支配阶级为市民,故国家为市民压迫奴隶的机关。综观希腊国家底历史,其政体(支配形式)虽有许多变化,而其为压迫奴隶的机关(虽尽在最初也压迫一般市民)则一样。所以我们应当把希腊国家看做这样二大阶级:自由市民和奴隶。无论在什么政体之下,奴隶总是受榨取受压迫的。在奴隶眼里看来,君主政体、贵族政体、立宪政体、专制政体、寡头政体、平民政体,都没有什么差别,只要支配缓和点就是他们所欢迎的。然从亚里士多德看来,事情就不是这样简单,另外有许多大道理:怎样支配有怎样关系,多的人数支配有一个情形,少的人数支配又有一个情形。他为支配阶级底利益计,他从国家目的的见地,把国家分做许多种类:君主、贵族、立宪三种政体是常态的政体,专制、寡头、平民三种政体是变态的政体。前三种合于国家底目的,后三种反于国家底目的。不过我们若从社会的见地看来,实在没有那么许多区别,所谓常态和变态,所谓合于国家底目的和反于国家

底目的，只有程度上的差别，没有根本的不同。政体纵有千差万别，只要社会存在底基础没有变动，而他们底支配总没有大不相同。支配阶级底问题只不过是：在什么条件之下，什么支配形式（政体）是能维持自己阶级底地位压伏被支配阶级底反抗使自己阶级增加幸福。

第四，亚里士多德鄙视生产事业而重视经济势力。他贱视生产事业，以为非自由市民所应为，只宜委给奴隶去做。他这种思想，不过是当时社会实际状况底反映……不仅他一人有这种思想，希腊一般自由民都有这种思想。但他在另一方面，又能认识经济的势力而重视它。他以为社会上有许多职务都可以一人兼营，如农夫可以兼做工匠，工匠可以兼做商人，以及别的许多事务。然有两件事不能兼营，贫者不能兼做富者，富者不能兼做贫者。而这两种人又是社会上最有势力最重要的人，各种纷争各种扰乱几乎都为这两种人底财产不均而起。所以他以为富者能力足以支配国家时，便应当行寡头政体；贫者人数过多时，便应当行平民政体；因为这样才是适应实际情形的支配。但他不赞成国家里有的人太富，有的人太贫（均指自由民而说，并不把奴隶包括在内），顶好能得一个不贫不富的中庸之道。因此他便主张中流社会能力足以压住贫富两方的立宪政体。

第五，亚里士多德主张财产私有公用，也是他一个特色。在一定的场合，某种程度内的私有公用，确是做得到的，但它有一定的限度。并且此种私有公用，应当出于本人底愿意，即应当出于本人底义心慈善心而不应当由法律加以强迫。若法律可以强迫人拿出财产来共用，那便是私有财产神圣底侵犯，根本摇动私有财产底基础，与主张共有财产无异。亚氏批评柏拉图底共产主义为空想，不能实行；其实，他自己底财产私有公用的主张，何尝不是空想不能实行？

第六，他贱视商人和借贷业者，是一件极可注意的事。希腊自从波斯战争以后，工商业已很发达，成了世界市场之霸者。执国际贸易之牛耳，因之商人财产增大，在社会上的地位也就日益增高，对于旧式拥有土地财产的富豪和多数贫人都成了一个威胁。亚里士多德正生当其时，看见社会安宁已被这些以营利为目的的商人所破坏，正在摇动旧社会底基础，所以就大起恐慌，决然排斥商人，说他们是下贱的人，不配参与国政。又因商业底发达,货币底作用也增多,商人及其他拥有货币的人就营借贷业,由借贷货币以取得厚利。此种行为,亚氏也极端反对,斥它为不正当。所以资本、货币在此时虽有些势力,然到底还很倒霉,到处遭人唾骂和鄙视。为什么如此?因为当时资本、货币都还没有用于生产事业,其"不正"性质显而易见,实为农业社会伦理所不许,况且又与土地财产相冲突呢!所以当时保守的拥护"正义"的先生们,没有不贱视商业和借贷业的,亚里士多德也不过是其中之一人罢了。从这一点看来,亚里士多德实有代表自由民中之贵族的倾向,他底改良社会的思想,倒反是要抑压新兴的动力而使旧有的阶级维持从前的地位的。

总之,亚里士多德底社会思想是代表当时支配阶级(自由市民)的截长补短的一点一滴的改良的思想,他为了全体自由市民的利益,替全支配阶级策划出一个顶好的安全的支配方法,把他实行支配的理想国家放在奴隶经济的基础之上,以奴隶底血汗点染他底"道德的生活"。照他底理想实行起来,全体市民可以一致团结起来做支配奴隶以实现其善良生活的目的。现代主张社会政策社会改良的人,用心与他也差不多,可说是与他"一派相传"的了。

本章主要参考书如下:
1. 高一涵著《欧洲政治思想史》
2. 浮列德著《政治哲学导言》
3. 赫内著《经济思想史》
4. 北泽新次郎著《经济学史概论》

第五章
希腊晚年之社会思想

第一节 柔诺底无政府主义

我们前面已经说过,柏拉图是一个国家万能主义者,他相信国家可以干涉个人底一切;亚里士多德虽不像柏拉图那样迷信国家万能蔑视个人自由,然也承认个人离了国家便不能生活。他们底社会思想,都是以国家为中心的,都是以维持国家存在巩固国家权力为目的的。他们所以如此重视国家,实在也有他们必然的原因:他们是代表当时支配阶级的思想家,当时支配阶级为了要压伏奴隶底反叛以遂行其支配和榨取,为了要抵抗外国底侵略以保持国内底安宁和强盛,除了国家都没有办法;所以他们那些代表支配阶级利益说话的思想家,自然要以国家为中心,承认个人离了国家便不能生活(其实是不能支配)了。

然而现在情形却不同了:自命文明种族的希腊自由民已经屈服于"野蛮的"马基顿王斐立布底铁蹄之下了,希腊底城市国家已经成了亚历山大底世界帝国之一部分了,从前自由市民所独享的参政权现在亦被剥夺了,原来的支配阶级而今也变成被支配阶级了,国内国外底社会秩序都陷入非常混乱的境地了!在此种社会状况之下,柏拉图、亚里士多德底国家中心的小国家的社会思想自然不能不生出反动来了!接着,风靡一世的个人主义的无政府主义的社会思想就应运而兴了!

代表当时此种风潮的,便是所谓斯多亚派。斯多亚派底始祖,便是柔诺。柔诺于纪元前三〇〇年光景,生于吉普洛岛底吉底奥,后来移住雅典,大受市民底尊敬,赠他以市民权,他反辞却不受。

我们如果说柏拉图底社会主义是当时苏菲斯脱底一派无政府主义底反动,则柔诺底无政府主义也可说是柏拉图底社会主义底反动。并且,如果柏拉图可说是社会主义底最初的有力的代表,则柔诺也可说是无政府主义底最初的有力的首领。他们二人理想虽有不同,然其不满现状却是一样。他们底思想,受当时社会环境和个人境遇底支配也是一样。柏拉图底社会主义,我们前面已经说过;现在单说柔诺底无政府主义。

柔诺底社会思想,同今日的社会主义者一样,很带世界的性质。柏拉图及希腊许多社会思想家,都带着很浓厚的国家的色彩,他们都自以为希腊人是最优等的民族,以自己属于希腊民族为幸事,看不起别国的人,都把他当作野蛮民族。不过后来随着交通底扩张,此种褊狭自大的荒唐思想也便渐渐一点一点地消灭着了。即在柏拉图底时代,虽然还仍以国家中心的爱国思想占着优势,然也已经不以排外为然了。后来到了亚历山大时代,此种萌芽更得了大大的刺激而增长了。亚历山大初本以对波斯复仇为目的,后却以融和东西文明为己任了。结果,叙里亚、埃及及希腊底文化,都远布各地了。希腊自然也受东方文化底影响,在物质上虽无很大的进步,在精神上却已起了很大的变化而进步了。从前希腊人底褊狭的爱国心,因此便大大缓和了,世界的思想便起来代替它底势力了。及到希腊成了罗马帝国之一部时,竟完全成了世界的了。事实已改变了思想,柔诺即起而代表此种潮流趋势了。

还有一层,柔诺并非纯粹的希腊人,他是希腊人和非希腊人底混血儿。有人说他本来是腓尼基人。所以他最初就缺少希腊人那种爱国心,因之他底思想自然随着周围底风潮而成了世界的人类的了。现今社会主义之所以成了世界的性质,其情形也与此相似。

并且,柔诺底无政府主义,也同柏拉图底社会主义一样,有所渊源。其渊源就是苏格拉底所极力反对的苏菲斯脱。苏菲斯脱一派中有主张无政府主义的,已如我们前面所说,柔诺便是受其影响的一人。他还受诗人底感化,例如欧里比德所说的"全世界为祖国",便是顶显著的事。

因此种种关系,所以柔诺底社会思想底第一个特色,便是世界主义。他不认人类本质上有什么差别,他以为每人都有一样的理性,彼此都应该相亲相爱,绝不应该用人为的办法划分出许多不正当的无谓的界限。因

之,他便反对国家主义,以为国家是间隔人类使人类互相仇恨互相敌对的东西,有了国家,人类便不能实现他底理性的亲爱。于是,他底理想便是一个包含世界一切人类大家相亲相爱的大社会。

在他这种社会当中,支配人类的只有一种法则——自然法则。他把"自然"看得很尊重,并且以为自然的便是好的,所以主张人类应该顺应自然,服从自然法则。人类底理性是自然底一部分,"自然"有一个普遍的真理,故人类应该服从这普遍的真理,即应该受自己理性底指挥。此外一切人为的法则,都没有服从的义务。

他以为人类底第一个冲动,便是自卫。然只有自卫的冲动,便有陷入极端利己主义的危险。幸而"自然"又给与人类以第二个冲动,那便是与别人求共同的冲动。因此,人类便发生了爱他心和公平心,得营幸福的共同生活。只要我们根据这两种冲动来行动,便不必受财产、名誉等人为的束缚。人类没有受政府底法律和社会底规则的拘束的必要。我们应该把这藏在人类内部的法则当做最高的主宰,应该充分认识这个法则,万事都应任这自然的冲动去做。这自然的冲动,便是自然的理性。如果我们大家都听这自然的理性底指挥,便自然会发现一种公平的现象,爱他心也自然会发达起来,人与人之间也自然会行着平和整一的关系。如此,人类便实现了他底"小宇宙",同大宇宙一样受统一法则底支配。所以柔诺底社会思想底第二个特色,便是融合宇宙人类为一的自然法则支配论。

他想如果大家都能受利己心和爱他心的支配,则罪恶便不会发生;因之,法律和警察都可以不要。大家如果都能信奉最高的道德,则那平凡的学问也就没有用处。大家都自然地生长着,所以只要知道谁最适宜,便不必有结婚的束缚,男女间底关系,应该任它自然让它自由。只要大家发见认识了对于神的正当关系,其行动又能充分显现敬神的志念,便没有特意建筑神殿实行祭祀的必要。一切经济上的交通,都行直接的物品交换,因之便没有铸造金钱的必要。大家穿着一样的衣服,不设一点人为的差别。这些事都以人类为基础来实行,自然没有设置国与国间那种区别的必要了。

这不是无政府主义底最初的明了的发展吗?近世无政府主义底根本思想,不是与柔诺底根本思想一致吗?他这种思想,虽然没有经济的根据，然确是为反抗当时支配阶级底国家万能的思想和自求解放而起的。他没有参政权，他也不要参政权。他厌恶政治，鄙视政治，所以他不想从政治上去解决他底问题。但是他总觉得自己受人家支配的苦痛，总以为人支配人，人压迫人，人榨取人的行为是不正当的，一个安宁幸福的社会决不应该有此种不平现象。所以他反对当时社会，反对当时社会思想，欲求一解放人类的道路。我们虽不能说他底社会思想是代表当时陷于社会最下层的奴隶，但他对于奴隶受榨取受压迫的苦痛确是有充分的同情的。他底思想虽然有一部分是反动的，然也有一部分是进步的。他可说是一个中流阶级的人道主义的社会思想家，一面要求自己及自己阶级底解放，他面也要求全人类底解放。他重视精神而轻视物质，所以不能说他完全是奴隶阶级底代表的思想家；其实在当时的经济条件之下，伟大的纯粹的奴隶阶级的社会思想家是不会产生的。

柔诺是斯多亚派底始祖，然后来的斯多亚派人，却反对无政府主义，说柔诺关于无政府主义的书是别人伪造的。但他们仍严守世界主义，这完全是时势使然。

第二节　七个梦想的社会主义者

柏拉图底《共和国》出世以后，一时小说的旅行记非常流行，其中有很多描写社会主义的理想。

有一个谢葨捧泊者，是苏格拉底底学徒，著了一部《梅洛巴之本土》，描写社会主义的理想。他不仅想象了理想的共产状态，并且描写了不良的乡土状况。他在这书里极力夸赞爱秃利亚人间所行的自由恋爱。不过他这本书，好像不是专为改良社会而作的。

其次是赫开推乌，比较谢葨捧泊认真得多了。他著了一部《克姆梅族之图》。这一本书是把法拉罗王国理想化了的。他描写这国家里征服得的一切土地，都平等地分配给市民之间，谁也不能出卖。他以为使人民从营利欲、内争以及由此发生的一切病患里解救出来，并不在于最大财富底增加，而在于以实现最高社会理想为目标的市民底发达。

第三是欧赫梅拉，著有《神圣的年代记》一书。他假托印度附近的

一个岛来描写他底理想的社会。他底理想社会里，劳动受非常的尊敬，工匠与僧侣阶级的同列，农夫为第二阶级，牧人与兵士同属第三阶级；不过僧侣阶级为统治者。除了家屋和庭围，一切土地和其他生产资料，悉归共有。土地虽非用集合的方法来使用，然农夫和牧人，都把他们所生产出来的东西搬送给共同仓库里供给大家共同消费，只不过对于勤奋的农民另统以一点赏赐罢了。他们没有货币，也没有商业阶级。

第四是詹姆布拉，著有《太阳岛记》一书。这太阳岛是赤道底下拜日教徒底一种乐园，其共产程度比欧赫梅拉所叙述的还更进一层。他们能充分享受自然底恩惠，所以都非常快活，过幸福的生活。国民每四百人组成一团，举一年长者为团长，大家都无条件地服从他。每人都从事生产事业，然为保持公平起见，并不专事一业。大家在一定的期间交换工作：有时做邻人之仆，有时做政府底官吏，有时做渔夫，有时做职工，有时又做别的。不但生产行着此种公平办法，即消费也以公平为主，随着职业底交代，食物种类也常有变化。凡关于营养的一切事务，都有一定的规则，不能逸出其范围。妇女也都归共有，不过其配合规则我们不明白。因之，儿童也归共有，由公共机关养育，一律公平待遇。他底共产主义，不是阶级的共产主义，而是社会的共产主义。

此外还有克里西泊也画出一个理想的国家，主张家族的共产主义。地卡尔卡则更有趣，主张回复到原始自然时代，以为黄金时代是在于过去社会。他底理想国家，便是一个人类与自然融合一致营幸福生活的乐园。在他这乐园里，人类不依靠动物来做食品，而只靠果实来维持生活。他以为在私有财产底罪恶未发达，人类社会底颓废未诱起以前，是没有什么激起斗争和憎恶的东西的。所以他总憧憬过去，认过去是他的理想。又有伊福拉者，其思想也与地卡尔卡差不多，认北部游牧蛮民为对于"自然"忠实且正当的人，以他们底生活为理想。在这些蛮民之间，其共产生活且浸入家族之中，一切人民都认为同胞；因此，他们底社会里便可以防止由个人所有权而生的种种社会的弊害。

以上七个梦想的社会主义者，都各有各底梦想的"乌托邦"：不是憧憬过去，便是寄托异邦。他们不满意于现实社会是一样的，他们无勇气从现实社会中做改造的工夫也是一样的。他们要想从现实生活中超脱出来另觅一块干净土去享受他们理想的幸福的生活。这是乌托邦社会思想家根本的特征。现代新村派的运动,也便是这样。他们大概都厌恶当时支配阶级而对于当时被支配阶级表示相当的同情。然而历史是不能重演的,社会是不能跳出的;所以他们底乌托邦也自然不能实现了。

本章主要参考书如下:
1. 箕作元八著《社会主义运动史》
2. 高桥诚一郎著《私有财产制度论之变迁》
3. 高一涵著《欧洲政治思想史》

社会问题

施存统 编

《社会问题》为施存统在上海大学讲课的讲义。这里根据1927年1月汉口长江书店再版的《社会科学讲义》整理出版。文献原有残缺,故未能收录全本。

目　录

第一章　社会问题之意义及其研究范围 …………………………… 162
　第一节　引子 …………………………………………………… 162
　第二节　社会问题底两种意义 ………………………………… 164
　第三节　社会问题和社会体 …………………………………… 165
　第四节　社会问题和社会科学 ………………………………… 172
　第五节　社会之疾病 …………………………………………… 174
　第六节　社会病之治疗法——社会政策和社会主义 ………… 177

第二章　现代社会底贫乏 ……………………………………………… 179
　第一节　贫乏底意义 …………………………………………… 179
　第二节　贫乏底事实 …………………………………………… 184
　第三节　贫乏底原因 …………………………………………… 189

第一章
社会问题之意义及其研究范围

第一节 引 子

　　自从上次世界资本帝国主义争夺市场的大战争告终以来,世界形势起了一大变化:一方面,资本主义的累积的生产能力已被战争毁灭殆尽,资本主义的已成的经济秩序也被战争搅乱不堪;他方面,俄罗斯无产阶级和农民已乘机挺身推倒旧专制政府及资本阶级,树立起社会主义的苏维埃联邦国以开世界社会革命之先河而为无产阶级革命斗争的中心。换句话说,资本主义的世界大战完结以后,世界社会更陷于紊乱混扰的境地,世界无产阶级和资本阶级两者底对立和斗争更加显明且剧烈了。

　　在此种国际的形势之下,中国既非离世而独立,自然也要受其波及了。中国底社会问题的声浪,就在此种国际的混乱和阶级斗争的形势之下而发出了。五四运动以后许多知识分子所办的关于社会问题的杂志、报纸及小册子,就是此种国际形势底反映。

　　但是,社会问题之所以能在中国成为重要的问题,引起中国人底重大的注意,必定中国社会里同样有发生社会问题的事实或条件,决非一二伟人英雄或少数人所能凭空造成,也非可以由一部分留学生或懂外国文的人自由任意从外国输入。历史告诉我们:社会进化是按一定的法则进行,某种社会达到某种程度(即具备某种条件),就会起某种变化(即产生某种事实),随着就会发生某种问题;现代社会问题之所以发生,也是如此。现代社会问题,就是资本主义的社会组织下面必然发生的事实和问题。资本主义发达到一定的程度,现代社会问题就自然而然地随着发生了。

中国自从鸦片战争资本主义的势力侵入以来,经济上和政治上,都渐渐隶属于资本主义的列强而丧失了独立的资格,即实际上已成了资本主义的列强底公共殖民地——原料供给所和商品销售场。随之中国全体人民都隶属于国际资本阶级之下,中国全体人民都受国际资本帝国主义底榨取和压迫,手工业因之衰微,农业因之荒废,商业几全成了贩卖外国资本家商品的勾当,全国失业者遍地,劳苦者号天。同时,那些由资本主义的列强用强力逼迫开设的大商埠,例如上海、汉口、天津等处,均由外国资本家或本国资本家进行新式的企业,开办新式的工厂,雇用多数的劳动者,只给极少的工钱而使其作极长时间的劳动,用尽一切惨无人道的剥削方法以期获得多量的剩余价值。加以封建余孽的军阀,得各资本主义国家底帮助,连年不断地实行争权夺利屠杀人民的战争,弄得国内灾民遍地,土匪发生,大多数不能安居乐业。以上各种现象,在在都足以发生社会问题,都是中国社会问题发生所根据的事实。

然而以上那些事实,并非是大战后才有的,即大战前也早已存在,为什么在大战后社会问题才成为问题才被人注意呢?这是因为每个社会问题底发生,必有两个时期:第一个时期,客观的物质上虽已具备了该问题存在的条件,而人类主观的精神上(即心理上)却还没有认识该问题底存在;到了第二期,才由人类底意识认识了该客观的物质的社会问题底存在,社会问题才被多数人注意,社会问题的声浪也在此时发出了。中国在上次大战后才发生社会问题,社会问题才引起人们底注意,就是这个缘故。换句话说,中国社会问题底客观的事实即大战前也已存在,而其主观的认识却在大战以后。大战后各资本主义国家加于中国的压迫,更加利害,更加显明,世界和中国社会底不安不平更加剧烈,于是社会问题的声浪就由一部分感觉灵敏、眼光锐利的知识分子唱呼出来了。

社会问题,在本质上是没有地域的区别,各国一致的,不过因时间上进化速度底不同,发生些程度上的差别罢了。所以中国底社会问题,一面是世界的社会问题之一部分,不能离开世界共同的社会问题而独立;他面又有其特殊的发展形式。我们现在固要研究世界共同的社会问题,同时也须研究在中国这种进化程度下面所发生的特殊形式的社会问题及其

与世界共同的社会问题之关系。不过前者底努力，世界已有很多专家做过了；后者底努力，却是我们中国人应负的独特的责任呢。

第二节 社会问题底两种意义

在一般人底观念上，对于社会问题底意义，很是模糊不清。同时，对于社会问题和社会学、社会科学、社会政策、社会主义等底关系及其意义，也多不能明确的区别和清楚的认识。所以我们于未讨论社会问题以前，须先大略说明以上这些东西底意义。

社会问题，有广狭两种意义：广义的社会问题，指关于社会制度全体的问题；狭义的社会问题，单指关于产业制度的劳动问题。因为狭义的社会问题就是劳动问题，所以有人直单把劳动问题认作社会问题，两者不加一些区别了。此种见解，还含有大部分真理，因为一般（即广义）社会问题中最重要的社会问题就是劳动问题，劳动问题实占一般社会问题之大部分。但如果把社会问题和劳动问题对立，把两者认为对等的两个东西，那就大错而特错了；因为劳动问题既占一般社会问题之大部分，且为一般社会问题之中心问题，一般社会问题离开劳动问题就无从说明，性质上两者绝对不是同等对立的东西。至于广义的社会问题，则除了劳动问题外，还包含农民问题和妇女问题，即那有特殊性质的都市及农村问题和有一般性质的人口及优种问题也包括在内。换句话说，广义的社会问题，包括一切关于改良或改造社会制度的问题，某种社会制度有了缺陷或弊病，就可以发生此种社会问题，然仍以劳动问题为其中心。因为社会是一种有机体，某种社会制度有了缺陷，一定是全体社会底根本组织有了或种缺陷，要解决它须牵涉到社会底根本组织，而且这一部的缺陷势必影响到他一部；所以我们须找到所以发生某种缺陷的根本原因或根本问题，劳动问题就是现代一切"社会缺陷"所以发生的根本原因或根本问题。因此，我们研究社会问题，须以劳动问题为中心，须从研究劳动问题出发。只要劳动问题能够解决，其他一切的社会问题都可以迎刃而解了。

广义的社会问题，非从现在才发生，自从原始共产制度崩坏、阶级制度成立后就发现了，希腊底自由民和奴隶，罗马底贵族和平民，中世纪底领主和农奴,行东和雇工——这些阶级斗争冲突的事实,就是那时代社会问题底表现。不过那时代的社会问题,其势焰不像近世那样猛烈,其实质内容,也和近世不同。因为近世的社会问题,大半由于工业上阶级的冲突,古代和中世的社会问题,大半由于农业上阶级的冲突。在农业方面,有大地主、中地主、小地主、自作农、佃户等许多区别,阶级悬隔尚不甚利害;而在工业方面,则榨取者的资本阶级和被榨取者的劳动阶级之间,阶级悬隔非常利害,劳动者绝无升为资本家之可能。所以工业制度成立以后,社会问题才成为社会上最重大的问题,常常震撼社会底生存。而狭义的社会问题(即劳动问题),则完全是近世工业制度的产物,为以前所没有。

我们以后所用的"社会问题"四字,都指广义的社会问题而说,那为狭义社会问题的劳动问题,只认为社会问题之一部而非全体。这广义的社会问题,也是以近世资本主义的社会组织为对象物来讨论的。

第三节 社会问题和社会体

要讨论社会问题和社会学之关系,须先明白社会学是什么东西。社会学究竟是什么东西呢?要答复这个问题,颇不容易。因为社会学是比较新起的科学,所以它底研究方法和章节底排列,都没有如经济学那样一定。我们翻开关于社会学的著作来看,就可以发见学者对于这些问题底处置方法有不少的差异。不过大体上我们可以说,下列各种项目是社会学者所共同研究的题目。即我们不妨说研究社会之起原、发达、组织、活动及其理想的是社会学底目的。因之我们可以对社会学下这样一个定义:研究人类社会之起原、发达、组织、活动及其理想的科学,叫作社会学。

一 社会底起原

社会底起原,就是人类底起原。人类从下等动物进化来这件事,现在已无一点可疑了;然从下等动物的状态进到今日的文明人,其间所经过的路程,是费了很长的年月的。从下等动物进化到原始人,固要费很长的

时间;从原始人进化到文明人,也不知要费多少万年。可见人类底起原固然很古,社会底起原也是很古的了。

凡各动物,能在大自然中生存不为生存竞争中底落伍者,都必有一种适于生存的武器来保护它。牛有利角,豕有猛牙,龟有硬壳,鹿有捷足,都是保护它们生存的武器。它们底生存武器,都生在它们底器官构造上。而人类却没有利角,也没有猛牙;硬壳和捷足也一样地没有。所以人类若孤独地单靠自己的天赋器官与其他动物实行生存竞争,就一定失败,决不会有现在积聚的文明,也不会有现在这样的人类。但是人类终竟战胜自然界,终竟战胜其他一切动物,终竟成了地球上的支配之王,究竟靠的是什么武器?简而言之:一是人类营社会的生活,一是人类能制造工具来延长自己底器官。

人类因为自然的器官不强,个人的能力薄弱,单独不能在大自然中实行生存竞争,所以最初就营社会的生活,使用或制造工具以共同的力量与自然奋斗,以达到他们底求食、生殖、御敌的三大目的——即生存目的。因为人类最初就实行社会的生活,最初就以共同的力量维持生存,所以我们可说人类生来就是社会的动物。

人类最初的社会形态,就是"群"。"群"底成立,"地缘"比"血缘"重要。许多集在一处的人类,为对自然行生存竞争起见,自然不能不结成"群"来共图生存。人类在这"群"中,最初的男女关系是实行无限制的自由性交,即所谓乱交状态;所以这时的血缘不如地缘重要。后来一切进步的社会形态,就是由这原始的社会形态(群)进化来的。我们总结起来说:人类社会底起原,由于人类生存上的必要;人类最初的社会形态就是"群"。

二 社会底发达

我们由上所说,已经知道人类最初的社会是叫做"群"了。现在所要问的是:这个"群"是向什么方向发达的呢?接着"群"而兴起的社会形态,就是氏族社会。这氏族社会,以血缘为其纽带,一氏族就是一经济单位。每一个氏族中,包含着许多家族。这时人口很少,集居于种族领土以内。围绕这领土的,有广大的狩猎场,又有与其他种族划界的缓冲地带。

分业极其简单,劳动只在男女之间有所区别。即男子从事战争和渔猎,女子从事食物和衣服。这时男女关系比较确定,男女间大体平等,实行共产生活。此种状态,一直到文明社会发生为止。

所谓文明社会,就是把原始共产制破灭了,把私有财产制确立了。文明社会,就是继氏族社会而起的。而文明社会,又可分为三种社会形态:(一)古代奴隶制,(二)中世封建制,(三)近代资本制。这三种社会形态,由奴隶制到封建制,由封建制到资本制,逐一进化到今。在奴隶制时代,奴隶是一种主要财产,是生产底基础。阶级在此时成立,国家也在此时成立。这时的代表阶级就是奴隶所有者和奴隶。国家就是奴隶所有者底国家。后来生产力进步了,支配阶级底土地增广了,奴隶制在经济上失其作用,于是就发生封建制度,以土地为主要财产,奴隶也变做农奴,得到些微的自由。这时的代表阶级就是领主和农主。国家就是封建领主底国家。及后工商业发达,都市隆兴,资本阶级抬头,深恶封建制度底束缚,起而打破封建制度建设近代资本家的社会。在近代资本家社会里,资本成了主要的财产,重要的财产都成了资本。这时代表的阶级就是资本阶级和无产阶级,国家就是资本阶级底国家。通过所有的文明社会,统是私有财产财产神圣的社会,统是阶级的社会,统是阶级斗争的社会,统是支配阶级利用国家政权压迫被支配阶级的社会。而做这些时代社会进化底动力的,有两个:一是物的动力,即生产力底发展;一是人的动力,即被压迫阶级底革命行动。现代资本主义社会底崩坏,也将由这两种动力而实现。以上是社会发达底大概情形。

三 社会底组织

其次,社会学底研究题目,是社会底组织。今日社会学者,多把社会看做一种有机体。我们底身体,由筋肉、神经系统、呼吸机关、消化机关等组成;同此一样,现今的社会,也由许多复杂的机关组成。我们今天先研究它底大体,于我们了解社会学是什么东西上是必要的。

我们若从政治上看,则社会底组织是极其简单的。比方我国底政治组织,它底根本单位是县(中国还未行自治制,乡村还未成为政治底基本组织)。县之上有道,道之上有省。总括以上这些组织的,还有国家。但

是现在的世界，国家已不能算最大的政治组织了。例如国际联盟那样团体（虽然现在的国际联盟有名无实，不足称为世界的政治组织，然已表示着此种倾向）如能充分发达，最后就将合世界各国而为一团，成立最大的社会组织。资本主义各国，虽不能成就此种任务；而未来社会主义的国家是一定要完成此大功的。总之，合全世界为一团的人类大社会，不久定会实现的。

以上单就政治组织而说。若就社会活动底立场来看，则社会组织决非如此简单。现在依照某学者所公布的分类法，将拿社会活动做标准的组织述之如下。第一是营养机关，就是供给我们生活必需品（衣食住）的机关。凡关于生产、运输及交换上的一切机关都属此类，我们又不妨叫它为"经济机关"。这经济机关可说是我们人类生存上最重要的基本机关。第二是生命存续机关，一是我们生命存续上所必要的医生及卫生会等机关，一是传续我们生命给子孙的机关，那就是家族。第三是交通机关，如印刷物、电话、电报、邮政等机关，即其实例。第四是教化机关，如学校、教会、教育会、各种学会、各种剧场、游戏场等等都是。第五是管理机关及保护机关，这里头包含的东西很广：（A）国际机关，其中合有国际法、国际裁判所及国际军备等；（B）国立机关，分为立法、行政、司法三部分；（C）私立机关、劳动组合、保险公司、共济会、政党等是。

四　社会底活动

我们上面所述的复杂的社会组织，是以社会活动做标准而成立的，所以社会底活动要通过上述各机关来行，那是当然的事。我们是组成社会之一部的分子，我们底活动范围并不限于一种机关，并且可以说每个人都要通过数种机关去活动。概括地说，无论什么人，至少都要与二三种机关有关系，虽然关系底程度可以相差得很远。比方说，一个人可以同何种营养机关有关系，同时也可以做家族底一员为生命存续而活动，可以参与教化机关，可以利用邮政、电话等交通机关，并且可以同管理机关及保护机关发生关系。构成我们身体的细胞，只能在我们身体底某一部分上活动，但构成社会为社会之分子的人类，却可以一人而兼数种活动。这是人类和身体底细胞性质不同的处所。

我们人类底活动，几乎没有限制（社会的限制是另一问题），前面已经说过了。但我们现在要问：唤起此种活动的原因究竟是什么呢？仔细把它分析起来，可以归纳为三种原始的欲望：一是食欲，二是性欲，三是防御欲或征服欲。而最基本的却是食、性二欲，因为防御欲是由食、性二欲发生的。在食、性二欲中，又以食欲占人类活动之大部分。人类终身营营，毫无休息，大部分为的是满足食欲。

现今人类底活动，大部分原于食欲。换句话说，人类大部分精力都化在衣食住上面。更露骨地说，现今人类活动底目的，就是怎样得到金钱。不用说，人类若只为衣食住而活动，是不对的，但要做其他的活动，第一必须生活要充足。若生活不充足，生存尚不可能，何有于其他的活动？所以人类既有了生命，第一个目的就是维持生命，维持生命就要衣食住。谋衣食住底充足，就是谋生活底充足，就是谋生命底维持和健全。人类所以有今日的文明，可说完全是食欲增大底结果。因为人类底食欲有增无已，所以不断地去发明器具，不断地去增高技术，不断地去改良生产方法，因之生产力就不断地扩展，文明也不断地发达。所以食欲是人类进步底最主要的欲望。由食欲而生的活动，就是人类底经济活动；实行经济活动的就是人类底经济组织。所以我们又可以说：经济活动是人类底主要活动，经济组织是人类社会底基本组织。

男女底性欲，是从下等动物时代就有的。它是传续人类生命使人类得万古不灭的唯一原因。食欲满足只能维持一代的生命，而性欲满足却能延续无数代的生命。人类底食欲不能满足，固然早已没有人类；人类底性欲不能满足，现在也不会有人类了。许多顽固先生把性欲看做龌龊卑劣的东西，社会上多数人忌言性欲，实在是忘本，他们忘记了性欲在人类文明上的贡献。性欲并不是龌龊卑劣可耻的东西，实在它是人类活动底主要动因，在人类活动上占重要的地位。子孙繁殖，固然是性欲底结果；而家庭生活底完成，也由于性欲的关系。家庭生活，起于夫妇关系，而由亲子关系促其巩固。人类在家庭中的活动，大部分是基于性欲的活动。人类过去的幸福生活，可说大部分是家庭生活。高尚纯洁的情操和真挚笃厚的爱情，即在性欲的关系中养成。所以我们对于性欲，应当认识它底真意义和真价值，绝不应存丝毫鄙视之念。

人类最初就天天受着自然底压迫。狂风大雨,毒蛇猛兽,无一不足以危害人类底生存。人类为脱除此种自然底压迫而达到他生存底目的,有防御欲或征服欲为其活动底动因去救济它。防御欲虽由食、性二欲里发生出来,然在我们人类过去的活动上地位也不算小。防御欲中又可约分为两种:一是知识欲,一是权力欲。各种科学家底发明,就是知识欲发达的结果。而此知识欲之所以发达,则完全由于要维持生存使生存安定生活丰富生活愉快的食、性二欲刺激的缘故。各种支配阶级及支配者底发生,就是权力欲发达的结果。而此种权力欲之所以发达,则完全由于社会有了剩余生产某一部分经济上处于有利地位的人能够榨取别人剩余生产以增高他的地位之故。总之,知识欲和权力欲都源于防御欲或征服欲,而防御欲则源于食欲和性欲。我们若能把防御欲或征服欲导入正当的路子,即把知识欲和权力欲好好利用起来,就不难完全征服自然,置自然于人类支配之下。将来社会进步,社会每个分子都能满足食、性二欲时,则人类征服自然的本领和成绩定比过去要伟大无量数倍。征服欲底发达,若专对自然界,那是于人类大大有益的。但若一引用到人类社会里来,就立刻发生极惨痛的阶级斗争的事实了。我们底责任,就是引导人类把征服欲充分对自然界发展,消灭人类社会里征服欲底滥用。我们知道人类底幸福只有大家一致协力去征服自然以完成现代文明才能达到。

五 社会底理想

最后,社会学所应研究的题目,就是社会底理想了。我们在没有说社会底理想以前,须先知道个人底理想是什么。不用说,个人底理想,若用哲学来说明,当然不是一件容易的事,或者会越说越糊涂;但若以常识来说明,大概不过如次。人类为什么生到世上来?人类生到世上来目的在哪里?这里问题我们不必管它,我们也没有能力管它,尽可以让那些玄学家、冥想家去讨论去。我们所要管而且能管的事,只是人类生到世上以后的事。我们知道,人类生到世上来,谁也知道求幸福。无论怎样的人,没有自愿求不幸的。纵使有多少例外,而人类大多数都追求幸福这件事,总是不能否认的事实。然则我们怎样能够求到最大的幸福呢?这是我们底问题。我们可以说人类底幸福在于充分圆满发达人类所有的能力以丰富人类底生活。不待言,人类是有多方面的能力的。我们尽量发达我们所有的能力,才能获得最大的幸福。

比方说,我们底身体若得遂圆满的发达,就不会为疾病所苦,因之我们就自然感着愉快了。但是我们底愉快,不仅由健康得来,并且由身体各部分底调和的发达得来,因为身体各部分底调和的发达,会使我们感着一种说不出的快感。换句话说,我们由调和的发达才能感受到"美"。希腊人得在雕刻术上发挥了他们底裸体美,是因为希腊人底身体由运动竞技得了调和的发达之故。他们底身体能够圆满地发达,所以他们能发挥出肉体美。其结果,他们就能把他们底肉体美一丝不变地表现在雕刻上了。由此看来,所谓身体底发达,决不是一部分的发达,他不是不调和的发达了。我国底所谓专门运动家和拳术家,在身体发达这一点上也许有可夸的处所,但多不能说是调和的发达。有些大力士,只有腹部特别发达,壮大得不成样子,徒徒使人联想到怪物,绝不会发生何等美感。所以要说身体底发达,调和是必要的条件,有"调和"的处所,才有美观可说。

如身体底发达一样,在精神底发达上,调和也是最重要的条件。我们当发达知的能力时,应该常常注意使各种能力并行发达。特别是品性底向上,应该与知力底发达并进。可是古来所谓"天才"的人物,大多只在一二种能力上遂了可惊的发达,在其他能力上常有很大的缺点。特别是知力非常发达而品性很劣的天才,历史上很是不少。换句话说,天才恰和大力士一样,都是怪物的发达。这样看来,人类应该追求的真幸福,不是可以由能力底不调和的发达中得来的,是只能由一切能力底调和的发达中得到的。所以我们若要达到人生底目的——幸福(这是由我们底常识而知的),最应该努力的事,就是竭力使我们底一切能力都圆满地发达。

人类从来对于以上所述的理想,究竟采取了什么态度呢?多数人好像完全在其他方面追求幸福。现在人类底大多数,都无暇追求上述的目的而只亟亟于求得衣食之资,即此物质上的幸福也不能得到。我们要得到幸福,生活资料(衣食住)当然是必要的,并且要力求丰富。但我们底活动不应只限于求得生活资料。换句话说,我们是为生而食的,不是为食而生的。但现在的人类,却现出为食而生的奇观。多数人类,劳劳碌碌,毫无休息,还不能得一温饱,遑论什么精神的幸福。所以我们应该有所觉

悟,应该主张改造今日的社会,使人类为生而食的社会能早日出现。

以上所述,都是概说个人理想的话。如果这个理想没有什么错误,则社会底理想是什么,就不难理解了。简单地说,社会底理想在于造出使个人理想容易达到的境遇。我们既然明白了个人底理想,我们就可以知道应该建设一个能够达到个人理想的社会制度了。在这个社会制度里,应该除去一切妨害达到个人理想的障碍物,同时应该设立一切便利于实现个人理想的事物。所以我们当批评现存社会制度之时,就可以拿此做标准;这就是说,现存社会制度在实现个人底理想上是有妨害的还是有利益的?如果是有妨害的,就是不好的;如果是有利益的,就是好的了。

以上,我已经把社会学大体说明了。由此看来,社会学对于社会的关系,恰如生理学对于身体的关系了。生理学是研究身体全部的科学,社会学就是研究社会全体的科学。我们还可以再举社会学和生理学底类似点如下。生理学以研究健康状态的身体为主;同样,社会学也以研究常态的社会为目的。固然,生理学也并没有完全把病态的身体置于度外。但一到了以研究病态的身体为主的时候,与其说是属于生理学底领分,不如说是属于病理学底领分倒适当些。同样,社会学有时也研究病态的社会。但以研究病态的社会为主的场合,与其叫做社会学,不如用"社会病理学"的名称还适当些。不待言,社会病理学也是社会学底一部分,但因其研究范围颇广,故今日几成了独立的研究问题了。而社会问题这名词,即与社会病理学同一意义使用,只因前者比后者通用得广些,所以我们以后就专用社会问题这名词了。

我们总结起来说:社会学以研究常态的社会为目的,是一种研究社会底起原、发达、组织、活动及其理想的科学;社会问题以研究病态的社会为目的,是一种研究社会疾病底原因及其救济方法的科学。

第四节　社会问题和社会科学

社会科学,是于人类社会有直接关系的科学。换句话说,是研究组织"社会"这东西的人类底各方面的活动及其原则的科学。例如经济学、政治学、历史学、人类学、伦理学、比较宗教学等,都是社会科学。然则社会学对于其他的社会科学有怎样的关系呢？社会学对于经济学、政治学等科学，还是同等对待恰如兄弟的关系呢，还是统一其他一切社会科学恰如亲子的关系呢？关于这个问题，学者底意见还没有一致。有的学者把社会学当做社会科学底一部门，看做完全与其他社会科学立在同一地位的东西。反之，有的学者把社会学当做综合的科学，看做统一所有社会科学的东西。我以为后者所说来得适当，所以就采取后说了。

社会问题，是直接间接同一切社会科学有关系的，不过关系底程度有多少的差别罢了。例如伦理学和历史学，有时是同社会问题有接触地方的，但如比较宗教学那样，对于社会问题的关系就很少了。就大体说，与社会问题最有亲近关系的科学，自然是社会学。除了社会学，则与社会问题最有密切关系的科学，就是经济学和政治学了。社会问题和社会学底关系，我们在上一节已经讲过了；我们在这一节只把经济学和政治学对于社会问题的关系略演几句。

社会问题和经济学底关系，非常密切。社会问题底发生，由于社会组织有了缺陷或毛病。而社会组织底基础是经济组织，则社会组织底缺陷或毛病，根本上就是经济组织底缺陷或毛病了。假如社会底经济组织没有矛盾冲突等现象，能使每个分子衣食住都得安适，则社会问题就不会发生了。那为现代社会问题底中心问题的劳动问题，固然是经济上的问题，即那表面上看来好像离经济问题很远的妇女问题，实际上根柢上大部分也是经济上的问题。我们竟可以说，一切社会问题，实际都与经济学有密切的关系，没有与经济学无关系的社会问题。我们只要看无论哪一个经济学者，他要做一本"经济学原论"没有不提起社会问题的，就可以知道社会问题和经济学有密切的关系了。

其次，再说社会问题和政治学底关系。政治学对于社会问题的关系，几乎有同经济学对于社会问题同样的密切。社会问题发生底主要原因，固然是由于经济上的毛病，但要实际改革社会底毛病，就会成了政治上的问题。政治组织是适应经济组织而成立的。经济上的优越，同时就会成了政治上的优越。政治的组织，就为保护经济上的优越而设的。古代底国家，就是奴隶所有者底国家；中世的国家，就是封建领主底国家；近世的国家，就是资本家底国家。因之，古代奴隶底阶级斗争，最后就成了反

抗奴隶国家的政治斗争；中世农奴底阶级斗争，最后就成了反抗封建国家的政治斗争；近世无产阶级底阶级斗争，最后也成了反抗资本国家的阶级斗争。我们已由历史的事实知道，没有一时代的社会问题与政治问题没有关系。现代的社会问题亦然，要解决它，亦借助政治的权力不可。政治的权力，是帮助解决社会问题最有效的手段。无产阶级底阶级斗争，早已向这方向进行；有力的社会改良或改造的方案，也无一不着眼于此。社会问题和政治学底关系，我们可由许多现实的事实知道他是很密切的了。

第五节　社会之疾病

我们现在的社会，是陷于病态的社会。社会问题，就是研究病态的社会的。那么我们就要问，现在社会底疾病是什么呢？如果详细回答起来，定能举出许多种类。例如传染病，原是个人底疾病，但也可说是社会底疾病。例如盲者、聋者、哑者、跛者那种残废者，也可以说是社会底疾病。甚至于如不正当的男女关系，也可以说是社会底疾病。但是从社会问题底见地来说，社会底大疾病，却是"贫乏"和"罪恶"。这二者之中，尤以贫乏为社会问题主要的研究题目；我们可以说要使人类社会从"贫乏"这大疾病中救援出来，是社会问题最重要的研究题目。换句话说，贫乏是社会问题的根基，罪恶大部分都由贫乏来的。

不过除了贫乏和罪恶以外，还有一种社会病也不能看过，那就是残废者。所谓"残废者"，并不仅指肉体的残废者，即精神病者也包括在里面。此种肉体的及精神的残废者，在中国一定是很多的，可惜我们现在得不到正确的统计，不能举出确实的数字来。我们现在姑且拿所谓欧美文明国的事实来做一个例子。据美国底统计，盲者数目达十万人，其中八分之一是于满二岁前成了盲者的。其次聋哑者底数目也达十万人以上，其中五分之一是生来的聋哑者，五分之二是满五岁前成为聋哑者的。更就低能者说，人数达三十万至四十万。癫狂者底数目，也达二十万人以上。据一九一〇年的统计，英格兰及威尔斯底低能者数目，也有二十七万一千人。即在日本，据明治四十年内务部所公布的统计，盲者数目也达七万五百十人。他们那些科学进步医学发达的文明国,残废者尚如此之多,我们这老大中国更不待说了。现在社会有了这么多的残废不具者,我们当然不能说现在社会是完全处于健全的状态的。不过此种残废者众多底主要原因,却又是贫乏了。

此地所说的罪恶是什么意义呢?英语对于罪恶,有三种区别,我国语言却没这样明确的区别。英语底 Sin,是对于神或天犯恶行的意思,可以译作"罪愆"。Crime 是对于国家的罪恶,可译作"犯罪"(或"犯法"也可)。Vice 是对于自己的罪恶,例如吃烟饮酒之类,可译作"罪过"(或失德)。我国语言,犯罪不难与其他罪恶区别,但要适当表示同英语底 Sin 及 Vice 底意义的语言,却不容易找得。所以本书就假定"罪恶"一名词是包括以上三种意义的。不过关于吃烟饮酒等个人的罪恶,将来讨论到优种问题时再比较详细地研究,现在姑置而不说。以后关于论究罪恶的时候,为主的是就犯罪来说的。

贫乏、罪恶及残废三者,在或一程度内,常互为因果。比方说因残废而陷于贫乏或罪恶的事,是我们所常常听见看见的。贫乏人底大多数,因知力缺乏在竞争场中常为落伍者。他们有很多只能做其他劳动者底帮手,没有自己独立劳动的能力。他们这样堕落到最悲惨的状态,在维持现制度的条件下看来,不能不说是精神不具底结果。其次,犯罪与残废之间,也有密切的关系。这可由罗卜洛梭底《骨相学和犯罪之关系》中而知道。精神的残废者有犯罪的倾向,这是专门学者所容易承认的事实。肉体的残废者,不一定就易陷于贫乏或犯罪,而精神的残废者,则常有成为贫乏及犯罪原因的可能。这是我们应注意的事。

残废成为贫乏及罪恶底原因,已如我们上面所说了,而贫乏及罪恶,则更能成为残废底原因。例如贫乏人因为贫乏之故,卫生上的注意就不能周到,必要的医药费用也无所从出,自然不知不觉地使他底小孩子成为盲者了。更有因对于自己失德(例如吃烟饮酒之类),以致患了可怕的疾病,使儿童生来就成为盲者的。这不过是表示因贫乏及罪恶而生的肉体上的不具,至于因贫乏及罪恶而生的精神上的不具则更多了。谁也知道,酒毒和梅毒,对于子孙底脑髓给与极可怕的恶果。如果我们到癫狂院里去研究一下癫狂病患者所以陷于此种悲惨状态的原因,一定可以发见他

们中十分之二以上的人是由于父母底饮酒。梅毒也与酒毒一样，是癫狂病底原因。我们看见癫狂者，就可以看见酒毒和梅毒所发生的最可怕的恶果。但是现在大多数人，对于以上二大毒害所发生的恶影响，却都不去留意。并且精神的残废者，不仅限于癫狂者，即那白痴和低能者，也可说是一种精神的残废者。而白痴和低能者底大多数，都由于父母底梅毒和酒毒。我们一想到这里，自然会痛切地感觉到精神的残废者之由于父母底罪恶关系之大了。

贫乏为罪恶底主要原因，那是很显明的。无论哪一个国家，关在监狱里的大部分囚犯，都是关于财产的犯罪者。孟轲也说："无恒产者，无恒心。"这一句话，若在限定的意义之下（即在承认私有制度之下）应用起来，大体是很对的。如果人类社会能完全除去"贫乏"这件事，则十分之九的犯罪必归于消灭，这是我们敢断言的。自然，因男女关系而发生的犯罪者也很不少，但那些犯罪，大部分都是贫乏底结果，不过是间接的罢了。今日男女关系所以如此紊乱，大部分原因是由于达到相当年龄的男女只因经济上的理由而不能或延期结婚之故。如果今日的社会更加进步，能够使无论何人一达到相当的年龄没有什么生活费底忧虑就能结婚，则由男女关系而生的犯罪，我想至少也可以减少大部分。这样看来，犯罪底大部分，可由灭绝贫乏而消灭，那是无一点可疑的了。反之，因罪恶而陷入贫乏的事，也是有的。饮酒、赌博等事，都是浪费金钱的，人们因此而陷入贫乏状态的，也很不少。我们若有统计，将烟、酒、赌博等浪费总计起来，一定是一可惊的数目。比方平均每人每年烟酒费一元，则假定中国四万万人，就有四万万元。若拿此数目来办实业或教育，都是很可观的。即以日本而说，单是酒费，每年已达七万万元至十万万元了。由此可见现今社会单是此种浪费，已经是很大的了。其他生产上和交换上的浪费还不算呢。

由上所说，贫乏、罪恶和疾病三者，互为因果，大概可以知道了。但是这三种疾病，尤以贫乏为疾病底根柢，即疾病底疾病。罪恶和残废，虽是社会的疾病，但多由贫乏而生；若把贫乏病消灭了，其他二种疾病大部分可随而消灭。贫乏问题得了解决，罪恶自然可大部分消灭，即残废者也可大部分因之消灭：一则有事前卫生上的预防，二则有事后医学上的补救。

所以我们要解决上述三种社会病,首先须认明社会底根本疾病,拿贫乏做中心来求解决。不然,头痛医头,脚痛医脚,社会的疾病就永不会医得好。社会问题底目的,即在于消灭这些疾病,尤其是要找着病根来医治。

第六节　社会病之治疗法——社会政策和社会主义

我们既明白社会疾病之所在,须更进而讨究社会疾病底治疗方法。

治疗身体底疾病的方法有二,一是应急法,一是根治法。同样,治疗社会底疾病,也有两个方法。第一个方法是,不伤害现存的社会组织,原样把它保存起来,单应临时的需要而加以各种的改良。这恰如医生治疗身体底疾病,采取应急手段一样。也可以与那木匠对于家屋破损,只略加修理相比。这就是说救济贫乏,只探用慈善事业或教育事业那样方法。可是第二个方法就不然了,他们相信现存的社会组织是发生贫乏最大的主要的原因,所以要根本破坏它,代以完全新的社会组织。他们以为家屋底修理不过是姑息的手段,所以主张拆毁了再全部改筑。前者叫做改良,后者叫做改造。普通称第一个方法为社会政策或社会改良主义,称第二个方法为社会主义。不论社会政策或社会主义,都不过是治疗社会疾病的一种手段。换句话说,社会政策和社会主义,不外是解决社会问题的二大方法罢了。

这样看来,社会政策和社会主义,在为治疗社会疾病的手段上说是同样的,不过前者号为渐进、后者号为急进这一点不同罢了。可是所谓渐进,所谓急进,都不过是相对的名称,不能使我们由此得一明确的概念。我们为明白区别两者起见,须得找一明确的标准。这标准是什么呢？就是是否承认现存的私有财产制度。社会主义主张一切生产机关(土地、房屋、机器、工场、原料、河道、森林、矿山、半制品等)都收归公有,所以如果社会主义实行了,则私有财产底范围一定非常缩小,任何人都只能私有衣服、家具等物,其他一切东西都归共有。自然,主张社会政策的人,也有主张独占事业应归公有的。然社会政策底主倡者,大体上总是主张维持私有财产制度的。伊利教授所主张的社会改良主义,即属于此。这两种主张底不同,在劳动问题上最易看出。主张社会政策的人,相信资本阶级

和劳动阶级底永久存在，只想在这前提上面谋一点改良。这即所谓"劳资调和"的主张。而主张社会主义的人则不然，他们相信共有财产制度，不承认劳动者和资本家底阶级对立是可以永久继续下去的制度，要想根本破坏此种阶级制度。他们主张社会全体的人，应该都为劳动者；社会一切生产机关，都应归劳动阶级共有。他们为什么这样主张？因为他们相信只有实行财产共有才能根本治疗贫乏和罪恶之故。

总结一句，社会病底治疗法有二：一是社会政策，是一种应急的、渐进的、妥协的方法；一是社会主义，是一种根本的、急进的、彻底的方法。承认现存私有财产制度而单想改良了事的叫做社会政策；否认现存私有财产制度而主张根本改造的叫做社会主义。

本章主要参考书如下：
1. 安部矶雄著《社会问题概论》
2. 高畠素之著《社会问题总览》
3. 田中贡著《社会政策》
4. 爱尔乌德著《社会学及现代社会问题》
5. 佐野学著《社会之进化》

第二章
现代社会底贫乏

第一节　贫　乏　底　意　义

一　三种意义

　　现代社会,是病态的社会。这病态的社会底最大的根本的疾病,就是贫。所以我们可以说,现代的社会是贫乏的社会。我们中国这种产业幼稚的国家,固然是贫乏的社会;即那英美德法日本等产业发达的先进国,也是贫乏的社会。现今产业幼稚的国家和产业发达的国家,同陷于贫乏的状态,不过内容和程度有些不同罢了。

　　然则我们所说的贫乏,究竟是什么意思呢? 贫乏一名词,普通大概有三种意义。我们先说第一种。

　　第一种意义的贫乏,是对富者而说的贫乏,是由比较而生的贫乏。它底要素是"经济上的不平"。此种贫乏,与私有财产同时发生,只要社会没有绝对废除贫富底差别,无论何时,无论何地,都一定有此种贫乏。比方说,两手空空的无产者,比起千元万元的中产者来,自然要算是贫乏了;但千元万元的中产者,比起十万二十万的财主来,又要算贫乏了;而十万二十万的财主,比起百万千万的富豪来,也要算贫乏了;中国百万千万的富豪,比起欧美几万万几十万万的大资本家来,又不得不算贫乏了。此种意义的贫乏,适用的范围极广,竟可说是全世界除了几个盖世的资本魔王外,一切人都可适用;但这不是我们此地所讨论的问题。

　　第二种意义的贫乏,是指一切被救恤者而说的。凡贫而无力、依赖公

众救助的人，都是此种贫乏者。它底要素是"经济上的依赖"。此种贫乏者，欧美各文明国，数目都不在少。例如一八九一年，英国底贫民受公家救助者，每千人中平均有五十四人，即约每十八人中占一人；至于六十五岁以上的老人，则每千人中平均有二百九十二人，即约每三人中占一人。又如一九一○年，据美国底户口统计，美国贫民院中住有七十万人；此外不在贫民院而靠人救助来维持生活的人，还不知有多少。据专门学者底测算，美国每年受救助的人大约占全国人口百分之五。大都市中受救助的人更多，纽约城中每年受救助的人，竟占全市人口百分之十以上。按照上述百分之五的推测，美国在一九一○年受救助的人，大约有四百五十万人。我们由以上所述的事实，大略也可以推知此种贫乏者之多了。古来各国政府，对于此种贫乏者问题，有时都能加以相当的注意和相当的设施。但这也不是我们所认为重要的问题。

我们所认为重要的问题，是第三种意义的贫乏。这是指不能享受"生活必需品"的人而说的，其要素是"经济上的不足"。此"经济上的不足"，大半由"经济上的不平"而生。古代的贫乏是自然的贫乏，固由"经济的不足"而生；现代的贫乏却是社会的贫乏，多由"经济的不平"而生。

我们未说明此种贫乏以前，须先说一说经济学者所谓"贫乏线"是什么东西。

二 贫乏线

人类最重要的东西有二：一是肉体，一是精神。人类底理想生活，即在于使肉体和精神都得着健全的维持和健全的发达。肉体偏面的发达，固然不好；精神偏面的发达，也一样地不对。一定定要使肉体和精神平均健全地发达，才是完满的生活。然欲使肉体和精神平均健全地发达，有一个先决条件，就是必须有生活上所必要的物资。生活上所必要的物资不能完备，则肉体和精神都不能健全地发达。我们可以说，凡是不能得到生活上所必要的物资使他健全发达其肉体和精神的人，都是贫乏人。但是精神是无形之物，不能像肉体那样可以用尺去量用秤去称，所以我们当实际调查贫民之时，为便宜起见，就把贫乏底标准大大地降低，只将肉体放在眼里，以足够维持肉体底自然发达的物资假定为我们生存上所必要的物品,凡不能获得此等分量的物品的人就叫做贫乏人。此种经济状态,就是贫乏。这是第三种意义的贫乏。

那么维持肉体所最必要的东西是什么呢?这就是食物。据许多学者精密研究底结果,西洋底成年男子,从事普通劳动的人,每天必须食取能发生三千五百"加罗利"热量的食物。也有人说每天只要有三千四百"加罗利"热量就够了。三千四百"加罗利"热量,就是蛋白质二点九七七五两,脂肪一点四八八七五两,含水炭素一三点二〇〇二五两。有名的罗脱利氏底贫民调查,即以三千五百"加罗利"热量做标准的。这里所说的一个"加罗利",就是一"启罗格兰姆"的水摄氏寒暑表升高一度所要的热量。盖我们人类底身体,如蒸气机关一样,若不燃烧食物的石炭,则其机关就要停止运转。而运转这机关(身体)所必要的食物分量,用科学的方法计算起来,不说米几升和肉几斤,却变换为热量底单位"加罗利"。

我们现在所要问的,这维持人类身体所必要的热量,是怎样算出来的呢?关于这个问题,有许多学者底许多研究,我们现在试举一例来看。我们可以使监狱里的囚徒,每天从事一定的劳动,给他一定的食物,去考查他底成绩。我们最初不给他充分的食物,就可以发见他们感着疲劳,常欲睡眠。若问他们要什么时,他们就一定回答说想多吃一点,因为肚子饥饿了。若称一称他们底体重,就知道一天一天地减轻。于是我们就可以再骤然增加食物分量来试试看,定发见体重渐渐增加。此时再问他们要什么时,他们就一定回答说想吃稍为适口点的东西。这时对于食物的欲求,已从分量变为品质了。英国谭罗夫博士,对于苏格兰囚徒的试验,用的就是此种方法。据他所报告的成绩(在一九〇〇年巴黎所开第十三次万国医学大会的报告):二个月间每天给与具三千五百"加罗利"热量的食物时,那有普通体重的囚徒中,约有百分之八十二渐次减少他底体重;于是每天给以具三千七百"加罗利"热量的食物,就约有百分之七十六能渐次增加或维持其体重了。我们从这试验看来,这些劳动者每天只有具三千五百"加罗利"热量的食物,是稍为有点不够的。但此种供谭罗夫试验的囚徒,都是石工,劳动颇激烈,不能当作一般人底标准。谭罗夫自己也说,普通从事轻易劳动的人,只要有三千一百"加罗利"的食物就很够了。所以罗脱利氏底贫民调查,以三千五百"加罗利"为从事普通劳动的成年男子所必要的一日

分的热量。但这只能做大体的标准,至于妇女与儿童,其所需要的食物分量,须依其性和年龄来决定;劳动底激烈和缓和,也要发生很大的差别。

所以美国生命延长协会所刊行的《我们要怎样生活》一书里,规定每人一日所需的热量为二千五百"加罗利"左右。拿它与罗脱利氏所定的标准相比,好像罗氏所定的未免失之过大;然此种差异,是由于有否把食物与劳动之关系计算进去而生的。即上述《我们要怎样生活》一书里也说:"普通的座业者,一天约需二千五百'加罗利'。但是体躯越大的人,或是从事肉体劳动越多的人,则他所需要的食物也越多。"然无论何国底贫乏人,都是从事肉体劳动最多的人。故以劳动者每日所需要的食物分量,为测定贫乏线底标准,与为普通人而设的标准稍有不同。

每人所需的热量,与劳动底多少有极大关系,那是不待言的人。我们现为明白其程度起见,姑录一表于下。这是芬兰底大学教授倍克尔和哈马来内二氏就各个劳动者测定他实际消费的热量的结果。

职 业	年龄	身 长（尺—寸）	体重（磅）	体业中一点钟内的消费热量	劳动中一点钟内的消费热量	一日内消费总热量（八点钟劳动、十六点钟休息）
制□业	五六	五——〇	一四五	七三	一七二	二五四四
	三〇	五——八	一四三	八七	一七一	二七六〇
裁缝师	三九	五——五	一四一	七二	一二四	二一四四
	四六	五——〇三	一六一	一〇二	一三五	二七一二
订书业	一九	六——〇	一五〇	八七	一六四	二七〇四
	二三	五——四三	一四三	八五	一六三	二六六四
金属工	三四	五——四	一三九	八一	二一六	三〇二四
	二七	五——五	一三〇	九九	二一九	三三三六
涂漆匠	二五	五——一一	一五四	一〇四	二三一	三五一二
	二七	五——八	一四七	一一一	二三〇	三六一六
木 匠	四二	五——七	一五四	八一	二〇四	二九二八
	二四	五——五三	一四一	八五	二四四	三三一二
石 工	二七	五——一	一五六	九〇	四〇八	四七〇四
	二二	五——八	一四一	八五	三六六	四二八八

(续表)

职　业	年龄	身　长（尺—寸）	体重（磅）	体业中一点钟内的消费热量	劳动中一点钟内的消费热量	一日内消费总热量（八点钟劳动、十六点钟休息）
锯木工	四二	五——五	一六七	八六	五〇一	五三八四
	四三	五——五	一四三	八四	四五一	四九五二

从上表看起来，我们所需的热量，劳动中和休业中有大差别，又依劳动底种类而生大异，是极明了的事。我们这里应该特别注意的是劳动中和休业中所需热量底差异。据上表看起来，锯木业者在其劳动中所用的热量，竟达休息中所用热量底五倍至六倍。所以我们当决定此等劳动□□摄取的热量时，须当考虑他们劳动时间底多少。例如上述的木锯工，每天劳动八点钟时，其消费总热量约五千"加罗利"；如果延长劳动时间至十二点钟，那就需要约七千"加罗利"热量了。

劳动时间底长短，影响到需要热量底多少，已如我们上面所说。从这一点来说，中国劳动者体躯虽比西洋劳动者弱小，而每天的劳动时间却远多于西洋劳动者，所以他们所需要的食料，恐怕也不会同西洋人有多大差异。

一人生活上所必要的食物分量既已决定，其次就要研究获得此等食物所需要的费用。详细点说，就是我们为获得具所定热量的食物，在一定的物价之下，买其价廉物美而富滋养料者，应需多少费用。此事一调查明白，则一人生活上所必要的食料底最低费用就可以计算出来了。

食费之外，再算出被服费、住居费、燃料费及其他一切杂费，就可以把它当做一个人生活必需品底最低限度；拿此做根据画出一线，即叫做"贫乏线"。这一条线，就是我们当实际调查贫民时所谓第三种意义的贫富底标准。我们可以由这一条线，把世界人类分做两种：一种是在此线以下的人，即连此生活必需品最低限度的所得尚没有的人，叫做贫乏人；一种是在此线以上的人，即有自己生活必需品最低限度以上的所得的人，看做非贫乏人。

三　第三种意义的贫乏人

我们已经知道贫乏线是什么东西了，现在再进而略说第三种意义的贫乏人究竟包括什么。我们现在要继续说明的，就是除了在贫乏线以

上和贫乏线以下的人以外,还有恰好跨在贫乏线上面的人。这里所说恰好跨在贫乏线上面的人,就是指那收入正当上述生活必需品底最低限度的人。这一种人,如果把他底全部收入都充作维持肉体健康之用,还侥幸可以免去陷入营养不足之病。但若要于维持肉体健康的目的之外,化费一点别的必要用途,跟着就会发生饮食费及其他必要费用底不足,以致损害他底健康了。不用说,单是维持肉体健康的费用,决不能说就是我们生活上必要费用底全部。比方即拿衣服来说,因职业种类底不同,为适应其职业起见,也不能单以防御寒暑使它不害健康为满足。又如有了儿女的人,就不能不使其儿女进学校。因为做父母的,不仅希望其儿女肉体健全,并且希望其儿女精神健全的。这是父母在感情上在理智上都想做的事。但是正在贫乏线上面的人,是没有可以充此等用途的余裕的,所以若要于维持肉体健康的目的之外支出何种必要的或有益的用费,势非牺牲他一部分肉体底健康不可。此外吃烟饮酒是不用说了,即购买一张报纸,发一封信,坐一次电车,在在都足以牺牲其肉体底健康。

正跨在贫乏线上面的人底生活,已如我们上面所述了。因此,我们不能单把在贫乏线以下的人,看做贫乏人,即那恰好跨在贫乏线上面的人,也应算做贫乏人。这样,我们可以把贫乏人分做二种:一种是落在贫乏线以下的人,我们叫它为第一级贫乏人;一种是刚跨在贫乏线上面的人,我们名它为第二级贫乏人。这第一级及第二级的贫乏人,是我们以后认为主题的贫乏人。

由上所说看来,就可以知道我们所说的贫乏人底标准,是极其低下的了。我们在下一节将根据这个标准举出现社会底贫乏事实。

第二节 贫乏底事实

一 英国底事实

我们既已明白了贫乏底意义,就须进而考察贫乏底事实。我们中国,上述三种意义的贫乏人,都要占一个极大的可惊的数目,那是不待言的;

但可惜我们这个不长进的国家，什么统计都没有，私人也没有做这一步调查的工夫，以致我们没有法子举出数字来以明贫乏底究竟。所以照例只得把欧美诸文明国所得的数字抄出来，以窥察现社会贫乏底一班。好在欧美诸文明国，都是所谓"富国"；由富国底贫乏事实，更加可以窥知"贫国"底贫乏事实。

我们先说世界最富国之一的英国底贫乏状态。据一八九九年罗脱利在约克市详密调查的结果，当然属于第一级贫乏人的人，总数有七千二百三十人（当时人口总数为七万五千八百十二人），都是劳动阶级的人，与劳动者总数比较起来，当它百分之一四点四六，与人口总数比较，占它百分之九点九一。又，第一、第二两级贫乏人合计起来，其总数有二万三百零二人，也都是劳动阶级的人，其比例实占劳动者总数底百分之四三点四，人口总数底百分之二七点八四。这是经济界很兴旺的一八九九年底调查，其结果尚且如此，其他经济不振的时代更不用说了。

在罗脱利以前，还有布斯其人，曾化了不少的年月和大部分的私财，实行大规模的伦敦全市底贫乏调查。结果，就出了一部《伦敦人底生活及劳动》的大著作，第一篇题目为"贫乏"，由两卷构成，最初在一八九一年出版。据他所说，伦敦底贫乏人对于总人口的百分比如下：

	百分比
最下层民	〇.九
细民	七.五
贫民	二二.三

把以上三种人合计起来，全体人口中，有百分之三〇点七是贫乏人。布斯氏底调查，并非根据上述"贫乏线"那种正确的标准，但我们也可由此窥见当时社会贫乏底一般状况。他底调查发表于世之后，有人以为只限于伦敦，不能作一般的标准，其他都市情形也许大异。于是罗脱利便更进一步，到僻静的乡村小市约克去实际调查，结果已如我们上面所述，几与伦敦底调查发现同样的事实。

以上两个统计年代比较地旧,或不免不能十分正确;现为求得比较正确起见,且述一个较近调查的事。这是一九一二年秋季至一九一三年秋季一年间所行的调查,经统计学者明绩的白内德·哈司脱共编为《生计与贫乏》一书,于一九一五年出版的。他们底调查范围,并不像罗脱利那样仅限于一都市,是选择四个情形不同的都市去实行调查的;调查底结果,有的场所,状况较罗脱利氏底调查结果更坏。罗脱利氏底调查结果,属于第一级贫乏人的人,只占全市人口十分之一弱;据这次的调查,赖丁古地方,属于第一级贫乏人的人,占全市人口五分之一,感灵顿地方则占全市人口八分之一。此二市底状况,都较约克市更坏。然诺尔萨普东地方,属于第一级贫乏人的人,却只占全市人口十二分之一,斯达雷地方只占全市人口十七分之一;此二处地方,状态又较约克市为优了。

由上所述看来,贫乏人对于总人口的比例,是依各都市底经济情形而有不同,并非到处一律的。不过由以上所举的几个例子看来,我们可以知道即那为世界最富国之一的大万国,连足以维持肉体健康的收入尚得不到的贫乏人,实在不在少数呢。

以上所举的各例子,都没有把第二种意义的贫乏人算入,即没有把在慈善工场及其他救贫制度底下生活着的一切被救恤者算进去。我们如把第二种意义的贫乏人也一气算进去,则那为世界最富国之一的大英国底贫乏人,真是可惊可怕的了。

二 美国底事实

美国是现在世界上最富的国家,美国劳动者底生活比任何国家都要良好,依理不应再有贫乏的现象。然而事实却不如此,美国之富,不是美国全体人民之富,只是少数资本家底富,如煤油大王罗克弗拉一人竟有财产四十亿圆以上。美国底多数劳动者,也与其他各国劳动者一样地堕入贫乏的状态中的,不过程度浅一点罢了。凡是资本主义的国家,无论它富到什么程度,而贫乏的现象终不可免。

据罕达氏底推算,美国属于第二种意义的贫乏人,即属于各种慈善团体的被救恤者,约有四百万人;属于第三种意义的贫乏人,即离此等慈善团体而独立生活的贫乏人,约有六百万人;两方合计,其数不下一千万人。

阿多达教授,根据上述每人一天需要三千四百"加罗利"热量的标准,算定美国劳动者普通一年所需要的最低生活费为千二百圆。而大都会底劳动者,须比上面所说还要更多的生活费,所以蔡屏博士就以千六百五十圆为都市劳动者底最低生活费。根据此种标准来观察美国劳动者底状况,就可以知道不能得到这最低生活费的人,为数很不少了。即拿一九〇五年的统计表来看,从事制造业的四百二十四万四千五百三十八名劳动者,每人底平均收入只有一千六十八圆。拿依收入额量来分类的劳动者底比例来看,每年收入千二百圆以下千圆以上的劳动者,有约百分之四十二,每年收入千圆以下的劳动者,约占百分之二十一。由上所述看来,美国贫乏人底多少,大概也可约略推得了。

三 欧美各国财富之分配状态

同样的事实,再一一列举下去,也没有什么兴味,所以我们就不多叙了。现在我们且举一表,以明欧美各文明富国财富之分配状态。

第一表 （各国财富之分配）

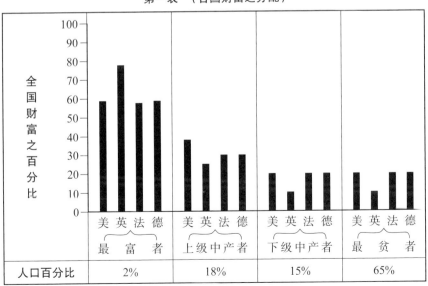

第二表

人口百分比同第一表	最富者 英 法 德 美	上级中产者 英 法 德 美	下级中产者 英 法 德 美	最贫者 英 法 德 美
该阶级内所有之富对全国之富的比例	七一．七 六〇．七 五九．〇 五七．〇	二三．七 二九．四 三〇．六 三三．〇	二．九 五．六 五．五 四．八	一．七 四．三 四．九 五．二
该阶级每人平均所有额（单位每金圆）	一八一六一〇 八五五〇〇 五九七七九 一三五七一五	六六七〇 四六〇二 三四四五 八七二〇	九七九 一〇五二 七四三 一五二四	一三三 一八六 一五三 三八一

上列两表，均采自美国统计学者金氏所著一九一五年出版的《美国人民之财富及收入》一书，表中所说德意志，指的是德意志联邦之一普鲁士，所说美国也系指美国之威斯康新州。调查材料底年代，英法美都是一九〇〇年，德意志是一九〇八年。这表自然也不能算是十分正确的调查，不过我们可以由此略为窥见大体的趋势而已。

现在请再略加说明。上表中所说的"最贫者"，并非是第三种意义的贫乏人，实是第一种意义的贫乏人，即是对富者而说的贫乏人，不过实际上所包含的大半是第三种意义的贫乏人罢了。这个表，是从全国人民中比较最贫乏的人算起，渐渐升上去，一直达到全国人口总数底百分之六十五，就把这些人员总括起来都叫做最贫者；然后再看这占全人口百分之六十五的最贫者，他们现在所有着的财富底分量，究竟占全国总富底几分之几。结果，如上表所示，各国间是有多少差异的；然就英国来说，那占全人口百分之六十五的最贫者一共聚拢来的财富，还不过仅当全国财富底百分之一点七，连百分之二都未到。即那下层阶级比较富裕的美国，占全人口百分之六十五的最贫者，所有财富总额也还不过当全国总富底百分之五点二。

其次，就暂置占全人口百分之六十五的最贫者不说；从此再一步步地升上去，一直算到相当全人口百分之十五的人员时，就又把它分为一类，叫做下级中产者；再从此上去，相当全人口百分之十八的人员时，又总括为一类，叫做上级中产者；最后所剩下来的人，便是全国民中最富的人,人数正当总人口数百分之二,即叫他为最富者;我们然后再算出属于各部分的财富底比例。

我们今天姑且略去上级中产者和下级中产者不说,单把最后的最富者部分来看一看。他们从人数上说,只不过占全人口底百分之二,而属于他们所有的财富却很可惊:英国占全国财富底百分之七一点七,法国占全国财富底六〇点七,德国占百分之五九,美国占百分之五七。贫富悬隔如此利害,实是现代资本主义文明底特色。现代资本制度,即使无生产上的破绽,而这分配上的不均,也是要酿成极大的不安的。

第三节 贫乏底原因

一 生产力之限制

1. 不完全的经济组织

现代资本主义社会底生产力,比起过去任何社会底生产力来,都要巨大得多。马克思于一八四七年在《共产党宣言》里即已说道:"资本阶级得权不过百年,他造成的生产力,却比开辟以来一切时代生产力底总和还要大。自然力屈服于人类,机械、工业和农业上的化学应用、轮船、航路、铁道、电报、全大陆底开垦,河流底疏浚,好像用魔力从地下唤起似的这全人类——在前代,谁曾想到这样伟大的生产力,居然包含在社会的劳动里面呢?"那时已有这样伟大的生产力,现在呢,自然更加增大了。

但是当时这种伟大的生产力,即已不能为资本家社会所包容。"资本家社会底制度太过狭小,已不能包容那大生产力所产出的财富了"(见《共产党宣言》)。这就是生产力和生命关系(即财产关系)已发生冲突了。生产力要冲破那妨碍它发展的现存生产关系以遂其自由发展之本愿,而现存生产关系却要阻抑那危害其生存的生产力以保其苟延残喘之末运。此种生产力和生产关系底冲突,便是现存阶级斗争底基础。只要生产力没有得到最后的胜利,现存生产关系是一定要拼命阻抑并破坏那生产力底自由发展的。因之现代社会虽有伟大的生产力也不能利用它为全人类或多数人谋幸福,以致社会仍陷于贫乏的状态。现代社会之所以

贫乏,限制生产力不能使它充分发展实是一最大原因。

我们中国,还没有完全进到产业革命底初期,只不过才有点产业革命底萌芽。全国新式产业,寥寥无几,大半都停滞于幼稚的农业和手工业的状态之下。因之,生产力非常弱小,弄得全国人都陷于贫乏之境。依理,我们中国现在决不会有限制生产力的事实。然而实际却不然,中国社会底生产力,仍是受限制不能充分发展的。不过限制中国社会生产力发展的,不是中国资本家,而是外国资本家;有一部分原因是那国内封建的障碍。中国贫乏程度一年增加一年,即是生产力被外国资本帝国主义者强迫限制使它不能发展之故。外国资本帝国主义者,不仅阻止中国新生产力底发展,并且破坏中国旧生产力底存在。

此种限制生产力的事实,完全由于现代经济组织底不完全。如果是一个完全的经济组织,那便一定是利用人类底一切智识和科学上的发明去促进生产力底发展以造福于全人类,决不会限制生产力使多数人陷于贫乏的境遇。现今科学底进步,决不能算幼稚,谁也惊异它底成绩,如果我们能依科学所指示,把现代科学上的发明及发见立刻都应用到生产事业上来,则全世界底财富,定会立刻增加几倍至几十倍。然我们现在对于一切生产要素,都没有充分利用,即资本家对于资本,也没有充分利用。以后我们且略述生产不充分的情形,以明现代社会贫乏底一因。

2. 土地利用法底不充分

我们先就土地利用法来考察一下。各国耕作地面积与国土之面积比较,其比例大约如下表:

国　　名	国土面积(百分比)	耕作地面积
法	一〇〇%	五九%
德	一〇〇%	四九%
意	一〇〇%	四八%
日本	一〇〇%	一五.二%
瑞士	一〇〇%	一八%

从上表看来,此五国中,要算法国最能利用土地,以日本最不会

利用土地。瑞士耕作面积虽少,然其利用土地的能力却并不差。这是因为瑞士是四面环山之国,其耕作面积尚比日本要多,有十八"派生脱",若再把牧场计算进去,就达全土地底四十"派生脱"以上了。然以上这些国家,无论哪一国,都不能说已经充分适宜利用土地了,因为一则荒废的土地都还不少,二则有许多土地及土地利用法都还没有改良。况且近代资本主义的社会,本有重工业而轻农业的倾向,以致利用土地自然不能充分实行。资本主义的社会是营利的社会,资本是向利益多的地力投的。都会底工商业,每年利润可以有百分之十至百分之四十,而农业底利益,却平均每年不到百分之十。所以大部分资本,就必然地投到工商业里去了。因此,农业既不为现社会所重,土地就不能充分利用了。土地既不能充分利用,则制造品底原料就要减少,或得不到良好的供给了。跟着,生产力就受了极大的限制,社会也要因此陷于贫乏了。若社会能好好利用土地,则由土地产生的财富将不可限量呢。

我们中国,向来自夸为"地大物博"的国家。"物博"虽然未必,而"地大"确实可说是"地大"。但是这"地大"的国家,究竟有没有充分适宜利用其土地呢?蒙古、新疆、东三省等处,荒地甚多,久待开垦,不用说了;即那经称农业发达人口稠密的江浙,若精密调查起来,可耕种的荒地一定还很不少。又如倾斜之地,也可以利用为牧场和种植玉蜀黍、黍、酒等谷物,高山大岭可利用为栽植森林,深泽巨川可利用为渔业。此等土地,我们如都能充分适宜去利用它,则中国财富必可立增数倍。所以我们不患中国无富源,而患中国有巨大的富源而不能开垦。要开垦此等富源,非现在这营利的社会所能做得到。这自由竞争的营利的社会,大家都只图个人目前的利益,绝不以浪费生产力任土地荒芜为可惜的。我们若真要开垦土地底富源,非根本推翻现存的个人营利的社会,代以全人类合作共享的社会不可。

3 动力利用底不普遍

其次,我们再来考察一下利用动力的问题。现代生产事业,因蒸气底发明,得遂了空前的可惊的发达,我们已知道了;然今后的趋势,一定要最多利用水力电气,以它为重要的动力。水力电气,是自然赐与人类的最

大的恩物。如果人类能充分利用它,则我们底生产物,也许会因之增加到几十倍,出于我们今日的想象力以外。

原来产生现今社会问题的,竟可说是蒸气底发明。为什么呢?因为蒸气底发明,促进工场工业底发达;工场工业底发达,产生今日的劳动问题。后来水力电气底发明,更加助长工场工业底弊害。但这并非动力底罪过,实是产业组织不良之罪过。如果我们废除了今日这种产业界自由竞争的制度,代以有计划的统一的产业组织,则小规模的工场,就会悉数成为大规模的工场,蒸气和水力电气就能充分地利用。不用说,小工业底分立,是竞争主义底结果;它底不经济,是显然的事。反之,大规模的工业,因能充分利用水力电气那些动力,所以生产力就会很可惊地增加。结果,劳动者一面得增加收入,一面得缩短劳动时间。劳动时间缩短了,劳动者就有修养和娱乐的机会,得满足他精神上的需要。

但是此种结果,是现存产业组织废除以后的事。以目下情形而论,多数劳动者都被蒸气和水力电气所征服而为其奴隶,小工业不能利用此种动力,少数资本家独占此种动力并妨碍别人底利用,所以生产力因此不能十分发展,人类多数因此不能得到动力底利益。社会底贫乏,这也是一个原因。我们要救济社会底贫乏,必须废除限制利用动力的事实,使动力为多数人或全人类底利益而服务,代替劳动者而自处于奴隶的地位。然要达到这个目的,却非打破现存的营利的产业组织不可。

4. 牛马利用底不充分

现代资本主义的社会,土地和动力不曾充分地利用,已如前面所述;其实,在幼稚的状态中,利用牛马还没有充分呢。我们中国底农业,不但没有应用近代的蒸气机械,并且有许多地方还因耕作面积底狭小或交通不便而不能利用牛马。日本农家,也有许多没有利用牛马。此种不能利用牛马的事实,其责任也不在于农民,而在于现代的社会组织。因为现代的社会组织,左右人类的势力,是他所有的财产,不是人类自身。人类底势力和活动,不能由人类自身决定,须由他所有的财产决定。财产越多的人,他底势力越大,活动也可以越多。反之,财产越少或没有财产的人,他底势力和活动就可以几等于零了。所以一方面,有财产的人,其财产一成了资本,就一定向利益多的方面跑;社会底利益是不管的。他方面,没有财产的人,即使他要想为社会或为自己做一番生产的事业,使所有的生产力都能充分发挥,然终限于无财产以致无可如何。因此,有许多农民,就因耕地太少,不能利用牛马。也有因无钱购买牛马,只得以人力耕种的。此种事实,在我们中国实在不少。如能充分利用牛马,使小一点的耕地都以牛马之力来代替人力,则财富也一定可以增加,人工也一定可以减少。人工减少了,农村人口自然有得剩余。这农村剩余的人口,自然可以利用他来开发其他实业。这样一来,财富自然格外增加。再,若以机械来经营农业,农业财富增加更不必说了。

利用牛马底不充分,不仅是农业,即在手工业中也然。有好些手工业,如磨麦舂米等事,即在边僻的乡村,也本可以用牛马来代劳的,然终因困于经济,不能有此种设备,以致仍靠人力去行。此外抬轿挑物等事,也可以牛马等牲畜来代替,然中国乡间大半仍以人力来行。这样,我们若细细考察起来,一定还可以发现有许多事可以用牛马等畜类来代替。可怜,我们中国现在连兽力还不能充分利用,至于蒸气力、水力、电气底利用,那更不用说了。

5. 劳动力底浪费

现代社会里,有许多劳动力被浪费着。劳动力底浪费,比土地不能充分利用,结果还更不好。土地不能充分利用,结果还不过是经济上的损失;而劳动力不能充分利用,则除了经济上的损失外,还使劳动者本身受了极大的苦痛,跟着就惹起重大的社会问题。此地所说的劳动力底浪费,就是劳动者失业的意思。无论在哪一国,都常有几万至几十万失业者在找求工作,若遇到市况不良、恐慌袭来或战争告终之时,则失业者更多了。不用说,一年到头失业的人,一定很少;然继续一二个月至五六个月失业的人,是决不少的。我们中国,无论城市或乡村,失业的人都非常之多,我想全国至少以千万计。现在为具体表示失业状态起见,我们姑从美国劳动局所公布的第十二次统计表(一九〇〇年)中抽出下列数字来充数。这一个表,是把一年内失业者数目依其失业期间底长短来分类的。

失　业　期　间	失　业　者　数　目
一个月—三个月	二五九三一三六人
四个月—六个月	二〇六九五四六人
七个月—十二个月	五六四七九〇人

我们如果假定第一种失业者从一个月至三个月的失业期间平均算作六点一二个星期，第二种失业者(从四个月至六个月)底失业期间平均算作一七点七一个星期，第三种失业者(从七个月至十二个月)底失业期间平均算作二八点五一个星期，则上述失业劳动者失业时间底总计，就有六千八百四十一万六千八百六十一个星期。其次，再假定各劳动者每星期劳动六天，则我们就可以发现美国一年间的失业总额，正与四亿一千五十万一千一百六十六人底一天劳动力(只要六倍前记数字即得)相当。又假定每个劳动者平均每一天的工钱为二弗，则美国一年间因失业而损失的劳动力，就值八亿二千一百万二千三百三十二弗了。这次欧洲大战告终之时，英德法意诸国，都产生了多数的失业者，所以国家对此也不能不付出相当的失业补助金。一九一九年三月，英国失业者数目达百万人以上；国库对于失业者的补助，每星期达百三十万镑。在德国，一九一九年一月，也有百万失业者，单是柏林一处，已达二十五万人了。政府对于每人一天的失业补助金，普通定为八马克；所以每星期支出的总金额，共有五千六百万马克。到了近来，失业问题更愈闹愈凶，几有不可收拾之势，除非国际资本主义倒坏。据新闻所载，英国目下有失业者二百余万人，德国则有三四百万人。这真是资本主义社会中最烦闷的问题。

现在我们为更明白欧美产业先进国浪费劳动力的状况起见，再举一个较近的统计表以明之。这是从英国劳动部发行的《劳动官报》里借用的一九二一年的统计，是正式劳动报告上所记载的求职者底数目。

月　　　　　份	求　职　者　总　数
一月	一〇六五〇〇〇
二月	一二一八〇〇〇
三月	一四一四〇〇〇

(续表)

月　　　　份	求　职　者　总　数
四月	一八五四〇〇〇
五月	二一二二〇〇〇
六月	二一七八〇〇〇
七月	一七八〇〇〇〇
八月	一五七三〇〇〇
九月	一四〇五〇〇〇
十月	一七二九〇〇〇
十一月	一八四三〇〇〇
十二月	一八八六〇〇〇

我们把上表各月求职者总数计起来，约有二千零六万七千人，此外在失业状态而不向政府求职的尚不计在内。我们姑假定这二千零六万七千失业者，平均每人失业期间为四个星期，每星期休息一日，则英国因失业而浪费的劳动日，约有四亿八千一百六十万六千日。再假定平均每人一天的工钱为二弗，则英国一年内因失业而损失的劳动力，就值九亿六千三百二十一万六千弗了。这还是单指因失业而浪费的劳动力（即失业也非全体），此外还有因缩短操业而损失的财富。一时缩短操业或一星期作五天工的劳动者，我们姑置不说；现在单把长期间的缩短操业，拿一九二一年英国的事实列表如下。

月　　　　份	操业缩短劳动者总数
一月	六三七〇〇〇
二月	七四〇〇〇〇
三月	八三九〇〇〇
四月	一〇七七〇〇〇
五月	一一八七〇〇〇
六月	八三三〇〇〇
七月	五三四〇〇〇
八月	四〇七〇〇〇

(续表)

月　　　　份	操业缩短劳动者总数
九月	三二二〇〇〇
十月	二五二〇〇〇
十一月	二六八〇〇〇
十二月	三一五〇〇〇

从此表看来，我们就可以知道除了失业者外，因操业缩短而浪费的劳动力定是不少了。资本主义的社会如何不顾惜地浪费劳动力，我们由上列数表已可以窥其大略了。失业普遍有两种损失：一方面是使许多要劳动而不得劳动的人，浪费其有用的劳动力；他方面是使许多失业劳动者及其家族陷于精神的和物质的不安不全的悲境。此外还可以因失业而酿成社会的大混乱，使社会物质和精神都受其破坏，以致摇动社会底存在。所以失业是现社会底一大问题，是暴露现今经济组织缺陷的最有效的事实和证据。只要资本主义的社会存在一天，此种失业的现象绝对不能免除的。

6. 怠惰的富者

其实，劳动力底浪费，不仅是失业者一方面，同时还有许多营寄生生活的富者一方面。现在无论哪一国，都有许多富者，不替社会做一点工作，只靠由公债和股票中得到莫大的利益来生活。这一种人，我们可以叫他为"怠惰的富者"。鲁意·乔治曾经说过，英国此种"怠惰的富者"底数目达二百万，这决不是言过其实的话。我们如果叫这二百万人都从事一种职业，平均每人一年生产一千镑财富，则他们每年就可以生产二十亿镑财富。我们在此地也可以发见巨大的劳动力底浪费。总之，现代的社会组织，是没有所谓"统一"的。换句话说，是不能把一切人物都配置于其必要的处所的。如果我们采用一种统一的组织，将适才用于适所，使一切人都去劳动，则今日的生产，一定有可惊的增加。我们中国，虽号称四万万人口，然有人口一半二万万妇女不事社会的生产的工作（除了极少数外），专做育儿及家庭琐事。而二万万男子中，至少有一半（一万万）为儿童，不能工作。即一万万能工作的男子中，恐怕至少也有三分之一是营寄生生活的富者及其随从人等，不是实行生产事业的。这样说来，恐怕全国真正实行生产事业的劳动者,至多也不过七八千万人;大多数劳动力,都任其浪费而不顾惜。我们若欲发展中国底财富,非使这些劳动力都有正当的发展和用途不可。

7. 需要供给底冲突

现在的产业组织,是有极大的缺陷的。如果一切生产者都能尽力去生产,则现社会里的生产品,一定可以达到可惊的数量。但是现在的生产者,不能如他自己所愿,尽力发挥其生产力。凡生产达到了一定的程度,他们就要不得已中止或减少生产。这就是受经济学上所谓"需给原则"底支配。生产者不能尽量发挥其生产力,好像非常奇怪;其实我们如果想一想现存的经济组织里,一切生产都受"需给原则"底支配一事,就不难明白了。如果我们底生产单为满足我们底欲求起见,那就一切生产都可以无限制地增加。可是现在我们底生产,却不是为直接满足我们底欲求的,是为出卖的。在现代资本主义的经济组织中,任何生产者,他底大部分生产物,都是为输送到市场里去而生产的。换句话说,生产者都是为卖而生产的。这里就存有现在经济组织底一大缺陷。依经济学底原则说,货物底数量越增,则其价格越减。所以那为卖而生产的生产者,有时为免除损失起见,就要完全中止生产,或限制其生产额。我们只要想一想那"生产过剩"的不自然的经济现象,就可以感觉现存经济组织是怎样不完全的了。

8. "托辣斯"底限制供给

我们看一看美国最盛行的"托辣斯",更可以明白我们上述那种限制生产的事实。所谓"托辣斯",就是大规模的企业组织,其目的在于自由左右物价。那煤油大王罗克弗拉所经营的煤油托辣斯,我们可以拿它看做最显著的实例。实际无论那一种企业,只要他能够把这一国内大部分同业者联合起来,就可以得到几与独占事业相等的势力。只要他能够杜绝或减少竞争,则对于自己底生产物,就能够要求比较高贵的价格。如果那生产物底价格低落了,则"托辣斯"业者,就要立即停止供给,以图价格底腾贵。此种常常停止供给的事,如我们前面所说,在或一程度内是普行于一切生产事业里的。换句话说,"托辣斯"业者,要使其生产物底价格腾贵,停止生产物的供给,和那普通的生产者,怕他底生产物底价格低落,

限制其生产额,是根于同一原则的。

9. 毁灭生产物和不善增加生产物

现代资本主义的社会,还有非我们脑筋所能想象的顶奇怪的现象。这种顶奇怪的现象,是故意毁坏已成的生产物,一是不喜欢增加生产物。有一个故事,著名的空想的社会主义者传利叶,少年时代在马尔赛一个米铺里学生意,一天看见了可惊的事实,于是就怀抱社会主义的思想了。这可惊的事实是什么呢?就是把许多谷物故意毁弃了。当时法国正为饥馑所苦,马尔赛更加显示了惨淡的景况。一天,有装载多量谷物的船只。驶到埠头,米铺里惧怕搬上那些谷物来会使谷价暴落,所以就叫店员把那些谷物悉数投入海里去。传利叶即是被遣投弃谷物的人,他看见此种奇怪的现象,心中深抱不安,因之,就感到社会制度底缺陷了。美国有一个杂志,也载有与此同样的事情。有一天,装着许多甘蕉的货车正将到芝加哥市的时候,那定买这甘蕉的批发店,为防止甘蕉底价钱一时低落起见,就把装在几辆货车里的一切甘蕉都投弃河里去了。几年前,中国上海及其他各地市场,人参底价钱都很低贱;于是朝鲜做人参生意的商人知道此事,就把许多有用的人参在仁川埠头烧掉,以便可以抬高价格。现社会里类于这一类的事实,很多很多,决不仅这几种。我们由这一类的事实,已可以充分证明现存经济组织底矛盾、不合理了。为卖而生产,既是现存经济组织底下不得已的事情,则中止生产或破坏生产物,我们就不能不承认它是当然发生的事实了。既然如此,我们底生产力不能充分发挥,是一点也没有可怪的了。

还有一事,我们不能见过。我们知道,如果生产单为满足人类底欲求,则生产额底增加,一定是谁也欢喜的。为什么呢?因为生产物底增加,就是人类幸福增进的意思。但是在现存经济组织底下,常有不欢喜生产物增加的事。例如农夫不喜欢丰年,是我们常常听见的事。或者只喜欢自己地方丰年,不喜欢邻境也一样是丰年。谷物生产额增加,从国民全体的见地看来自然是可喜的事,然农民阶级却反以此为可悲。这实在不能不说是现存经济组织底大矛盾。不过农民既为卖而生产,则因丰年而使米价低落,自然不是他们所欢喜的。所以在此种以营利主义为目的的经济组织之下,是难望充分发展其生产力的。如果要使生产力得充分发达,除了完全改造今日的经济组织变成统一的经济组织外没有第二个办法。换句话说,须废除营利主义的生产方法,建设消费和生产一致并行的经济制度。

10. 现今经济组织和寄生者

现今经济组织,受"需给原则"底拘束,因之产生了两种不幸的结果:一是失业者,一是寄生者。失业者与生产力底关系,前面已经说过,此地不再重复了;现在单说寄生者。现今社会有许多寄生者,自然也是证明生产力不能充分发挥的事实。此种寄生者,在我们中国这产业不发达的社会里特别众多。如果我们底经济组织改造了,使一切寄生者都从事生产事业,则社会底财富一定要大大地增加。可是现在的社会,却因不能充分利用劳动力,坐视许多有用的劳动力浪费于无用之地,以致社会仍陷于贫乏的状态。我们就这一点来看,也非改造现在的社会制度不可。

二 分配之不公平

1. 贫富之差不能代表能力之差

现今资本主义的社会,虽比从前多几十倍至几百倍的财富,然贫者底数目,倒反比从前增加。因此便使我们发生了这样二个疑问,(一)文明底进步,究竟能否增进人类底幸福?(二)为什么社会底进步,倒反增加贫者底数目?我们对于第一个问题,可以这样回答:文明底进步,本可以增进人类底幸福,但在这阶级的社会,只能增进一部分人底幸福,人类底多数倒反为文明之牺牲。因之就发生(二)社会越进步贫乏者反越增加的怪现象。这贫者增加底主要原因,就是财富分配底不公平。如果财富分配能够公平,则现今产业发达的国家,至少第三种意义的贫乏人,总可以完全绝迹。

几十年来,生物界"优胜劣败"的原则,为一般人所承认;因之许多人都相信财富底分配也完全依人们底能力来决定,能力优的,分配着的财富就多,能力劣的,分配着的财富就少。所以任何国家,对此事都完全取自由放任的态度,以便国内支配阶级得以"优者"资格多多掠夺"劣者"底财富。但是我们要问:他们所谓"优者"和"劣者",究竟是什么意义?是不是由能力上区别的真正的"优者"和真正的"劣者"?人类社会底活动法则,是否完全受一般生物界法则底支配?我们知道,一般生物界所谓

"优劣",是指生物本身器官构造底优劣(即其器官构造是否较多适于生存)而说的,在生存竞争中,器官优的得着胜利,器官劣的就要失败。但在人类社会底生存竞争场中,那决定人类胜败的,并不是人类本身器官构造底优劣。即不是人类本体能力底优劣,而是人类本体以外的东西。有许多少年,本来天赋很好,只因生在贫家,不能发展其良好的天赋,以致在生存竞争场中就不能不被逼处于失败的地位而为生存竞争中底"劣者"。又有许多青年,本来性质鲁钝,或竟五官不齐,然因偶然生在富家的结果,就可以立成巨富,承继父母底巨大的资财,使自己在生存竞争场里处于胜利的地位而为生存竞争中底"优者"。这是我们天天看见的事实,什么人也知道的。我们由这些事实,可以知道:一般生物界底生存竞争和现在人类社会底生存竞争是完全不同的了。在一般生物界,确行着"优胜劣败"的原则的;而在人类社会,有时反行着"劣胜优败"的原则呢!

我们现在再退一百步讲,承认那些握有巨万资产的资本家,确是能力比众优越的人;但我们总不能相信他们底能力竟比普通劳动者优过几千万倍,使那依能力而定的财富分配有如此天渊之悬隔。况且我们现在已到处可以看见有许多大资本家,每天穷奢极欲地只营其享乐的生活,把他底工场、矿山以及一切企业都委于他所雇用的人去经营,这种情形,即使他有绝大的能力,试问发挥在哪里?

卡克派利为证明贫富之差非由于天赋能力底差异,曾做了极详细的研究。我们此地关于卡克派利底研究,不能详细介绍,只把其重要的意思略述如下。

卡氏第一举出九千名社会上有用的有智识的人,即一千五百名教员,一千五百名医生,一千五百名农业家,一千五百名建筑家,一千五百名音乐家,一千五百名技师。然后假定这些人底每年收入都为二千弗,继续四十年间不用它一文,都贮蓄起来。结果,这九千人四十年间贮蓄的总额,共计达七亿二千万弗;然这个巨额,比起客豪罗克拂拉一九一五年度的财产,还少二亿八千弗。这种情形,恐怕谁也不能说罗克佛拉底能力比这九千人集合起来的能力还更大罢。

其次他又举出各种的特别能力受特别报酬的官吏来同罗克佛拉等大富豪相比。他所举的官吏如下:

1. 美国大总统（一人年俸）	七五〇〇〇弗
2. 国务员九名（每人年俸一万二千弗）	一〇八〇〇〇弗
3. 上院议员九十六名（每人岁费七千五百弗）	七二〇〇〇〇弗
4. 下院议员三百九十一名（同上）	二九三二〇〇〇弗
5. 大理院判检事九名（年俸总额）	一三一〇〇〇弗
6. 各州知事四十八名（年俸平均每人五千弗）	二四〇〇〇〇弗
7. 大学教授四千八百名（国立大学四十八，各有百名左右教授，每名教授年俸，平均算作二千五百弗）	一二〇〇〇〇〇〇弗
8. 大学校长二十五名（最大的大学二十五校校长，每人年俸平均算作八千弗）	二〇〇〇〇〇弗
9. 郡立学校校长二千七百名（年俸平均千五百弗）	四〇五〇〇〇〇弗

以上所举的美国第一流政治家及教育家八千七十九人一年薪俸底总额，共达二千四十五万六千五百弗；拿它同罗克佛拉氏底每年收入相比，还少一千万弗以上，即比卡南基氏在停止制铁业活动时的每年收入还少些。我们看了这种事实，无论如何都不能说那八千七十九名的美国第一流政治家和教育家集合拢来的总能力还不如罗克佛拉、卡南基等大资本家个人底能力罢。

他最后又举出从一八五〇年来美国人口虽只增加了三倍，而美国富豪底财产却已增加了六千倍的事实。即自一八五〇年以来，美国大财产底增加率，占国民人口增加率底二千倍。我们若承认现社会财富底分配由于各人能力底差异，则美国现在的富者，比七十年前的富者已增加了六千倍的能力了（！）；美国最大的富者底能力，从一八五〇年以来，是以人口增加率底二千倍的速度增加的了（！）。你道可惊不可惊！但是谁能相信呢？

由上所说的话看来，社会中贫富底悬隔不是代表能力底差别，已经是很显然的了。然则此种贫富底差别是怎样产生的呢？一言以蔽之，就是"私有财产"和"自由竞争"。现代社会底基础，建筑在私有财产制度上面。私有财产越多的人，他在社会上的地位和势力就越大；私有财产越少或绝无的人，他在社会上的地位和势力就越小或竟至于无。所以人类社会底生存竞争，不是人类本身能力底互相竞争，而是人类所有的财产底

互相竞争。竞争底结果，财产越多的人越增殖其财产，占了胜利的地位，而为社会底"优者"；财产越少的人越损失其财产，逼处失败的地位，而为社会底"劣者"。

我们知道：公平的赛跑，就是两个人站在同一地点同时出发。可是这资本主义社会里人类底大赛跑，却是两个阶级站在两个互离几千万里的地点从两个正相反对的方向出发；这样，自然要越赛越难得远了。何况这个赛跑又由人类以外的灵物（财产）在那里发纵指使呢。我们即不请现社会组织本身有许多矛盾和冲突，非根本破坏另图建设不可；就以承认"优胜劣败"的原则可适用于人类社会底生存竞争场中来说，也非改变现存社会组织，使一切人类去了本身以外的凭借，站在同一的出发点上拿自己底真实本领出来竞争不可。

2. 各国财富底分配状况

各国财富底分配状况，我们在上一节第三段中（《欧美各国财富之分配状态》）已经列表大略说过了。现在为求更明白起见，再举几个统计于下。

先说一八九一年英国财富底分配状态。这是马尔霍所示的统计。据他说，一八九一年英国底总人口为三千八百八十五万七千人，财产总额为的十六亿五千四百九十万镑。现在从总人口里除去儿童数目一千七百九十四万人，把其余的人按他财产所有额分做上、中、下三个阶级，便得各阶级底人数及所有财产额如下。

阶　级	人　　数	财　产　额
上　级	三二七〇〇〇人	八八九四 四〇〇 〇〇〇镑
中　级	二三八〇〇〇〇人	二一四 二〇〇 〇〇〇镑
下　级	一八二一〇〇〇〇人	五四六 三〇〇 〇〇〇镑

现在我们再来看那属于这三阶级的人数底比例：每一千人口中，属于上级的只有八人，属于中级的有六十一人，属于下级的有四百六十八人，儿童有四百六十三人。至于财产，上级每人有二万七千二百镑，中级有九百镑，下级有三十镑。即上级每人所有财产，约为下级一人底九百倍；中级每人所有财产，约为下级一人底三十倍。

第二个统计，表示英国一九〇八年的财富分配状态。这统计是马尼氏调查制就的。据马尼氏说，一九〇八年英国底总人口为四千三百万人，财产底总额为百三十七亿六千二百万镑。他把全人口分做两个阶级来表示分配底状态。即全人口中百二十万人（合家族员约有四百万人），几占全财产底三分之二；其余的三千九百万人，只有全财产底三分之一。换句话说，其人口比例如此：富者一人，贫者九人。至于财产，则富者每人平均有二千二百九十三镑（以家族来说平均每家族有七千六百四十八镑），贫者每人平均有百十一镑余。不过我们要知道的，这三千九百万人当中，有一千五百万人，几乎是绝无何等财产的。马尼氏底统计表，只将人口分做两阶级，所以贫富之差，不如马尔霍底统计表那样利害。

其次一九〇八年英国人底收入，据马尼氏所说，收入总额为十八亿四千四百万镑。这十八亿四千四百万镑底分配如下：全人口中有百四十万人，获得六亿三千四百万镑的收入；有四千一的收入；占人口三十分之二十九的贫者，每人得二十九镑的收入。

以上所举的统计，都是十年以前的旧统计，与目下情形不甚相同。我们现在再举一个比较新的统计，来表示美国底财富分配状况。"合众国产业委员"，在一九一五年的报告书里，表示如下的事实。将全人口分做富豪阶级、中流阶级和贫民阶级三个阶级，所得的人口比例和财产比例则如此：富豪阶级在人数上虽只占全人口底百分之二，而在财产上却占美国全财产底百分之六十；中流阶级人数占百分之三十三，财产占总数底百分之三十五，那占全人口百分之六十五的贫民阶级，只不过领有全财产底百分之五。我们为明白他们底差异起见，还可以假定美国全财产额为百圆来计算看，则其比例如此：富豪阶级每人有三十圆财产，中流阶级每人有一圆零六分，贫民阶级每人有七分七厘。即平均中流阶级每人底财产比贫民阶级约多十四倍，富豪阶级每人底财产比贫民阶级约多三百八十九倍。这统计上贫富悬隔的情形，比上面所举的英国底统计更显明。更就农业方面说，也可以看出同一的结果。据上述"合众国产业委员"底报告，全国不到百分之一的农民，几占耕作地底五分之一。这五分之一的耕作地中，实际上在耕作的不过五分之一，其余五分之四的土地都没有耕作。同时那耕作很少面积的土地而过贫乏生活的人，竟达

二百二十五万人。

其次,美国一年间的收入,究竟是怎样分配的呢?我们且举出一九一七年美国政府底调查来说明它。这些数字,虽然有点讨厌,但这是有益的真实的材料。第一段所表示的数字是各等级所得额底分类;第二段的数字,表示各等级依所得额缴所得税的人数;第三段是属于各该等级的纳税者底所得额;第四段表示各纳税者底平均所得额。

所得额分类	纳税者人数	所得总额(弗)	一人平均所得额(弗)
一千弗至二千弗	一六四〇七五八	二四六一三七〇〇〇	一五〇〇
二千弗至三千弗	八三八七〇七	二〇六四九七七三二八	二四六二
三千弗至五千弗	五六〇七六三	二一一五八六四六〇一	三七七三
五千弗至一万弗	二七〇六六六	一八二七五〇八〇八八	六七五二
一万弗至二万五千弗	一一二五〇二	一六八七一六五六一九	一四九九六
二万五千弗至五万弗	三〇三九一	一〇四二三〇〇八三	三四二九七
五万弗至十万弗	一二四三九	八四六八九四三三五	六八〇九二
十万弗至十五万弗	三三〇二	四〇〇四九二〇四〇	一二一二八八
十五万弗至三十万弗	二三四七	四七四六五一九六〇	二〇二二三三
三十万至五十万弗	五五九	二〇九〇四九六九	三五七六一二
五十万至百万弗	三一五	二一四六三一二七〇	六八一三六九
百万弗以上	一四一	三〇六八三五九一四	二一七六一一四
合计	三四七二八〇〇	一三六五二二八三二〇四	

我们照这个表看来，就可以知道美国财富分配是怎样不公平的了。那缴纳所得税的纳税当中，最下级的每人底平均收入，只不过有一千五百弗。然从纳税者底人数来说，几占全纳税者底半数。再从别方面看，每年有一万弗以上收入的人，只有十六万余；其中得五十万弗以上收入的人，只有四百五十六人。此外，我们还有不应忘记的，就是美国人民中还有许多连每年千弗的收入都得不到的人。如果我们假定美国人口为一亿万，平均一家人数为五人，则美国底家族数共有二千万户。美国对于收入在千弗以下的人，是不课以所得税的；然每年收入在千弗以下的人，二千万家族中约占千六百五十万家族。观此，美国贫富悬隔的事实，谁也不会有疑义了。

3. 富豪和独占事业

财富分配底不公平，是怎样发生的呢？一言以蔽之，即是由于现今经济制度底缺陷。现今经济制度，有一部分人占有生产机关，借其生产机关来掠夺别人劳动底结果，以增殖他底私有财产；又有一部分人没有生产机关，只得卖自己底劳动力给别人，替别人增殖财富而自己却陷于贫乏的境遇。所以在现今经济制度底下，贫富悬隔分配不均的现象是绝对不能免除的。要免除此种贫富悬隔分配不均的现象，非根本改造现存经济组织收一切生产机关为公有不可。

一部分人有生产机关，一部分人没有生产机关，这两部分人利害不同，自然要互相竞争。但同时这两部分人各自间，也行着剧烈的竞争。这就是说现在的社会，是被自由竞争的原则所支配的。竞争底结果，贫者越贫，富者越富；而富者当中的较贫者，也有许多堕入贫者群里来。

但很奇怪，这以自由竞争为原则的现社会里，别方面又有不许竞争的独占事业。例如铁道、电车、电灯、瓦斯、自来水及土地等物，其性质上，无论有什么场合，都不许自由竞争的。这事自然与自由竞争的原则相矛盾，但现在任何国家，对于此事都无一定的政策。因之，有些慧眼的实业家，就能自由获得此等独占事业底经营权，借以积聚巨万的财富。我们前面已经说过，那种独占事业，其性质上是不许自由竞争的，所以一旦获得独占事业经营权的实业家，就能完全站在竞争圈子外面，安安稳稳地独占其利益了。所以欧美各国底富豪，我们若一一检查起来，总有大半是由独占

事业获得巨万之富的。美国在十五年前,"铁道王"一语非常流行。这是因为当时有几个富豪因敷设铁道而获得巨大利益之故。那被称为世界第一富豪的罗克佛拉,因占领美国煤油矿底十分之七八,其势力几与独占无异,故能获得这样的巨富。至于由富有土地而获得巨富的代表人物,则有纽约市底富豪亚司塔。他于纽约未成为今日这样大都市以前,就占买了许多土地。因此,他就获得几亿弗的财产了。

此种独占事业,即那倡导社会政策的人,也主张应该政归国有或公有。铁道、电报、邮政等交通事业,现在许多国家都已归国家所有由政府来经营了;但那人民最需要的自然物——土地,却仍为少数大地主所独占着。地主们占据着土地,不费一点气力,亦因地价一天一天地自然涨高,尤其是都会里的土地如飞般地腾涨,以致坐得莫大的利益。同时,因地价底骇涨,贫民都变做无立锥之地的人了。所以进步的社会政策家,就主张土地收归国有,私人独占事业收归国有了。

4. 财富底分配和遗产相续法

独占事业归私人所有,为财富分配不均底大原因,我们前面已经说过了;现在我们再略述一个助长分配不均的大原因。我们假定财富分配虽极其不公平。若其分配额只限于该所有者一代,则贫富底悬隔,决不会像今日这样利害。只因为有现在这种财产相续法,使财产所有者得将其财产传遗给子孙,以致分配不均底程度,一代增高一代。此种情形,自然是不公平的,所以今日有许多社会政策家都主张现存的相续法须加以多少的修正。如果照今日这样个人能相续巨万的资产,则再过几代(假定资本主义有这样长寿),那有数十亿圆甚至数百亿圆资产的人一定渐次增加,资本集中底程度更加增进,最后就可由资本阶级很少的几个人来支配全国或全世界底运命了。换句话说,也许呈现出那种单靠承继父母财产的平凡儿来据占社会上最重要位置的奇怪现象。其实,现在已有此种奇怪现象了。别方面,因有这些资本家,多数人民就须对于这些资产担负很重的利息,以致他们的生活格外感着不安和苦痛。据有一个学者计算,美国因相续法而转移给子孙的财产总额,至少有一千亿弗。这些资产无论投于何种事业里去,而由此所生的利息,即以六厘(百分之六)计算,每年也达六十亿弗。如果假定美国人口为一亿,则平均每人一年所担负的上述的利息,已有六十弗。假定平均一家为五人,则每家每年也得担负三百弗。换句话说,美国人都以一种什么形式来担负这种巨大的利息的。美国普通劳动者底收入,平均一年只有六百弗至七百弗。他们在这很少的收入中,却要每年向富豪支付三百弗的利息。这件事也许有许多人不相信。但这是不可动摇的事实,谁也不能抹杀的。今日世界所谓文明国,大部已设有财产相续税,一天一天增高它底税率了。这就是资本主义国家自己起来矫正其弊病的一种表现。欧洲资本主义战争的结果,即如英国那种富国,也已举借了七十亿镑国债。英国为偿还此种国债本利起见,自然只有课人民以重税之一途。然要想由多数人民获得大批收入,是不可能的。为什么呢?因为大多数劳动者连够得上纳所得税的收入还没有呢!因此,英国一九一九年度的预算里,就一面增加麦酒税,一面提高财产相续税率了。即对于百万镑以上的财产,课以十分之二的相续税,对于二百万镑以上的财产,课以十分之四的相续税了。这样一来,那承续二百万镑以上财产的人,就须缴纳八十万镑的相续税了。这不用说,是大战后英国不得已而采用的政策。然无论哪一国,当实行社会政策时,必首先充分研究关于这财产相续的问题。进步的社会政策家,不但主张须重课财产相续税,并主张完全废除财产相续制度。

我们现在再来研究一下废除遗产相续制度和彻底重课遗产相续税,在这资本主义之下究竟可能不可能。我们第一要指摘的,就是此种主张与资本主义底根本原则相冲突。资本主义建筑在承认私有财产制度之上。这就是说资本家对于他所有的财产有绝对自由的支配权,任何人任何机关都不得干涉。各个资本家都对于自己所有的财产有绝对自由的支配权,并得互相凭借其财产以行资本的生存竞争。这就是实行"自由竞争"的原则,也即所谓自由放任主义。在这种原则之下,资本家对于自己所有的财产,当然可以爱传给谁就传给谁。现在却要由国家来干涉,重课他们以相续税,或竟想借国家(现存的国家)之力来废除财产相续制度,这不是表示国家对那为国家底基础的神圣私有财产制度造反吗?国家自己尚靠私有财产制度来维持,国家底使命本来是保护私有财产制度,今欲以国家来侵害私有财产底存在,岂不是太矛盾太不可能吗?即使可能,不就是将现存国家本身都连根拔去了吗?因此我们可以得这样一个结论:

在承认现存资本主义的条件之下,(一)废除财产相续制度是绝对不可能的;(二)财产相续税率达到相当的程度是再不能提高的,而且所提高的也只是极少数的大资本家,(三)资本主义国家增高财产相续税,就是资本主义灭亡底征兆。

5. 各国财富底分量

现社会财富分配底不公平,使多数人陷于贫乏的境地,我们前面已经说过了。但现社会财富底分量,究竟有多少呢?将这些财富公平分配起来,社会多数人是不是还仍旧陷于贫乏的境地呢?这个问题,我们现在再举一二明确的统计表出来以答复它。

第一统计表

国名	财富全额(以百万镑为单位)	国民一人平均财富(以镑为单位)
德	一四二〇〇—一五六〇〇	二二一—二二四〇
英	一一三〇〇—一二七〇〇	二五〇—二八四
法	一一四〇〇	二九〇
美	二四五〇〇	二七〇

上表是德意志银行行长赫尔佛列希氏一九一四年所发表的统计。这统计英国有人驳它,说它不很靠得住。我们现在再举一个比较可靠的统计表于下。

第二统计表

国名	财富全额(以百万镑为单位)	国民一人平均财富(以镑为单位)	一年收入全额(以百万镑为单位)	国民一人平均一年收入(以镑为单位)
英	一四三〇〇	三一八	二二五〇	五〇
德	一六五五〇	二四四	二一五〇	三〇
法	一二〇〇〇	三〇三		
奥匈	六三〇〇	一二一		
意	四五〇〇	一二八		
美	四二〇〇〇	四二四	七一二八	七二
日本	二四〇〇	四四	三二七	六

此表所列的各国财富分量，系指一九一〇年的状态而说。统计是据一九一九年司塔普在英国统计学会的报告而作的。此表有一层须声明，即关于日本底劳动人口及其生产能力等事项，没有计算进去。

第三分计表

国　　名	国富（百万弗单位）
美	三五〇〇〇〇
英	一二〇〇〇〇
法	九二〇〇〇
德	八三〇〇〇
意	三五五〇〇
日本	二三五〇〇
比利时	一二〇〇〇

此表据一九二〇年七月克拉姆孟德氏所调查。我们拿此与前二表相比较，可以约略窥知各国富力底消长。战前德国富力超过英、法，战后反在英、法之下——不，因战费赔偿的结果，已完全成了英、法国经济的属国了。此层与我们此地所研究的贫乏问题无甚关系，现在姑置不说。

我们看了上面三个表，就可以知道现今世界所谓文明国，财富分配若得其平，贫乏问题大致就可以解决了。若以美国来说（据第二统计表），每人平均财富既可得四二四镑，则每家族五人便可得资产二一二〇镑，合中国货币约二万余元，合美金约一万余弗，以之维持一家族物质上和精神上的健康自然是绰有余裕了。此外英、德、法、意、奥匈、日本等国，若分配能够公平，也决不格使社会多数人陷入贫乏的境地了。现代社会有这样巨大的生产力，造出了这样巨额的财富，而还使社会上多数人惨受贫乏的苦痛，实在不能不说是现在社会组织底罪恶！

三　无益的消费

1. 适应需要的生产

现代资本主义的社会，生产力既受限制，分配又不公平，多数人自然不得不陷于贫乏的境遇。但使现社会多数人陷入贫乏的境遇的，还有一

种重要的原因，那就是无益的消费。我们前面已经说过：现在世界所谓文明富国，生产力虽受资本主义的社会关系底限制，不能充分发展，但若分配能够公平，则每人平均所得的财富已是不少，以之维持物质上及精神上的健康尽够有余，决不会再陷入贫乏的境地了。但我们还须更进一层去考察，若只公平分配了货币上的价值，不去留心生产品底生产，那还不能完全解决这贫乏问题。其实，所谓公平的分配，不仅是货币价值底公平分配，并且是生产品的公平分配。而这生产品中，最重要的是衣、食、住等生活必需品。若此等生活必需品不能充分获得，即使拥有巨大的货币价值，也仍不免要陷入贫乏之境。为什么呢？因为货币价值只有在代表一切有用的货品（即有使用价值的货品）时才能遂其作用，只有能以它去换得生活上一切需用品来维持人们健康或幸福时才能显其功能；不然，单拥了许多货币，既不能当衣穿，又不能当饭吃，是一点用处也没有的。

固然，在现今社会里，货币好像很有神秘的作用，货币价值好像就是一切货品底使用价值，好像只要有了货币或货币价值，什么东西都可以变得出来。其实，我们若仔细考察一下，就可知道这不过是商品社会底奇妙现象，并不能适用于一切社会。在这商品社会里：几将社会一切东西都成了商品化，一切东西都以货币来评价，自然觉得货币奇能，发生"货币即货品"的思想。因之社会上一般人就以为货币数量底增加，即是社会财富底增加，货币价值底增加，即是使用价值底增加了。于是他们就以为只要将现社会底货币价值公平分配一下，贫乏问题即可以解决，人类即可以得到幸福了。

其实是不然的。现代社会，货币价值虽然已大大增加，达到了可惊的数目，而在人类生活必需品方面的生产，却仍旧还有许多不充分并且是粗劣不堪的。我们之所以看重货币，货币之所以能显其功用，全因我们有了货币可以任意买到什么东西或做什么事情。换句话说，就是因为货币可以使我们达到某种欲望，尤其是直接的生活上的欲望。但现在社会上却还缺少满足我们生活上欲望的东西，即缺少我们底生活必需品，所以即使我们因行公平分配而得了许多货币或货币价值，一时也仍要因得不到生活必需品或良好的生活必需品而不能从贫乏之境跳出来。

我们中国社会，生产力不发达，生产品不充分，以致大多数人都陷于贫乏的境地,这是我们大家都知道的事。中国大多数人,穿的都是破烂粗布,吃的都是粗劣饭面,住的都是湫隘陋屋;至于这些东西究竟是否于维持健康上有妨害,都是无暇顾及的。所以中国即使一时有了大批货币涌入,在其他方面货币价值骤然有无量数增加,并把这货币或货币价值平均分配给各人,然因这些生活必需品不能一夜间变一个戏法使他大增,故中国人民势必仍旧一样地得不到幸福,仍旧一样地过那贫乏的生活。不仅中国如此,即那号称生产力发达、生产品富足的欧美各国,也还缺乏生活必需品,尤其缺乏良好的生活必需品。欧美各大都市,每一个工业区里都有所谓贫民窟,许多劳动者住很陋劣不合卫生的房屋而过损害健康的生活。若要使每个人都能过幸福的生活,以目下的状态——在不改变生产方向的状态内——看来一时也实在做不到。

我们要生活,我们还要良好的生活。要生活,必须有生活必需品。要良好的生活,必须有良好的生活必需品。现在若没有很多生活必需品,即使无货币价值的限制,也仍有许多人不能满足其生活的。一时若不能生产很多良好的生活必需品,即使各人都有很多的货币或货币价值。也仍得不到良好的生活的。

那么我们这种就有一个问题:资本主义社会底生产力,不能不算巨大,为什么还不能造出很多生活必需品来满足各人底生活呢?为什么还不能造出很多良好的生活必需品来使各人底生活……

劳动常识

邓中夏　李立三　编

《劳动常识》为上海大学平民学校的讲义。这里根据《民国日报》副刊《平民周报》1924年5月31日、7月19日报道整理出版。其中第一章、第二章署名"中夏",为邓中夏撰写;第三章、第四章、第五章署名"李成",为李立三撰写。

邓中夏(1894—1933),原名邓隆勃,字仲澥,湖南宜章人。中国共产党早期党员。1923年4月,经李大钊推荐,任上海大学总务长兼教授。

李立三(1899—1967),原名李隆郅,湖南醴陵人。1921年加入中国共产党。1924年4月,任中共上海地方执委会工农部主任兼工会运动委员会主任,领导工人运动。

目 录

第一章　绪言 ·· 216

第二章　劳动运动的起源 ······································ 220

第三章　社会主义的思潮与劳动运动 ···························· 222

第四章　资本主义的解剖 ······································ 223

第五章　资本主义的崩坏 ······································ 225

第一章
绪言

　　人类之祖先　我们常常听到一句很有趣味的话,叫做什么"人猿同祖"。这句话的意思,就是说在不知多少年前——大约总有几千年几万年了——人类和猿猴是共一个祖父的。这句话初听了没有人不会大吃一惊,自言自语道:"好端端人和毛茸茸的猴子同祖,哪里的话,怕不一定准确罢?"工友们,莫吃惊!果然有这么一回事。原始人类的状貌,实在也是和毛茸茸的猴子一模一样,手脚是粗呆的,牙齿是锐利的,脑壳是很小的。实在说起来,那时候,还没有人类的社会,只不过是二足兽的"群"罢了。他们的生活,非常简单,只知摘生果充饥。后来人类慢慢的进化,于是乎变成现在的文明人。现在的文明人不想到猴子是他的兄弟;往往把猴子捉住,套上一根锁链,率到稠人广众之中,去耍把戏,寻开心了。你说这是不是一件有趣的事呢?

　　一切生物,有两种本能,叫做"保存自己"和"蕃殖种族"。人类也是一样。人类一方面为了要满足这些要求,一方面为了要防御猛兽的侵袭,于是乎渐渐的制造工具,以为生存竞争的武器,最早的工具,据说是一种石斧。所以人类社会的开始,要算从石斧起。人类之所以比别种兽类强,就是因为他能够制造工具,我们如为人类下一个定义,应当说:"人类者,能造工具之动物也。"这便是人类的特点。

　　人类社会之进化　人类社会到现在,粗粗的分别起来,可说经过了五个时期。哪五个时期呢?

　　一、渔猎时期;

　　二、游牧时期;

三、农业时期；

四、手工或商业时期；

五、工业时期。

原来人类本以摘生果过活,后来生果食尽了,就不得不下水取鱼,或是入山寻兽,来维持生活。取鱼寻兽,不能不用工具,于是什么石斧,渔网,这一类的物件都做出来了。那时候的猛兽甚多,与人杂处,要防御他,不能不结合数十人住在一块,互相护卫,于是就成了小小的社会雏形了。当时那种小社会,完全是共产的,因为他们渔猎所得的鱼兽等,只够一日的食用,毫无积蓄;纵有余物,都是鱼兽的皮肉,也无法收藏,自自然然的没有私产观念的发生。这时候我们叫做渔猎时期。

后来人类的智识更进步了,能用种种方法,驾驭那些驯良的野兽——如牛羊等——于是发生畜牧的事业。畜牧的人选择一些多水草之地,作他们畜牧的场所。但是水草有时而尽,一个地方的水草尽了,他们赶着牛羊迁到另一个地方去了。所谓"逐水草而居",就是因为他们只拣有水草之地而居住,到了畜生蕃衍的时候,各人拥有大群的牛羊,一人用之不尽,储蓄起来,就变作一己的财产,于是原始的共产社会,一变而为私产社会了。这时候,我们叫做游牧时期。

从渔猎时期到游牧时期,人类都取鱼兽之肉,作唯一的食料;随后人口增多,而鱼兽的供给渐减,于是人类为要维持生活,就不得不向植物寻求食料。恰好有些地方,产生谷类,一经野人找得,就拿来做粮食,觉得很满足他们的需求,于是舍渔猎游牧,相率栽培谷类,而农业就由此发生了。农业发生之后,人类居住固定得多了,他们耕种土地,长年累月下去,对于土地自然起了一种恋爱之情,于是土地所有权亦从此发生。不过管理牲畜,可不需要长久的工作,而耕种田地却不然了,是一件长久的而且固定的工作,所以他们不能不把掳得来的俘虏,替他们代耕。故"奴隶制度"就在此时确立了。农人恋着田地,"安土重迁"的观念非常之强。他们一经居住此地,就"生斯死斯",娶妻育子,不愿移居,故"家庭制度""宗法制度"亦在此时确立了。这时候,我们叫做农业时期。

上文说过,人类的特点就在能制造工具。到这时候,人类的欲望越

发达了,需要也越多了,从前那些简陋粗糙的物品,不足以满其欲求,于是工业到此时便越发进步了手工业者他自己一个人,或同着他的艺徒,生产了某种货物,其初是不过用以自给;但是货物不是人人能造,或者你能造这样不能造那样,不能不各以其所有,以易其所无,于是交易行为就发生了。当时的市场,范围是狠小的,购买力有限得狠,货品往往堆积着卖不出去,所以不能不把这些货物运到卖的市场去卖;既然如此,就有一般专做运输货物和经营买卖的商人,于是商业制度就由此成立了。最初的交易行为,不过以物易物,但是困难就由此产生,如你有一丈白布,我有一头小牛,假如你所需要的是小牛,我所需要的是白布,两相交易,自无困难,若你所需要的不是小牛而是大麦,或我所需要的不是白布而是锅头,那就我们两人的交易不成,这便怎样办呢?不能不要一种媒介物,以为交易时物物相易之代替品,于是而钱币就发生了。这时候我们叫做手工或商业时期。

现在讲到社会进化的第五期了。这一期下面当分章详讲。此处只略略的说一下,我们要问人类社会为什么要进到工业时代呢?就是人口渐渐加多,从前的生产物不足以满足生活的要求,于是不能不采用大规模的生产组织。既这样,所以不能不设立大工厂,不能不招收大批的劳动者入工厂作工,于是而大工业制度由此成立。工厂所需用的原料和所制成的商品,都是很多的,故不能不从海外去找原料供给他和商品销售场,于是而殖民制度亦由此发生。人人要到工厂去作工,以维生计,故家庭羁绊遂脱,至是则农业时期所遗下的家庭制度,自行破除了。大工厂发生,商业范围亦随之扩大,银行和证券遂适合其需要,至是则从前的钱币制度多由硬币,亦不能不减少以至于销灭了。这时候,我们叫做工业时期。

人类社会之进化,大略如上述。可见社会是进步的,并不是一成不变的。现在的社会如不好,我们是可以改造的,只看我们努力不努力罢了。

世界文明是谁创造的?一部文明的历史,可说完全是我们工人努力之结果。请看上述的那一个时期的文明,不是我们工人的血汗积累而成的呢?我们且举眼前的例来说罢,人们所吃的谷米,所穿的衣服,所住的房屋,所走的马路,所坐的轮船火车,所读的书籍报章,和绅士阀资本家们所过分享用的奢侈品,总而言之,所有一切的物品,试问那一样不是我们工人胼手胝足,做出来的呢?假如世界真一日没有我们工人,世界文明便完全歇灭。那晓得世界文明虽是我们工人创造的,我们工人虽确是人类的主宰、社会的柱石,然而现今的时代,却是我们工人反受"享现成福"的绅士阀和资本家的统治和支配,所有文明都是为他们造的,我们弄到饥寒交迫、一命不保的苦境,你想是不是"岂有此理"呢?

第二章
劳动运动的起源

产业革命——古时就没有所谓劳动运动,劳动运动是最近几十年才发生的。我们要探求他的起源,我们不能不先说一说产业革命。

产业革命,就□说一□的产业从手工业移转到工场工业的意思。从前□国的产业状态,尚在幼稚的时候,他的生产方法,是由一个老板和他所支配的几个徒弟,天天在工作场里,作小规模的生产的,拿他的生产,自己去卖,或是叫人去卖,以维持日常的生活的。在这样单纯的生产组织里,劳动问题是不会发生的,劳动运动更是不再说了。

劳动运动的发生,是在产业革命之后。产业革命差不多欧美各国都经过了这一个时期。就是东洋的日本也曾经过。我们中国现在方算是开始。我们要把各国产业革命的状况一一详记下来,实在没有这许多篇幅,现在只好以英国做中心,略略的说一说。

大约距今一百年前,英国的产业界便起了大革命。为什么革命呢?其重要原因,自然是当时手工业的产业组织,生产甚微,不足以供给人类社会的需要。但又一方面,当时海外贸易已经渐次隆盛了。海外贸易隆盛,则所需要的货物陡增从前的生产方法那能应付这种要求哩,于是不能不把生产方法改善,能够造出多量的货物来。恰巧那时候有种种机械的发明,一七七〇年极姆司哈枯列步司地方的一个职工,发明了纺绩机械;第二年,挨苦来秃造了一个纺绩机械工场,使运动纺绩机械,到了一七七九年,科仑普改良以上二种机械,造出一种非常进步的机械。一七八五年,加秃来秃地方又发明了一种织物机械的样子,于是就是做许多改善的机械来。加上一七六九年,那个有名的瓦特的蒸汽机的发明,应用在纺绩机械上面,更使他的生产率非常增加。瓦特的蒸汽机不仅用在纺绩方面,并由此造成汽船汽车,使海陆上的交通机关更见迅速,更见完备。于是在这个时候,从来经营小规模的工作场的生产方法,完全起了变化,种种大规模的机械工厂,就陆续发生,实行大组织的生产。这叫做商业革命。

第三章
社会主义的思潮与劳动运动

　　科学的社会主义——社会主义能得着科学的基础，完全是马克斯一人之功。马克斯是德国人，他毕生从事于社会主义之研究与劳动运动。他发现了"剩余价值说"与"资本集中律"，使社会主义在经济学上确立了基础；他发现了"经济史观"，就是用经济的进化来说明历史的进化，使社会主义得着了哲学的基础：他发现了"阶级斗争"并主张无产阶级革命后应有独裁政治以过渡于社会主义，更使社会主义得着了运用政治的方法。所以自他的学说出世以后，不仅社会主义树立了科学的基础，同时做了劳动运动的指南针。从前劳动者无组织无目的无方法暴发的斗争运动，自受了他的学说的洗礼以后，阶级的阵垒，渐渐严整，斗争的方法与目标，也渐趋于整齐划一。到了一八四七年他更联络各□觉悟的劳动者，组织了"国际工人协会"，——即是有名的第一国际，公布了他和他的友朋恩格斯合著的共产党宣言；为劳动运动有国际组织之始，替劳动运动开了一个新纪元。所以马克斯不仅是社会主义的鼻祖，并且是劳动运动的导师。

第四章
资本主义的解剖

资本主义的意义——产业革命以后,工商业一天一天的发展,资本渐渐集中,资产阶级的势力一天一天的伟大。第二阶级受不住这种新兴阶级的反压,因之而渐次崩坏,封建制度也就随之而俱倒,新兴的资产阶级遂继起而提得一切经济政治权力。于是一切法律、道德、风俗、习惯……都渐次以适应资产阶级的发展而变革,这就叫做资本主义。资本主义何以能有这大的魔力,下面便把他分析说明出来。

劳动力的商品化——劳动者的劳动力,在手工业时代是劳动者自己使用来制造商品的。到了手工业崩坏,机器工业代兴,工业的工具遂脱离劳动者而与资本家恋爱。劳动者只好拿自己的劳动力卖与资本家,换得工钱,以维持生活。于是劳动力在劳动者方面看来,也就与别的商品一样,只有交换价值而没有使用价值了。因此劳动力的价格也就要受市场的影响。如果需要过于供给价格可以增高;供给过于需要,价格便会低落。但是机器一天一天的进步,手工业工人加速的崩坏,失业的工人,拥挤市场,所以劳动力的供给常常超过需要,资本家又复操纵其间,所以劳动者每日所得的工资仅足以维持他的必需的生活,决不能超过他的必需的生活费以上。

剩余价值——劳动者把自己的劳动力卖给资本家的换得工钱时候,劳动力的使用,就完全属于资本家去了,资本家可以整天自由的使用。假定四小时的劳动力便可生产劳动者的生活必需品——与他所得的工钱相当——但是资本家整天的使用劳动力,要工人每日工作十二小时以上。工人工作十二小时减去生产生活必需品的四小时还剩下八小时,这八小

时生产出来的价值,便完全为资本所掠夺。剩下的八小时叫做剩余劳动。这八小时生产出来的价值叫做剩余价值。譬如一个工人把他的劳动力卖给资本家,得工钱四角;资本家要他作十二小时的工。但是他的生活的必需品——就是生产劳动力的资料——只要做四小时工便够了。剩下的八小时还可以生产相当于八角钱的价值,便完全被资本家掠夺,认他做红利,收进他的荷包里去了。所以资本家完全以掠夺剩余价值为目的:他的发育长成,专靠掠夺剩余价值为他的营养料。

资本的集中——资本家投资企业的目的,全在剥夺剩余价值,同时即将剩余价值转化为资本,雇用劳动者,剥夺更多的剩余价值,这样展转变化,资本遂渐渐的集中起来。譬如一个资本家用一万块钱的资本,拿九千块钱去买机器、原料——不变资本;拿一千块钱来买劳力——可变资本,照前章的例,每一个劳动者每日可以产生二倍于工钱的剩余价值,那末,一千块钱内不变资本,便可产生二千块钱的剩余价值,假定无论那一种产业的生产期都是半年资本家投资一万块钱,过了半年,便是一万二千块钱,在与前同一条件之下,再过半年,便又可产生二千四百块钱的剩余价值,总计所有便是一万四千四百块钱。这样展转变化,只要两年,因为蓄积剩余价值的结果,资本比当初增加到两倍以上。

资产阶级的革命——在农业与手工业时代、封建的贵族掌握一切权力,产业革命以后,资本加速的集中、商业、航业、陆路交通,便成了绝大的发展,这种发展,又转而促进产业的发展。产业、商业、航业、铁路,既这样发达,资产阶级也就照这样成正比例的发达,他们在政治上的权力,也就跟着发达。到了机器工业将手工工业完全征服了的时候,建筑在手工工业的经济关系上面的封建贵族,也就完全被新的资产阶级挤倒了,同时一切社会关系,法律、道德、风俗……都尽情剪断了,而依新的生产关系,过成了新的社会关系——法律、道德、风俗……于是资产阶级,按照自己的模型,造成了新的世界。

第五章
资本主义的崩坏

资本主义发展为帝国主义——资本不断的集中，生产工具仍旧不断的革命，生产率也就继续的加大，市场的竞争一天一天的恶劣，小资本家又渐渐为大资本家所兼并，于是大资本家的托辣斯、银行团……因此形成了，然而国内市场的销路，仍旧敌不住生产力的发展，生产过剩的恐慌，渐渐的发现，资本家遂不得不到国外去觅市场，于是利用强大海军将一切产业后进的国家征服为殖民地，或半殖民地，遂能收取富丰的原料，又于广大的市场，可以供彼的发展，殖民地和半殖民地的民族，遂完全屈服于帝国主义威焰之下。

国际战争的暴发——世界的大地有限，都被资本主义蹂躏遍了，而机器生产力仍是继长增加，于是市场与原料的竞争，即是殖民地和半殖民地的侵夺，日甚一日，到了两不相下的时候，国际的战争遂暴发了，战争的结果，总是两败俱伤，无产阶级遂乘此而起革命，譬如殖民地是一只肥猪，资本主义的国家是一群饥饿的狼虎，都眈眈地来争这只肥猪，如果有一个退让不争，便不免饿死，若是舍死亡命地争，又不免恶斗而死，这就是资本主义的下场。

文字学ABC

胡朴安 著

《文字学ABC》的中编"六书条例"为胡朴安在上海大学讲授"文字学"的课程的授课内容。这里根据1929年8月世界书局出版的《文字学ABC》整理出版。

　　胡朴安(1878—1947)，原名有忭，又名韫玉，字仲明，号朴安，以号行世。安徽泾县人。近现代著名文字训诂学家、南社诗人。1924年春到上海大学中文系任教，教授"文字学"课程。

目 录

第一章 六书通论 ·· 231
  一 六书的次第 ··· 231
  二 六书是造字的基本,用字的方法 ······························ 232
  三 六书为识字的简易方法 ······································· 233
  四 组织的原素同,而组织的条例不同,音义不同 ················· 234

第二章 象形释例 ·· 236
  一 象形概说 ·· 236
  二 象形分类 ·· 237
  三 象形正例 ·· 237
  四 象形变例 ·· 238

第三章 指事释例 ·· 239
  一 指事概说 ·· 239
  二 指事分类 ·· 240
  三 指事正例 ·· 240
  四 指事变例 ·· 241

第四章 会意释例 ·· 242
  一 会意概说 ·· 242
  二 会意分类 ·· 242

  三　会意正例 …………………………………………… 243
  四　会意变例 …………………………………………… 244

第五章　形声释例 ……………………………………… 245
  一　形声概说 …………………………………………… 245
  二　形声分类 …………………………………………… 246
  三　形声正例 …………………………………………… 247
  四　形声变例 …………………………………………… 247

第六章　转注释例 ……………………………………… 249
  一　转注概说 …………………………………………… 249
  二　诸家的见解 ………………………………………… 250
  三　转注举例 …………………………………………… 251
  四　转注的功用 ………………………………………… 252

第七章　假借释例 ……………………………………… 253
  一　假借概说 …………………………………………… 253
  二　假借分类 …………………………………………… 254
  三　假借正例 …………………………………………… 254
  四　假借变例 …………………………………………… 255

第一章
六书通论

一 六 书 的 次 第

关于六书的次第,有下列八种不同的主张:

(甲):(一)象形、(二)会意、(三)转注、(四)处事、(五)假借、(六)谐声——郑康成的主张。

(乙):(一)象形、(二)象事、(三)象意、(四)象声、(五)转注、(六)假借——班固、徐锴、周伯琦的主张。

(丙):(一)指事、(二)象形、(三)形声、(四)会意、(五)转注、(六)假借——许叔重、卫恒的主张。

(丁):(一)象形、(二)指事、(三)会意、(四)转注、(五)谐声、(六)假借——郑樵的主张。

(戊):(一)象形、(二)指事、(三)会意、(四)谐声、(五)假借、(六)转注——吴元满、张有、赵古则的主张。

(己):(一)象形、(二)会意、(三)指事、(四)转注、(五)谐声、(六)假借——杨桓的主张。

(庚):(一)象形、(二)会意、(三)指事、(四)谐声、(五)转注、(六)假借——王应电的主张。

(辛):(一)指事、(二)象形、(三)会意、(四)转注、(五)谐声、(六)假借——戴侗的主张。

这八种主张,我们用历史进化的眼光来判断,应该以(乙)项班固的主张为标准。上篇曾说过,"独体为文,合体为字"。象形、指事是独体的

"文";会意、形声是合体的"字"。文字的次序,文先字后,可见象形、指事和会意、形声决不能颠倒的。至于转注、假借,则是用字的方法,更不能在造字之先了。

六书又可分虚实。象形实,指事虚,因物有实形,事没有实形。会意实,形声虚,因会意会合两文三文,便成了意义,而形声却没有意义可以体会。转注实,假借虚,转注各有专意,有独立的字义,而假借却要有上下文做根据,不能指出一个单独的文字,断它是不是假借。古人思想的演进,必是由实而虚,所以变乱班固底次序的,都是不明了虚实的意义,和古人思想演进的原则。

再用文字的本身来证明:

(甲)象形在指事之先的证据　例如:"刃"是指事,必先有象形的"刀"字,才有指事的"刃"字。有人说,造字最先必是"一"字,而"一"字是指事,似乎指事不应该在象形之后。不知"一"字是否应属于指事,实是疑问。《说文》上所谓"道立于一"的解释,决不是上古时代的思想。"一"是计数的符号,决不应在名物字之先,是没有疑惑的。

(乙)会意在形声之先的证据　例如:"惭"是形声,必先有会意的"斩"字,而后才有形声的"惭"字。虽然也有许多指事、会意的字,用形声来组合,但都是展转孳乳的字,不足据为证明。

根据上面几项理由,得到的结论是:六书的次第,应该以班固的主张为标准。

二　六书是造字的基本,用字的方法

王筠说:"象形、指事、会意、谐声,四者为经,造字之本也。转注、假借,二者为纬,用字之法也。"古人造字,先有事物,次有命名,再次才有文字。凡一切物汇,有形可象的,都用象形的方法;没有形体可象,而属于虚事的,使用指事,例如:"上下"(上下),一见可识。有不属于物、事,而属于意的,便用会意的方法;会合几个文,而成一个字的意义,例如:会合人言而成"信"字。会意虽比较象形、指事使用便利,可是仍然有穷尽;因此而有形声的方法,用一个形,配一个声,可以应用无穷。形声的字体配合，有下举六个方法：

（甲）左形右声　　　　　　　　　例如："江""河"

（乙）右形左声　　　　　　　　　例如："鸠""鸽"

（丙）上形下声　　　　　　　　　例如："草""藻"

（丁）下形上声　　　　　　　　　例如："鼋""鳖"

（戊）外形内声　　　　　　　　　例如："圃""国"

（己）内形外声　　　　　　　　　例如："闻""问"

上举象形、指事、会意、谐声，是造字的基本方法。

转注、假借，是取造成的文字来应用。转注的作用，在汇通不同形而同义的文字，例如：考即是老，老即是考，不过是各地的方言不同，其实意义是同的。假借的作用，在救济文字的穷尽，使一个文字，可以做几个文字用，例如"字"是乳，假借为抚字。假借大概可分为两类：

（甲）本无其字而假借的。

（乙）本有其字而假借的。

上举转注、假借两种，是用字的方法。

三　六书为识字的简易方法

近来学者，往往说，中国文字繁难，有碍文化的进步。说这话的，虽不能说他绝对没有理由，但至少可以说，他是没有明白中国文字的条例。中国文字虽有几万，但能有下举三种预备，便不难认识，分述于下：

（甲）明了六书：中国的文字，都可用六书来包括；即象形、指事、会意、形声，是造字的方法，转注、假借是用字的方法。造字的四法，很容易明了，况且四法中形声最多（《说文》九千三百五十三文，象形三百六十四，指事一百二十五，会意一千一百六十七，形声七千六百九十七）。形声的方法，尤其是简便：属于鱼部的文字，必是关于鱼的；配合的是什么音，便读什么音。其他从鸟、从金、从水、从火无不如此。用字的二法，假借比较复杂些，但是能明了借音借义的原则，也没有什么困难。

（乙）认识字母：中国文字，虽不是拼音母而成，却也是由少数字母组

会而成。《说文》中五百四十个部首,便是中国的字母;五百几十个文字,自然不难记熟;记熟了,再用六书造字的条例,分析一切的中国文字,便可以触类而通了。

[附注]《说文》五百四十个部首,有许多不是纯粹的字母。章太炎先生著《文始》,举出准初文仅五百十个。

(丙)略明文字变迁的源流:中国文字,因经过几次体例上的变更,许多文字失去了制造的条例;例如:"鸟"有四足;千里草为"董"。倘能明白六书的条例,再略有点文字变迁的知识,明了变迁的痕迹,这困难也不难解决的。

上举三则,(甲)(乙)两则,是文字的本身;(丙)则是文字的历史。三则中以(甲)则"明了六书"最为重要。

四　组织的原素同,而组织的条例不同,音义不同

中国文字,虽可归纳于六书的条例,但往往有组织的原素同,而组织的条例不同;组织的条例同,而音和义不同。研究中国文字,不能忽略这种事例。

举例于下:

(甲)一是会意,一是会意兼形的:例如"天"是会意;"立""夫"是会意兼形;同是从"一""大"。

(乙)一是会意兼形,一是会意兼声的:例如"术"是意兼形;"市"是意兼声;同是从"屮""八"。

(丙)一是象形,一是形声的:例如"易"是象形;"吻"是形声;同是从"日""勿"。

(丁)同是会意,而音义不同的:例如"㞢""屯"同是从"屮""一"。

(戊)一是会意,一是形声的:例如"善"是会意;"詳"是形声;同是从"羊""口"。

(己)同是形声,而音不同的:例如"吟""含"同是从"今""口"。

古人制造文字，只用少数的初文，互相配合，以避重复；有不能避免重复的，便将组合的位置，变更一下，既达出事物的形意，又不背六书的条例。但是有意义的变更组合位置，指事、会意是如此；而形声却不如此。形声的配合位置，完全是避免重复，大都是没有意义。例如"忠"解释忠诚，"忡"解释忧愁；倘造字时，"忡"作忠实，"忠"作忧愁，也没有关系的。

第二章
象形释例

一 象形概说

八卦、结绳之后，便产生象形的文字。象形即是描画物体的形状，和绘画的线条，没有差别。用金文，龟甲文来证明，更是明显。

象形的性质，有下列几种：

（甲）属于天象的：例如"日""月"。

（乙）属于地理的：例如"山""水"。

（丙）属于人体的：例如"子""吕"。

（丁）属于植物的：例如"艸""木"。

（戊）属于动物的：例如"牛""羊"。

（己）属于服饰的：例如"冃""巾"。

（庚）属于宫室的：例如"门""户"。

（辛）属于器用的：例如"刀""弓"。

象形的方法，有下列几种：

（甲）从前面看的：例如"日""山"。

（乙）从后面看的：例如"牛""羊"。

（丙）从侧面看的：例如"鸟""马"。

（丁）变横形为直形的：例如"水"当横看为"☵"。

（戊）省多为少的：例如"吕"象脊骨，用两个概括多数。

象形文字，是中国文字的渊源。虽然指事也属于独体的初文，但是许多指事文字，是根据象形文字而造成的。例如上章（一）节所举的

"刃"字便是。《说文》中象形文字计三百六十四,除去不纯粹的,还余二百四十二,再除去重复的,和由一个形体而演化的,只得一百几十个,占现在的文字,不到百分之一。所以说"中国文字是从象形文字演化的",是可以的;说"中国文字,都是象形文字",便不通了。

二 象形分类

象形分类,有下举三位学者的分法:

(甲)郑樵的分法:(一)正生:又分天地、山川、井邑、草木、人物、鸟兽、虫鱼、鬼物、器用、服饰十类;(二)侧生:又分象貌、象数、象位、象气、象声、象属六类;(三)兼生:又分形兼声、形兼意两类。

(乙)郑知同的分法:(一)独体象形;(二)合体象形;(三)象形兼声;(四)象形加偏旁;(五)形有重形;(六)象形有最初本形。

(丙)王贯山的分法:(一)正例;(二)变例。

这三种里面,郑樵的分法,最不可靠;混合指事、会意、形声三例在象形的类别里,太没有辨别的眼光。郑知同的分法,虽比较明晰,但是他主张不守《说文》一定的形体,似乎不适于初学。现在本王贯山的分法,在下节详述。

三 象形正例

象形正例,即象物的纯形,可分五类:

(甲)天地的纯形:例如"日"外面象太阳的轮廓,里面象太阳闪烁的黑影。"月"象月的缺形。

(乙)人体的纯形:例如"口""目"纯象口目的形状。

(丙)动物的纯形:例如"隹"象短尾的禽,"鸟"象长尾的禽。隹是水禽,鸟是山禽。"牛""羊"象牛羊从后面看的形状。

(丁)植物的纯形:例如"艸"象草的丛生;"木"象树木的冒地而生。

(戊)器械的纯形:例如"户"象半门;"門"象两户;"豆""皿"象食器。

上举五例，纯然象物的形状，毫没有意义，这是象形的正例。

四 象形变例

象形变例，即是用事、意、声辅助象形，使字义明显；但是不能属于指事、会意、形声的条例，因它仍以形为主，所以叫做象形变例。可举下列八例：

（甲）一字象两形：例如"丂"，一象草木深函的形，一象花未发的形。

（乙）减文象形：例如"丫"象羊角，由"羊"字减省。

（丙）合体象形：例如"臼"外象臼形，中象米形。

（丁）象形兼意：例如"果""田"是象果形；"木"是会意。

（戊）形兼意而略异：例如"爲"母猴，形兼意；但爪由猴生，和果由木生略异。

（己）形兼意别加一形：例如"眉"，"厂"象眉形，"目"会意，"公"加象额理形。

（庚）形兼意兼形：例如"齿"，"㸚"象齿形，"凵"（口犯切，象张口。）"一"（齿中间虚缝。）两文会意，"止"形声。

（辛）似无形而仍为象形：例如"衣"，"亠"（篆文作八）象衣领，"衣"（篆文作从）象衣襟。

[附注]"衣"字本是纯形，因《说文》所解有疑问，所以另作一例。许叔重的解释是"象覆二人之形"，王贯山说"以意为形"，都不能通顺。

上举八例，都是象形变例，较象形后起。所以不能属于象形正例者，因不是独体的初文，而须借助于他种条例。所以不能直接属于他种条例者，因以形为主，而不以声意为主。

第三章
指事释例

一 指事概说

指事一例,古今异说很多,要以许叔重之说为主。许氏说:"视而可识,察而见意,上下是也。"六书中指事字最少,而最难分辨。许氏所举"上""下"两例,恰巧是最纯粹的,以致弄得异说纷纭,莫衷一是。清代小学专家,若段玉裁只心知其意,不能说出定义。即江艮庭精研六书,也往往认会意为指事。其他唐宋元明各家,如贾公彦、徐锴、张有、戴侗、杨桓、刘泰、周伯琦、赵古则、王应电、朱谋㙔、张位、吴元满、赵宦光等,或拘泥于许氏所举的"上""下"二例;或误认会意为指事;或与象形、会意相混杂;或举例不明确;或发挥不精到详尽;都不能得指事的真旨。只有清代王贯山的解释,最明白易懂,他说:"所谓视而可识,则近于象形;察而见意,则近于会意;然物有形也,而事无形。会两字之义,以为一字之义,而后可会;而'上''下'两体,固非古本切之'丨',於悉切之'一'也。明于此,指事不得混于象形,更不得混于会意矣。"根据王氏的主张,我们可以替指事下一个简明的定义如下:

"凡独体文,或两体三体而有一体不成文或全体不成文的文字,没有形可象,没有意可会者,叫做'指事'。"

[附注]"不成文"即不是独立的字母。

二 指事分类

指事分类,有下举三家的分法:

(甲)郑樵的分法:(一)正生;(二)兼生,又分事兼声、事兼形、事兼意三类。

(乙)杨桓的分法:(一)直指其事;(二)以形指形;(三)以意指意;(四)以意指形;(五)以形指意;(六)以注指形;(七)以注指意;(八)以声指形;(九)以声指意。

(丙)王贯山的分法:(一)正例;(二)变例。

这三家中,郑樵的分法,条例虽不错,而每类所收的字例,标准混乱,往往把合体的会意,混作指事。杨桓因误认指事在会意之后,所以有九类的分法,错误自不必说;至于他所收的字例,较郑樵更乖谬,没有采取的价值。现在本王贯山的分法,在下节详细说明。

三 指事正例

凡独体的初文,不是象有形之物的,都属于指事的正例,略举几例于下:

"一""上""下""丿""八""丩""口""丿""乙""九""乃""丞""卤""入""出""行""齊"。

观以上所举,我们应该知道指事和象形的界限,应该以文字的性质区别,不应该以文字的形式来区别。例如:"八""丩""口""丿"四文,许叔重说是象形,其实和"上""下"没有区别。"八"虽是象分别的形状,但究竟是什么物件的分别;"丩"虽是象纠缭的形状,但究竟是什么物件的形状;和"上""下"的虚指其事,同一条例。至于"丞""卤""齊"三文,虽有一定的形状,但"丞"是花叶的下垂,不是花叶;"卤"是果实的累累貌,不是果实;"齊"是禾穗的整齐,不是禾穗;仍是虚事而不是实物,这是不能和象形相混的很明显的界限。

四 指事变例

独体文不是象有形之物的,都属于指事,上节已经说明了。但是也有合体文字,不象有形之物;而其组合的原素,一成文一不成文,或几个个体中有一个不成文;在六书的条例上,不能归于会意、形声的,便是指事变例。举八例于下:

(甲) 以会意定指事:例如"示"天象的表示和观察示象的意义;从"二"(即上)是会意,"小"指日月星的下垂,是指事。

(乙) 以会意为指事:例如"喦"多言的意思;"品"从三口是会意,"山"不是山水的"山"字,"山"不成文,是指事。

(丙) 指事兼声:例如"㳅"艸木水火的形状,从"八"声。

(丁) 增体指事:例如"朱"树木曲头止不能上的意义;增"十"在"木"上,表示曲头。

(戊) 省体指事:例如"凵"张口,省"口"以指事。

(己) 形不可象变为指事:例如"刃"用"丶"表示刀刃。

(庚) 借形为指事:例如"不"从"一"从"巾";"巾"象鸟,"一"即是天,借鸟飞上不下的形状,指出"不能""不可"的事。

(辛) 借形为指事而兼意:例如"高","冂"象界,"口"和仓舍的"口"同意,象筑,借台观崇高的形,指高低的事,再兼"筑"的会意。

第四章
会意释例

一　会　意　概　说

许叔重舍义会意说："会意者，比类合谊，以见指撝，武信是也。"会意一例，许氏的解说本很明白，自从郑樵作《六书略》，会意一类，所收的文字，许多错误：例如把并木为"林"，归在会意里；把并山为"屾"，又归在象形里；重夕为"多"，重戈为"戔"之类，入于会意；而重火为"炎"，重田为"畕"，又归入象形里，以致后人每每有会意和象形相通的误解。许氏会意的定义，段玉裁、王筠二人解释最明晰。其他唐、宋、元、明各家，虽大致不违背许君宗旨，但解释不及段、王二人精到。现在根据二人的解释，再简括的定义于下：

"会合两文三文的意义，成一个字的意义，便是会意。例如'信'字的意义，是由'人''言'两文会合而成的。"

二　会　意　分　类

会意的分类，有下列七家分法：

（甲）郑樵的分法：（一）正生；又分同母之合，异母之合，两类。（二）续生。

（乙）杨桓的分法：（一）天体之意；（二）地体之意；（三）人体之意；（四）人伦之意；（五）人伦事意；（六）人品之意；（七）人品事意；（八）数目之意；（九）采色之意；（十）宫室之意；（十一）衣服之

意；（十二）饮食之意；（十三）器用之意；（十四）飞走之意；（十五）虫鱼之意；（十六）生植之意。

（丙）吴元满的分法：（一）正生；又分本体会意、合体会意、二体会意、三体会意，四类。（二）变生；又分省体会意、意兼声，两类。

（丁）赵宧光的分法：（一）同体；（二）异体；（三）省体；（四）让体；（五）破体；（六）变体；（七）侧倒。

（戊）郑知同的分法：（一）正例；（二）变例，又分重形、意兼形、反形、意兼声、省旁，五类。

（己）近人某君的分法：（一）纯例；（二）意兼形；（三）意兼事；（四）意兼声。

（庚）王贯山的分法：（一）正例；（二）变例。

以上所举，以杨氏的分法，最无足取，其他各家，也不能尽善。

这里还是本王贯山的分法，稍加变通，在下节说明。

三 会 意 正 例

会合几个文字，成一个文字，意义相附属，而没有兼其他条例的，即是会意的正例。会意的方法，可分下列四项：

（甲）顺递为义：例如分牛为"半"；八（即背）厶为"公"。

（乙）并峙为义：例如"分"从"八"（分别）"刀"；两文意不连贯，并峙见义。

（丙）配合部位为义：例如，"闰"从王在门中，"益"从水在皿上，若移置部位，便不能成意。

（丁）叠文为义：例如两目为"朋"；两木为"林"。

上举四例：以第一例最纯，正和许叔重所举"武""信"两例相合；其余三例，也都是正例，因其所取义的都成文，和意兼形不同；所从的文都有义，和意兼事不同：并且无所兼，无所省，无所增，无所反倒，虽与第一例稍有差别，但不能归于变例。

四　会　意　变　例

会意变例,略举下列八例:

(甲) 会意兼形:例如"牢"从"牛","冬"省;"冬"省是借为牢的形,不是意。

(乙) 会意兼事:例如"登"解作上车;从"癶"是会意;从"豆"是指事,《说文》虽解"豆"为象登车形,但"登"是上车,是虚事,不是实物,所以仍是指事,不是象形。

(丙) 意外加形:例如"爨"从"臼"。"冂""大"(即𦥑)"林""火"是会意,"冂"是加的形。

(丁) 变文会意:例如"屯"草木难出的意思;从"一"即地,从"屮"即变"屮"形。

(戊) 增文会意:例如"彳"长行;从"彳"引长,"彳"是小步。

(己) 省文会意:例如"枭",从"鸟"省,鸟头在木上。

(庚) 反文会意:例如反"正"为"乏"(即乏),"正"是受矢,"乏"是拒矢。

(辛) 倒文会意:例如"帀"从倒"屮";"屮"是出,倒出便是周帀。

上举八例,都是会意的变例。此外还有一例,可以说是变例中的变例:——意会在文字的空白处;例如"爽"从"㸚"会窗隙的意思。

讲会意的又有两例:

(甲) 以展转相从的字会意。

(乙) 所从都是省文的会意。

著者因上列两例,《说文》中不多见,便不举以为例了。

第五章
形声释例

一 形 声 概 说

六书的应用，形声最广，也最便利。许叔重说明形声说："形声者，以事为名，取譬相成，江河是也。"段玉裁解释这段话说："以事为名，谓半义也；取譬相成，谓半声也：'江''河'之字，以水为名；譬其声如'工''可'，因取'工''可'成其名。其别于指事象形者，指事象形独体，形声合体。其别于会意者，会意合体主义；形声合体主声。"此段解释，极为明白。形声一例，本很简明，不过有纯例的，有变例的，因此发生枝节。历来解释形声的，大致都相同，这里不必多举。不过关于命名上，有"谐"声和"形"声的异见。著者以"形声"二字，比较概括符实，所以来取"形声"为名。

六书的应用，形声最广。近世研究文字学的学者，都注重声音的研究。章太炎氏著《文始》，用五百十字，演成五六千文字，可以说极声音之妙用。不过他的条例，不便于初学。朱氏骏声、戚氏学标，倡声母的学说：朱氏用一千一百三十七声母，统《说文》全部的字；戚氏用六百四十六声，统《说文》全部的字；虽不能字字即声求义，而文字的声音的应用，可以说是包括无遗了。这里将朱氏戚氏所著的书，各节录一条于下：

（甲）朱骏声的条例（见《说文通训定声》）

"东"声母，从"东"得声的四字。

"重"从"东"省声；从"重"得声的九字。

"童"从"重"省声；从"童"得声的十三字。

"龍"从"童"省声；从"龍"得声的十九字。

（乙）戚学标的条例（见《汉学谐声》）

"一"声母

"聿"　"一"声；从"聿"得声的三字。

"孚"　"一"声；从"孚"得声的十字。

"血"　"一"声；从"血"得声的三字。

"七"　"一"声；从"七"得声的三字。

"立"　"一"声；从"立"得声的十二字。

"戍"　"一"声；从"戍"得声的二十四字。

"日"　"一"声；从"日"得声的三十字。

"末"　"一"声；从"末"得声的五字。

"兀"　"一"声；从"兀"得声的三十字。

"不"　"一"声；从"不"得声的三十九字。

"音"　"一"声；从"音"得声的二十九字。

据以上所举，可见声音和文字关系的密切了。

二　形　声　分　类

形声的分类，有下列四家的分法：

（甲）郑樵的分法：（一）正生；（二）变生；又分子母同声、母主声、主声不主义、子母互为声、声兼意、三体谐声，六类。

（乙）杨桓的分法：（一）本声；（二）谐声；（三）近声；（四）谐近声。——关于配合的方法，杨氏亦分五例：（一）声兼意或不兼意；（二）二体三体；（三）位置配合；（例如左形右声，右形左声等。）（四）散居；（即一字分拆配合，例如"黄"从"田""茨"声，"茨"散居上下。）（五）省声。

（丙）赵古则的分法：（一）同声而谐；（二）转声而谐；（三）旁声而谐；（四）正音而谐；（五）旁音而谐。

［附注］赵氏所指的声即平上去入四声；音即宫、商、角、徵、羽、半徵、半商，七音。

（丁）王贯山的分法：（一）正例；（二）变例。

郑樵《六书略》，所收正生的字二万一千三百四十一字，变生六种，仅四百六十九字；只因他将"主声不主义"归于变生，似不合许氏"取譬相成"的界说。杨桓和赵古则的分法，大致相同，不过赵氏较精密些。至于杨氏所分配合方法的分，如二体三体、位置配合、散居三例，会意亦有，不独是形声有的。现在仍照王氏的分法，详述于后。

三　形声正例

关于形声正例变例的区别，有两个不同的见解，列举于下：

（甲）段玉裁的见解　段氏说："形声相合，无意义者，为至纯之例；余皆变例。"

（乙）王贯山的见解　王氏说："形声之字，断非苟且配合。"

段氏主张形声无意义的是正例，王氏主张有意义的是正例。著者在上节曾论及郑樵以"主声不主义"归入变例，不合许氏"取譬相成"的界说，所以这里从段氏的见解。

形声正例，即是用形定义，用声谐音，而所取的声不兼义，不省形；例如"河"，从"水"定义，从"可"谐音；"可"不兼意义，亦不省形。略举数例于下：

"唐"　从"口"定义，从"庚"谐音。大言也。

"鸠"　从"鸟"定义，从"九"谐音。

"芝"　从"艸"定义，从"之"谐音。

"铜"　从"金"定义，从"同"谐音。

上举四例，和"河"字同，都是纯粹的正例。——形声正例，是六书最宽易最简便，所以应用最广。

四　形声变例

形声正例，变例的区别，上节已说明了。——许氏关于形声，曾举出两例：（甲）亦声；（乙）省声。分述于下：

（甲）亦声：关于亦声，有人说即是声兼义，但《说文》中声不兼义的极少，且有许多字许氏并没有注明"亦声"的，也是声兼义。例如"仲""衷""忠"三字，从"中"得声，都有"中"的意义。"延""证""政"三字，从"正"得声，都有"正"的意义；许氏并没有说是亦声，而都是声兼义的字。《说文》里形声的字，十之七八是兼义。注明"亦声"的，更是声义相兼，例如"禮"，履也，从"示"从"豊"，"豊"亦声。"訥"，言难也，从"言"从"内"，"内"亦声。声之所在，即义之所在。——关于声与义的关系，上篇已有详细的说明，这里不再细述了。

（乙）省声：省声的原因，不过因笔画太多。删繁就简，以便书写，条例并不复杂。王贯山立出省声的条例四项：

（一）声兼义：例如"璿"从"睿"省声，"睿"亦义。

（二）所省的字，即与本字通借：例如"商"从"章"省声；"商""章"通借。

（三）古籀不省：例如"進"，閵省声；《玉篇》有古文不省。

（四）所省的字，即所从的字：例如"筱"从"條"省声，"條"亦从"筱"省声。

本此四例，求之于《说文》，未免太繁，著者以为省声例很简单，没有再举细例的必要。

形声变例，"亦声""省声"外，王氏《释例》，尚有数则，但不足为例，附记于下：

（甲）两借：例如"齋"，从"示""齊"省声；"二"属上便是齊，属下便是"示"。

（乙）以双声为声：例如"儺"从"难"声；"儺""难"双声。

著者以为形声变例，有"亦声""省声"就够了，不必多举不必举的例。

形声的字，有许多是后人增加的；例如"告"从"牛"，而"牿"又加一"牛"；"益"从"水"，而"溢"又加一水；都不合于六书条例，应该废弃。

［附注］关于文字废弃，参看上篇第九章。

第六章
转注释例

一 转 注 概 说

转注一例,古今学者的见解最为复杂。许叔重转注的定义是:"建类一首,同意相受,考老是也。"许君的定义,不十分明晰,所举"考""老"两例,又在同部,以致生出许多异说。但许多学者,都以转注为造字的方法,所以立论虽多,终不能通顺。戴东原创"转注是用字的方法,和造字无关"的学说,段玉裁、王箓友本他的主张,发挥转注的条例,极其通顺。著者赞同戴、段、王诸君的主张。现在将段、王两君的说明,录举于下:

(甲)段玉裁的说明:"转注,建类一首,同意相受,考老是也。学者多不解。戴先生曰,'老'下云'考'也,'考'下云'老'也;此许氏之指,为异字同义举例也。一其义类,所谓建类一首也。互其训诂,所谓同意相受也。'考''老'适于许书同部,凡许书异部而彼此二字互相释者视此,如'寒'窒也、'窒'塞也;'祖'禓也、'禓'祖也之类。"

(乙)王箓友的说明:"建类者,'建',立也;'类'犹人之族类也。如老部中'耄''耋''耆''寿',皆老之类,故立'老'字为首,是曰一首。何谓相受也?'老'者考也;父为考,尊其老也;然'考'有成义,谓老而德业就也。以老注'考',以考注'老',其意相成;故转相为注,遂为转注之律令矣。《说文》分部,原以别其族类,如谱系然;乃字形所拘,或与谱异,是以'虋''芑'皆嘉穀,而字即从艸,不得入于禾部也。'荆''楚'本一木,而'荆'不得入林部,'楚'不得入艸部,故同意相受,或不必建类一首矣。要而论之:转注者,一义数字。何谓其数字也?语有轻重,地分

南北。必不能比而同之,故'老'从'人''毛''七',会意字也。'考'从'老'省,'亏'声,形声字也。则知转注者,于六书中观其会通也。"

根据上举两君的主张,可见转注是用字的方法,不能和象形等四书相混。因上古时候,有语言没有文字,而各处言语不同,后来文字发明,各根据各地的方言,制造文字,因此同一事物,而文字不同。有了转注去会通它,使义同形不同的文字,得到一个归纳,这便是转注的功用。

二 诸家的见解

转注的界说,上面已经根据段、王两君的主张断定了。但是自从唐以来,关于转注的异见,究竟是怎样,不能不给读者简单的报告一下,以免有武断的嫌疑。这里因简省篇幅起见,将各家的主张,归纳几则,列举于下:

(甲)转注即立部首造文字的条例。——江艮庭的主张。

(乙)转注即颠倒文字的形体。——戴侗、贾公彦的主张。

(丙)转注是合二文、三文、四文转相注释而成一字。——杨桓的主张。

(丁)转注和形声相类。——又分下列数家的异见:

(一)形声是同部义不同;转注是部同义同。——徐锴的主张。

(二)转注即是谐声:役他是谐声,役己是转注。——郑樵的主张。

(三)转注是声音并用。——赵宦光的主张。

(四)转注是同声。——赵宦光的主张。

(五)转注是会意字的省声。——曾国藩的主张。

(戊)转注是转声注义。——又分下列数家的异见:

(一)转声注义。——赵古则、吴元满、张有、杨慎的主张。

(二)转义。——贾公彦、张位的主张。

(三)转声。——陆深、王应电、甘雨的主张。

(己)转注和假借相类。——又分下列数家的异见:

(一)同声别义是假借;异声别义是转注。——张有的主张。

(二)转注即是假借;并分出因义转注,无义转注,因转而转,三例。——赵古则的主张。

（三）假借借义不借音；转注转音而注义。——杨慎的主张。

（四）转注即引申之义。——朱骏声、章太炎的主张。

上举各家，以江艮庭的主张，最有势力。他说五百四十部首，即"建类一首"；凡某之属皆从某，即"同意相受"。字面上似乎很圆通，但转注的功用在那里呢？他说明"示"为部首：从"示"偏旁，注为"神""祇"等字；从"神""祇"，注为"祠""祀""祭""祝"等字；从"祠""祀""祭""祝"等字，又注为"祓""禧""福""祐"等字；即是转注的条例。照这样说，转注即是滋乳，在六书中没有单独作用了。并且字非一时所造，既非一时所造，怎么能产生这样有统系的条例——转注——呢？著者根据六书的功用，始终承认戴东原的主张，是妥善的解释。

除江氏以外，其他各家，或和会意相混，或和形声相混，或和假借相混；虽纷杂莫衷一是，却有一个共同的错误。——误会转注是造字的方法。关于这一点，可根据许氏所举"老""考"二字，简单的驳论一下，理由略举两项：

（甲）"考""老"二字，在《说文》里互相解释。

（乙）"考"是形声，"老"是会意。

在这两项看来，可见转注决不属于造字的条例。明白了这一点，便可明白各家错误的症结和转注的真面目。

三 转 注 举 例

戴东原说："转相为注，犹相互为训：'老'注'考'，'考'注'老'。《尔雅》有多至四十字共一义者，即转注之法。"根据戴君的说明，转注是没有正例变例。关于转注的条例，在《说文》里，可以归纳下列四则：

（甲）同声转注：例如"茦"，莿也；"莿"，策也。

（乙）不同声转注：例如"菱"，芰也；"芰"，薐也；楚谓之"芰"；秦谓之"薢茩"。

（丙）隔字转注：例如"论"，议也；"议"，语也；"语"，论也。

（丁）互见为转注：例如"譀"，诞也；"誇"，譀也；"诞"，譀也①；"讙"譀也。

根据上例，无论声同或不同，凡数字共一意义的，都是转注。转注的例证，除《说文》外，尚有《尔雅》。郭璞说："《尔雅》所以释古今之异言，通方俗之殊语。"正是转注的确解。略举《尔雅》的例证如下：

"初""哉""首""基""肇""祖""元""胎""俶""落""权""舆"，始也——十二字都是"始"的意义，便用"始"字注释。

"弘""廓"②"宏""溥""介""纯""夏""幠""庬"③"坟""嘏""丕""奕""洪""诞""戎""骏""假""京""硕""濯""訏""宇""穹""壬""路""淫"④"甫""景""废""壮""冢""简""箌""昄""晊""将""业""席"——三十九字部是"大"的意义，便用"大"字注释。

根据上例，可以证明不同部也可以转注的。

四 转注的功用

转注和六书其他条例一样，自有它的特殊的功用，不能和其他条例相混。转注的功用，可概举下列两项：

（甲）汇通方言：例如同是"哀"的意义：齐鲁说"矜"；陈楚说"悼"；赵魏燕代说"悈"；楚北说"怃"；秦晋或说"矜"，或说"悼"。倘使没有"哀"字来注释，便不能使人明白了。

（乙）汇通同义异用的文字：例如"园""圃"本是一物，但"园"是种果的，"圃"是种菜的，（考、老即是此例。）用虽不同，义却相通。

转注的功用，总括说，便是汇通同义不同形的文字，归纳一个解释。若据每个转注的字例说，不但六书的条例不同，即意义也各有专用的。

---

① 词诞，原作"譀"，今据《说文》改。
② "廓"，原作"廊"，今据《尔雅·释法》改。
③ "庬"，原作"庞"，今据《尔雅·释法》改。
④ "淫"，原作"滛"，今据《尔雅·释法》改。

第七章
假借释例

一 假借概说

古人本象形、指事、会意和形声四法，制造文字，以代替言语的作用。有一件事物，即有一个文字，本没有什么假借。但是宇宙间事物，没有穷限。若必每一件事物，每一句言语，都有一个单独的文字代替，在造字的方法上，未免要感着穷的困难。例如县令的"令"，若不假借号令的"令"字，而另造一字，四书的方法，没有一法可用，即使可用形声的方法，也不能表现的十分准确适合。因此便根据"县令是发施号令者"的概念，借号令的"令"字来代替。这便是假借的根本作用。

许叔重定义假借说："本无其字，依声托事。"所谓"本无其字"，便是本没有县令的"令"字，所谓"依声托事"，便是依号"令"的字声，托号"令"的字义，而制造县令的"令"字。合声义而假借，用字便不虑穷限了。

有人说："有造字的假借，有用字的假借。本无其字的假借，是造字的假借；本有其字的假借：是用字的假借。许氏所说的假借，是造字的假借，和用字没有关系，可见假借是造字的方法。"这话是不对的，假借是因为没有造这文字，用来救济文字的穷限，并没有另造，仍是用字的方法，而不是造字的方法。例如《说文》"来"假借"来麰"字，以为"行来"的"来"，便不另造"行来"的"来"字。至于本有其字的假借，《说文》里并不是没有；例如本有"賢"字，"臤"字下说："古文以为'贤'字。"便不能说，《说文》里假借，和用字没有关系了。

有许多学者,将假借的条例,和转注相混,说:"声同义不相同者,谓之假借;义相蒙者,谓之转注。"这是因转注的条例,没有研究清楚的缘故。转注和假借,条例和作用绝不相同,转注是数字一义,汇通文字的异形同义;假借是一字数义,救济文字的穷尽。界限很清楚。

又有人说:"假借即是'引申'。""引申"本不是六书的条例,当然不能另立"引申"一例。谓"引申",即是引申字义而假借的意思,和滋乳字形而成字一样。

假借的条例,概括的说,便是借另一个字,代替这一个字;条例极简易,不必多说了。

二 假借分类

假借一例,历来都没有精确的分类。郑樵分假借为十二类,大要也不过借音、借义两种。其他自元明以来的学者,对于假借的分类,都没有什么贡献。王筠著《说文释例》,也没有分类。我们根据许叔重假借的定义,似当分假借为两例:

(甲)借义。

(乙)借声。

但是,从《说文》上检查,凡假借的字,大都是声义相兼。例如"西"字,日在西方,鸟便栖宿,可见"西"字本有东西的意义。这种假借,可以说是正例,即本无字的假借。其他声韵相近而意义或相合或不相合的假借,如借"雕"为"琱",借"妖"为"祆",郑康成所谓"仓卒无其字"。随便借用的,便是变例;即本有其字的假借。本这两例,详记于下。

三 假借正例

许氏假借的定义说:"本无其字,依声托事,令长是也。"因古人思想质朴,造字不多,声义倘稍通的,便假借通用。举例如下:

"令":本为号令的令字,假借为县令的令字。

"长":本为长久的长字,假借为长幼的长字。

254

以上两例,即许氏所举,为假借最纯粹的。

"来":本为瑞麦的名词,假借为行来的来字。

"乌":本为乌鸦的乌字,假借为乌呼的乌字。

以上两例,《说文》注"以为"二字——如而以为行来之来——其实和前例相同。

"理":本为攻玉的理字,假借为义理的理字。

"道":本为道路的道字,假借为道德的道字。

以上两例,许氏虽未明言,但亦当归于本无其字之例。

中国字,一形必兼数义;有本义,有借义;所借的字,当时并没有本字,后人也没有造,便是假借的正例。

假借正例,有人误为转注,有人说是引申,有人说是造字的假借,前节已有详细的说明,不再赘述了。

四 假借变例

自有了假借正例以后,即本有其字的,用字者在仓卒之间,不得本字,也假借声同义近或义不近的文字来代替,便是假借的变例。举例于下:

"洒":古文以为灑扫字。

"叚":古文以为"賢"字。

以上两例,《说文》注明"古文以为",即本有其字,古有假借为用的。有人说:"这种假借字,或者古时本没有本字。所有本字,是后人制造的,不能说是本有其字的假借。"这话固然也有理,其实不尽然,试再看下例:

"黨":借不鲜的黨字,为朋攩的攩字。

"專":借六寸簿的專字,为嫥壹的嫥字。

"省":借省视的省字,为减婚的婚字。

"羽":借羽毛的羽字,为五音的翯字。

"氣":借馈客芻米的氣字,为云气的气字。

"私":借禾榖的私字,为公厶的厶字。

"蒙":借艸名的蒙字,为冢覆的冢字。

"两":借铢两的两字,为三两的兩字。

以上八例,都从古籍中举出,或借字为后制的字,或借字为先制的字,可以证明"古无本字,所有本字,都是后人所制"的说法,是不的确的。

假借变例的发生,原因是古代的学问,教师用口讲授,学生耳听笔记,出于教师的口是本字,学生听到耳里再记出来,便成了借字。所以这种假借,本字和借字,不是双声,即是叠韵。略举例如下:

(甲)双声的:例如《周易》:"'萁'子明夷",赵宾作'荄',"萁""荄"双声。《尚书》:"'平'章百姓",《史记》作"便","平""便"双声。

(乙)叠韵的:例如《周易》:"'彪'蒙古",汉碑作"包","彪""包"叠韵。《尚书》:"'方'鸠僝功",《说文》作"旁","方""旁"叠韵。

假借变例,大都可用此两例去求。

假借变例,似应分为两类:

(甲)依声托事。

(乙)依声不托事。

两类中,(甲)类很少,(乙)类很多,所谓"依声不托事",即义不相合,而声必相通的意思。我们明白了双声叠韵的原则,便可明白假借的变例。即读中国古书,也可减省许多困难。(例如读《尚书》的"光被四表",便知道"光"是"横"的假借字。)假借一例,在中国文字中,是关系很大的。